字看我一生

流沙河 著

海南出版社
·海口·

图书在版编目（CIP）数据

字看我一生 / 流沙河著. -- 海口 : 海南出版社，2024.11

（流沙河解字全书）

ISBN 978-7-5730-1589-1

Ⅰ. ①字… Ⅱ. ①流… Ⅲ. ①汉字—研究 Ⅳ. ① H12

中国国家版本馆 CIP 数据核字 (2024) 第 076155 号

字看我一生

ZI KAN WO YISHENG

作　　者：流沙河
策　　划：彭明哲
责任编辑：闫　妮
执行编辑：姜雪莹
封面设计：任　佳
责任印制：杨　程
印刷装订：炫彩（天津）印刷有限责任公司
读者服务：唐雪飞
出版发行：海南出版社
总社地址：海口市金盘开发区建设三横路 2 号
邮　　编：570216
北京地址：北京市朝阳区黄厂路 3 号院 7 号楼 101 室
电　　话：0898-66812392　　010-87336670
电子邮箱：hnbook@263.net
经　　销：全国新华书店
版　　次：2024 年 11 月第 1 版
印　　次：2024 年 11 月第 1 次印刷
开　　本：889 mm × 1 194 mm　1/16
印　　张：70
字　　数：910 千字
书　　号：ISBN 978-7-5730-1589-1
定　　价：598.00 元（全五册）

零零一：陰陽精卵

我是李三三，死于百年前。黄泉無風景，夜臺無白天。閒得無聊，偶然習得一些古文字，難免技癢，總想用用。于是想起我當初在人世，也曾經歷小小悲歡離合，若用我研習的古文字一一表達出來，倒也好玩。抱歉的是古文字的表達太簡略，唯我心知，讀者没法通讀。所以還須由我輔以旁白，解説一番，讀者方能看懂。

開篇説我身。身從何處來？從父母來。父陽母陰，這陰陽二氣相結合，便有了我。以前都是這樣説的。後來西學東漸，引進格致之學，所謂物理化學，才曉得天地間衹有養氣（氧O_2）淡氣（氮N_2）以及極少量的惰性氣體，絶無陰氣陽氣。原來人之有身，來自精子卵子在母體内結合，不涉陰陽。而且陰陽二字，究其本義，乃係地理概念。山南曰陽，山北曰陰。水北亦曰陽，水南亦曰陰。黄河流域緯度高，日出東方，延行南方天空，落入西方。所以華北高緯度地區房屋總是坐北朝南，以利採光取暖。坐北朝南亦即背陰向陽。山有南坡北坡。南坡向陽，光照好，植被茂；北坡背陰，光照差，植被稀。同樣道理，水有北岸斜坡，南岸斜坡。北岸斜坡向陽，光照好；南岸斜坡背陰，光照差。陰字陽字，左旁都是包耳。左包耳即阜字。篆文阜象山坡的梯級之形，義指山之坡級、台層、梯道，事涉地理。正字陽按照東漢許慎《説文解字》的説解，應是從阜昜聲。從阜是説阜為義符，昜聲是説昜為聲符。昜yáng即暘，天晴也。看篆文，日在地平線上，光照地面，正是天晴。同樣，正字陰的説解，應是從阜侌聲，阜為義符，侌為聲符。侌yīn又從云今聲，天陰也。有云（雲的古寫）遮蔽，哪能不陰。如此説來，我之有身，

阳 陽
簡字 正字 篆文

阴 陰
簡字 正字 篆文

確實不涉陰陽。至于精卵二字，精指揀擇過的白米，卵象蟲卵之形，亦非精子卵子。精子卵子乃新名詞，古籍所無，借用白米蟲卵新造而成，不得已也。便是英文，精液一詞亦借seed（種子）充當。太小太小，肉眼觀察不到，所以古人用陰陽二氣來説事。李三三我生于清朝咸豐皇帝末年（公元1861年），衹活了五十五歲，未聞精子卵子之説，姑且因循古人謬論，以陰陽二字開篇吧。

篆文精 篆文卵

零零二：胚胎腜孕

一顆肉櫻桃，無四肢，無七竅，不視不聽，不哭不笑，端端坐置子宮之中，悄悄冥冥，塑體成形。正如莊子所說：“一受其成形，不亡以待盡。”——我從此以後想死也死不成了，必須活着，活到我該死的那一天。此之謂命。這顆肉櫻桃，受精卵變成，你們現代人叫胚胎。許慎《說文解字》分開說，滿一月曰胚，滿三月曰胎。胚字從肉丕聲。肉即月，今已混同月亮的月。看篆文，肉旁象火腿形，用在這裏表示肉體。古寫作肧pēi，丕不原本一字。不字古音pēi，古義指花萼片下面的小小杯狀體，學名花托，象形。篆文不，上象花托形，下象植物根鬚形。

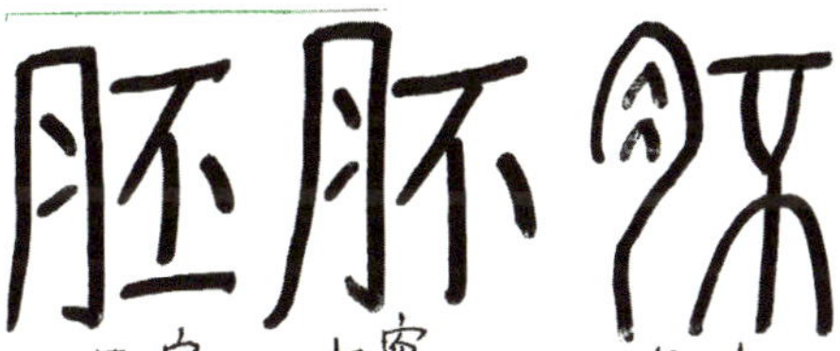

正字　古寫　篆文

植物的種子藏在花托內，好比受精卵藏在子宮內。肧字的不，既是聲符，又是比喻。胚滿三月就叫胎了。胎字從肉台聲。台字有保養義，用在這裏，既是聲符，又是暗示。

正字　篆文

胚胎的我在母腹內無知無識，連我母親自己也不曉得“有了”。她以為是月經不調，擬看婦科。直到有一日想

吃酸梅果，經叔母提醒，才恍然大悟。酸梅的梅字，原本

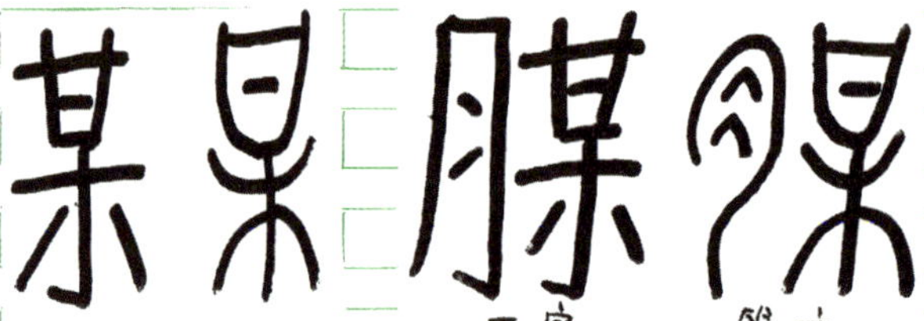

méi　篆文　正字　篆文

作某méi字。某字指酸梅，從木從甘。味美曰甘。口中噙着捨不得吞，當然是美味了。腜méi字義為妊娠反應，從某得義，也就是取義于想吃酸梅果。某字今音轉為mǒu後，酸梅本義迷失，當作不確指的代詞用了。例如某人，某地，某日，李某，王某。

　　吾母曉得自身已懷孕了。看甲骨文，孕字象人大腹懷子之形。那個子便是我李三三的尊容貴像。為何獨腿，後面再說。三千年前商朝禮教不嚴，避忌也少，所以兩個甲骨文，一畫大腹懷子，一畫側身直立，大腹照舊。到了兩千年前秦朝篆文，側立改作俯跪，子離母體。到千年前楷書正字，子在乃下，岂非奶小孩嗎？文字在演變的過程中，偶有一些誤入歧途，亦可容許。總不要由行政命令，硬性規定，大批量地擅改文字筆劃結構，才好。

正字　篆文　兩個甲骨文

零零三：妊娠胞包

妊字也是懷孕，從女壬聲。看篆文妊，左旁女字象形。華北鄉村苦寒，

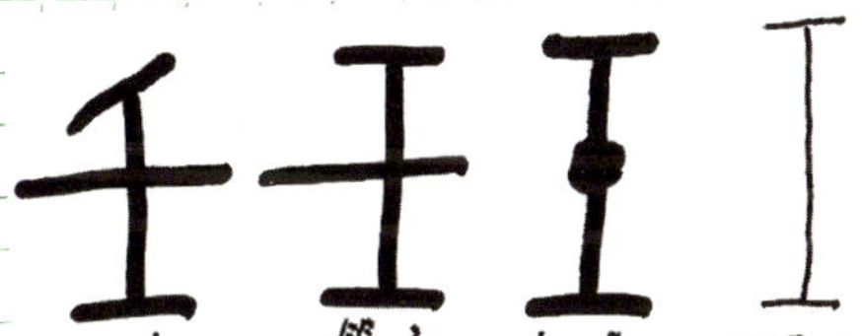

正字　篆文　金文　甲骨文

古代婦女

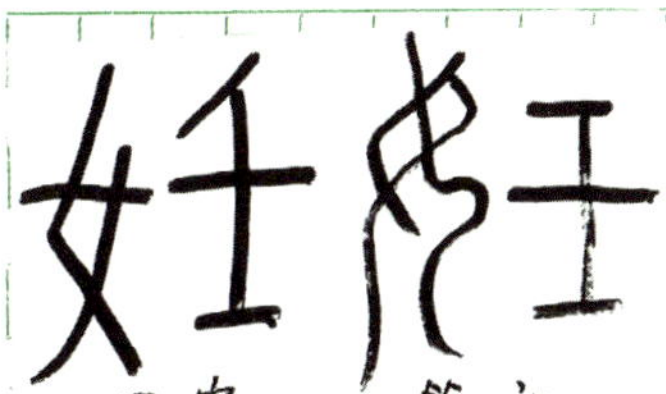

正字　篆文

冬天坐炕，屈其一腿，做手工活，正是此狀。難說的是壬字，三千年猜不中。今請讀者站在左旁看篆文壬，便能發現一副挑子，中間直立一根拄棍。金文壬用牛革墊肩取代拄棍。甲骨文更簡單，一副挑子而已。所謂金文，是指周代青銅器上鑄成的文字。所謂甲骨文，是指商代龜甲和牛肩胛骨上刻成的文字。挑子和拄棍組成的壬字，加人旁成任字，義為男人擔着一副挑子，扶着一根拄棍。任務一詞，由此而生。你們至今還用“擔任”“肩任”，還說“任重道遠”。至於女旁的妊，那是比喻。女人懷孕，大腹沉重，好比男人擔挑子，負擔同樣重。這壬字，啞謎三千年，三三我猜中，真是鬼聰明！

我們李家世居皖北，地瘠民貧。我父塾師，我母村婦。母懷我時，隔着肚皮聽父吟詩，聽母唱曲，我便難受，掙扎踢踹。反之，遙聞雷轟竹爆，我便安靜舒適。胎兒在

母體内躁動不安，曰娠，連稱妊娠。娠字從女辰聲。看甲骨文，辰是海中巨蚌，名叫硨磲chēqú，屬于軟體動物，殼厚而堅，呈三角形，古名曰蜃。甲骨文象形，張開殼，伸出軟體脚，正在爬行。蜃殼快速一開一合，便能緊急逃逸，以避天敵。所以辰字在古籍中又有震動一義，源于蜃之振奮雙殼，快速逃逸。胎兒躁動好比蜃殼振動，由此造出娠字。

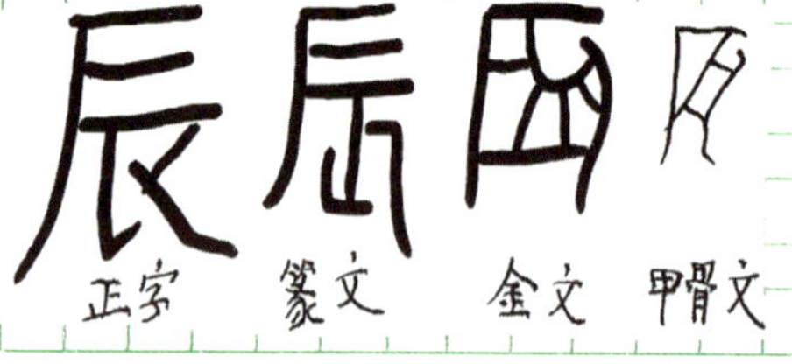

三三我包裹在胞衣中，愈長愈大，愈來愈躁。天生我性如此，害我終身。先有包字，後造胞字。看篆文包，已經是胎兒在胞衣中了。胎兒低頭向背蜷縮着，象形。篆文包由隸書而演變成楷書包，胎兒誤成巳字，奈何不得。後來包字拿去作包裹用，不得不加肉旁另造胞，專指胎兒的胞衣。胞衣是我的皇宫，胎盤是我的領土。我是皇帝，厭雅韻，喜噪聲，想掙扎就使蠻力，愛踹踢就蹬雙腿，恐嚇我媽，真是個忤逆子！

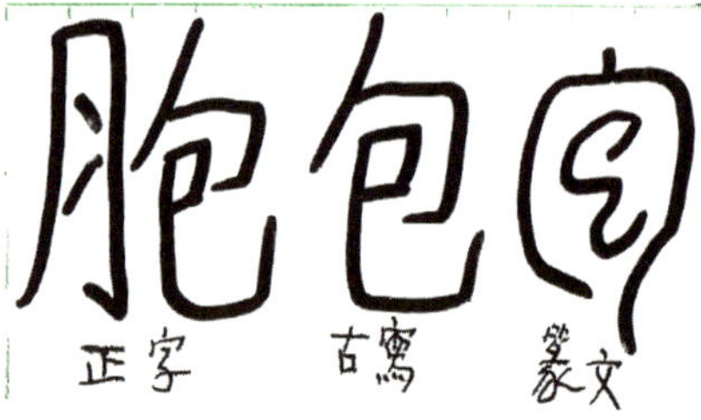

零零四：生育字娩

生育二字，生指植物，育指動物。這是從字形而言。若從實際運用而言，植物也有育種，動物也有生仔。到你們現代人，生育連用，已成複詞，動植物通用了。甲骨文生，草生地上。金文，草生土上。篆文，亦然。生加女旁成姓，就是生下來跟着媽姓。遠古固如此也。

正字　篆文　金文　甲骨文

育字也要先看最早的甲骨文，方能真相大白。左旁一女蹲着，臀下一子倒置，表示她在分娩。子倒置是頭先出來，順產。其下三點是羊水。金文晚些，女改作母（衹添胸部兩點），羊水也不雅，改成了胎髮。注意，那時興蹲着生。三三我媽生我時，便是蹲在盆上生的。

正字　篆文　金文　甲骨文

篆文更晚，也更雅觀；不畫產婦形像。子仍倒置，表示順產。其下是篆文肉，暗示產道。到了正字，其上倒子也看不明白了，其下月（肉）又混同於月，誰能看得清楚育是在生娃娃。唉，文明！

三三提醒各位，再看看金文育的字形，上每下倒子有胎髮，其實也是毓字。所異者一是上每移置左旁，添了髮式；二是下倒子移置右旁而已。可知育毓二字同源。

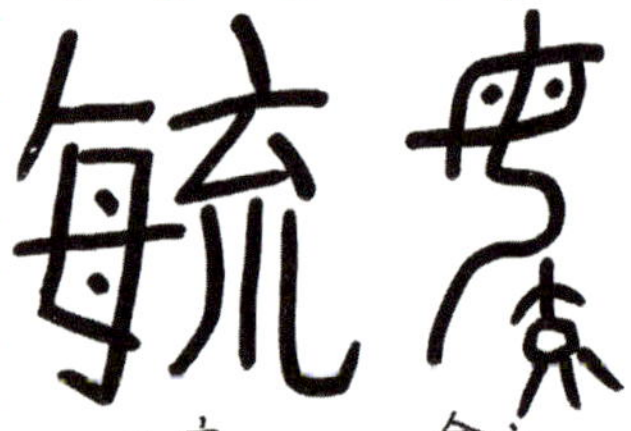

說來好笑，文字的字竟然是指家中添人進口生娃娃。字這個字，看字形確實是家中添子。古人認為文是單體，字是合體。例如篆文生，上艸（草）下土，艸和土皆單體，不能再拆，就像機器零件一樣。艸（簡成屮）和土皆是文。這二文組裝成生，生就是字。同樣，上倒子是文，下肉是文，這二文皆單體，組裝成育，成為合體，育就是字。同樣，宀mián是單體的文，子是單體的文，這二文組裝成字，字這個字就是字了。古人認為這好比男和女"組裝"起來，生個娃娃，所以字這個字本義為生娃娃。後來又造𡥅字，今從俗，改作娩。娩字好講。女人妊娠，好比男人擔着挑子，所以叫妊。十月臨盆，一朝產子，腹中重擔放下，到此免了。

零零五：啎疾病棄

前面說育說毓，看古文字，胎兒都是倒置之子，也就是分娩時頭先出，腳後出，順產。三三不孝，罪孽深重，禍延顯妣，是個逆產，害得吾母死去活來！逆產就是腳先出一隻，另一隻橫卡qiǎ在產道內，出不來。《左傳》裏鄭莊公"寤生"，寤不作醒寤講，寤乃借用字，本字作啎生，也就是逆產。《說文解字》："啎，逆也，從午吾聲。"三三我在母腹內原本是頭向下的，臨盆之際忽又躁動踹踢，作翻滚之遊戲，不小心一腳蹬入產道了。嗚呼！哀哉！接生婆取不出，急召外科醫士，是法國天主教的洋人，動了刀取出我。此時吾母痛昏迷了，幾度瀕死。此後疾病終身不愈。

正字

來得突然，一下就病倒了，曰疾。臥牀纏綿，曰病。疒yi即椅，有靠背的躺椅，象徵臥病。凡是從疒之字，皆與疾病有涉。篆文矢象箭矢之形，頂端是箭鏃，尾端是誇大了的箭括。疾字從矢，是說來得突然。矢既參與字義，又是聲符。篆文丙象魚尾之形。魚

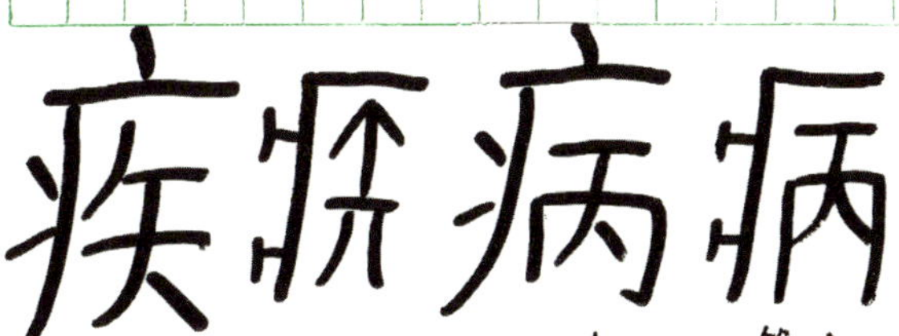
正字　篆文　正字　篆文

以尾計，而蜀人以根計，說三根魚。尾亦根也。病字從丙，是說還在持續。丙既參與字義，又是聲符。

吾母難產劇痛昏迷之際，吾父守候產房檐下，跺腳痛斥忤逆的我，呼曰："棄之棄之！"看這棄字，乃知這個動詞竟是專為拋棄自家小孩而造。看古文棄，驚心怵目，雙手一拋，娃娃便丟出去。這個古文棄就是你們的簡字弃。這次你們簡化對了，我這個鬼也贊成呢。正字棄筆劃繁，看篆文是雙手握着推糞的耙子推下厠坑去！

正字 篆文 古文

萬幸的是吾父雖為塾師，教一羣蒙童讀子曰詩云，却未研習過文字學。他若照着《說文解字》行事，拿着糞耙推我下坑，就不會有後面的故事了。他說"棄之棄之"，祇是嫌我不祥，把我送給外人撫養而已。他託產婆將我快快包裹僳寒，又付產婆酬金，專訪那乏嗣的中年夫婦，送上門去。吾母卧病期年而愈，忽又央求產婆引她去找收養我的人家。到了西城某街，指認了一座雙扇大門的宅院。吾母無顏拜見宅院主人，便在四鄰打聽，終於遠遠望見奶媽抱我出來"看街街"。走近看清楚了，是個小胖娃。

零零六：奶乳孔母

宅院主人愛我，聽我哭聲嚎啕閙閙，取個小名獒獒。又見我貪吸奶，僱來乳母兩名，輪番餵我。主人吩咐，不論日夜，一聽奶娃哭吼奶奶，便須哺乳。吼奶奶，蜀人叫猴奶奶吃，就是吼閙索奶。奶奶在此要讀nāināi，不讀nǎinái。吼字從口孔聲。孔字古音應是讀吼hǒu。《詩經》裏的“孔嘉”即很佳，“孔棘”即很急。渝州人“很好”說成hǒu好，亦可旁證孔字義為吼閙索奶。看金文孔，那是三三我吼閙成功了。乳字比孔字衹多一隻抱子的手，那是乳母主動給我開飯，非我吼也。甲骨文乳惹人笑，看我那饞相！乳字義為哺乳，給孩子餵奶吃。乳房，蜀方言叫奶房nǎipáng，字本作乃。看乃字的篆文和甲骨文，正是乳房象形。後世文明日臻，亂添一筆，掩飾真相。

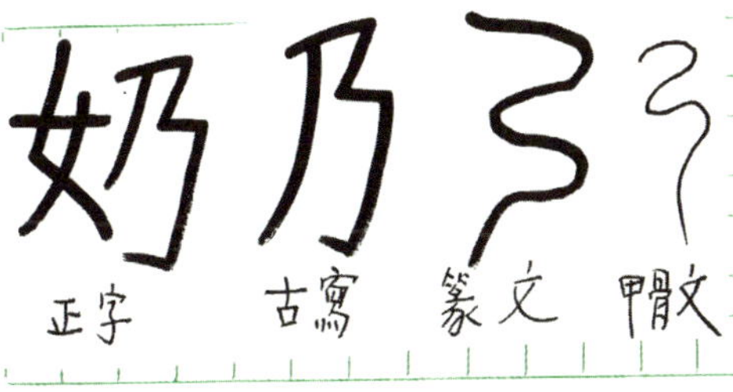

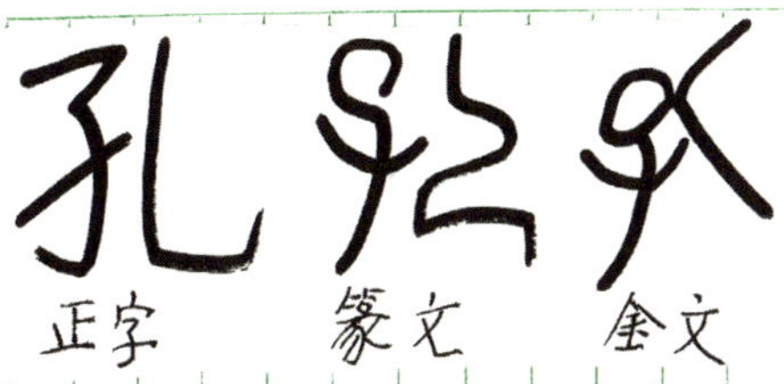

又拿去當作虛詞用，本義從此隱蔽。多虧三三我鬼眉鬼眼，看透真相，發現那是我滿一歲之前的兩隻飯碗。

三三有三個媽，兩位是乳母，一位是家慈。母這個字，女這個字，寫法相同，祇不過母比女多兩點而已。這兩點是何物，前清有文字學大師某某人解答說，母之異于女者，有娃娃也。所以那兩點是腹中胎兒。胚胎成形，唯頭與身，兩點而已。掩飾真相，總要繞開我的飯碗說事，可笑如此。母女二字篆文，前已講過，華北鄉村苦寒，婦女坐炕做手工活，屈其一腿，正是此狀。

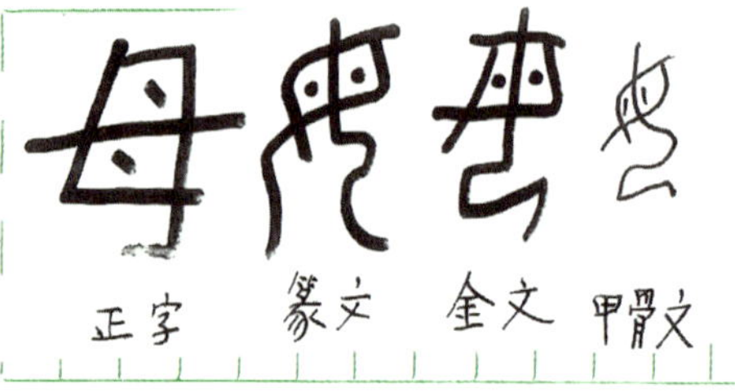

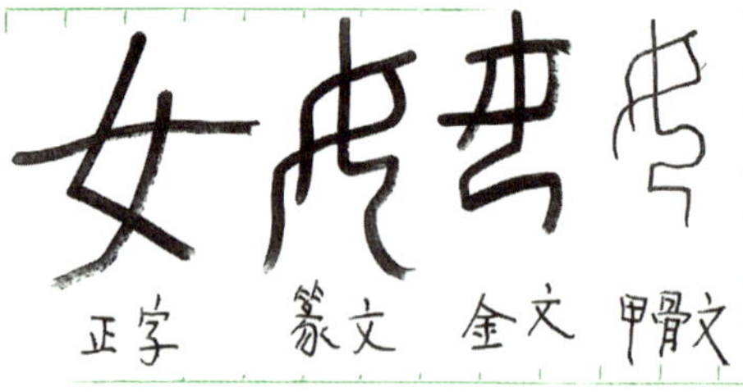

母是書面雅稱，媽是口頭俗叫。媽字從女馬聲。馬是純聲符，不參與字義。唐代猶呼母，宋代始叫媽。至于馬字，篆文象形，一望便知。馬古音讀mǔ，所以在《詩經》裏同午和處押韻。母媽讀音有古今之異，字義所指卻相同。

零零七：子保家慶

小子姓李感謝古人為我造字，不憚其煩，推出下列五個系統，從右向左，自古及今，最終演變成為正字。甲骨文最古老，三千五百年前已經在使用了。眺望源頭，茫茫煙水，無涯無際，未可知也。遠古洪荒，生存艱苦，育子不易，乃有

正字　篆文　古文　金文　籀文　四個甲骨文

生殖崇拜。氏族之興衰繫于子孫之多寡，人口多了強盛，人口少了弱亡。商朝貴族姓子，原因在此。五個系統的子字最終定型，髮、臉、手指、坐具都省掉了，雙腿簡成一腿。一腿非下肢，那是襁褓，裹成一筒。娃娃剛生下來，用尺寬的細布裹成筒狀，就叫襁褓。

褓的古文象形，從娃娃腋下纏裹而下。

正字　古文

保則專指幼嬰的保育者，所以加人旁，而用呆（褓）做聲符。周朝貴

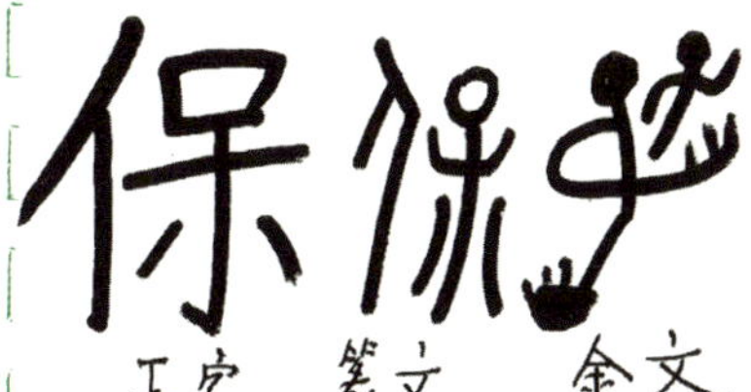

正字　篆文　金文

族幼兒皆由保傅侍候。保是男保育員，傅是男輔導員。女保育員叫保母。三三我的兩位乳母兼做保母。看金文保便知她二位抱着我走來走去。不走動，我就會高聲哭。

我滿一歲那天，宅主大宴賓客為我慶生，熱鬧非常。家中演戲三日，燃放焰火。看這家字，實蓋底下一豬，而不見人。原來家是動詞。婚姻制度，女就男曰嫁，男就女曰家。甲骨文家，一頭公豬被牽到屋蓋下給求子的母豬播種，事同男來就女，招郎上門，這就是動詞家。作名詞用，義乃轉指家庭。主家為我慶生，我說慶字。許慎拆開慶字，成為上中下三塊。上是用鹿皮送禮，中是用喜心去送，下是走着路送去。所以慶字義為去給人家賀喜送禮。看似說得滴水不漏，其實錯了。慶即麒麟，長頸鹿也，象形。緩言為麒麟二音，急言為慶一音。古人視為祥獸，見則可喜可賀，所以名詞的慶（麒麟）轉字義為賀喜。長頸鹿產非洲，偶有遠道來的，華夏見所未見，認為天下太平，故賀喜也。

正字　篆文　甲骨文

正字　篆文　金文　甲骨文

零零八：斷撮美醜

慶生大宴之後，宅父告知宅母：“週歲既滿，該斷奶了。”又擇吉日僱人給我撮影留念。那時撮影之術剛從泰西傳來，洋玩藝，收費昂。撮影，你們現代人叫攝影。我請求先說斷字，應是從斤（斧）㡭聲。㡭與𢇍同，音要讀duàn，看其字形應是一刀截二繩。至于斷字從斤，顯然是用長柄斧伐木了。刀截繩的㡭或𢇍與斤砍樹的斷或斷，字義皆截，

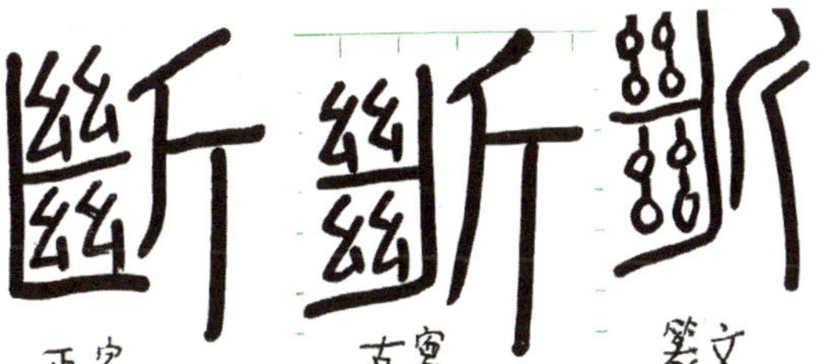

正字　古寫　篆文

不過被截之物不同罷了。許慎《說文解字》把𢇍字和㡭字搞混了。下面看篆文㡭jì，字從二幺（用二幺象衣蝨之卵）從乚（隱匿的隱），乃是後造的蟣字，與篆文㡭duàn的字形字義字聲互不相涉。以後再詳說蟣字吧。現今說斷奶，蜀人叫隔奶。三三我滿週歲不久，由于發育良好，身肥體壯，已經能翻過門限出去跑鬧了。常常是跑餓了又回來，頭頂擂乳母胸，吼奶奶吃。宅父看了哂笑，所以撮影斷奶。

duàn

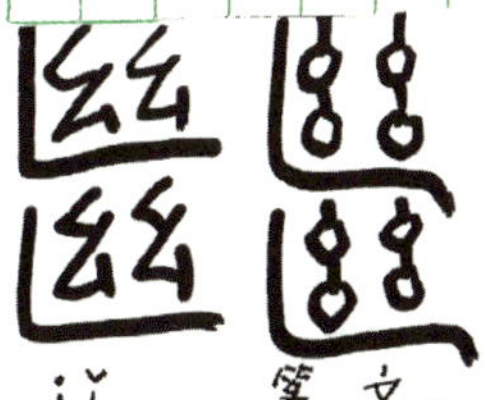

jì　篆文

撮今音cuō而古音jù，動詞，用指頭聚攏而拈取之也。照像要用指頭車旋鈕調焦聚，使散影聚攏來，成清晰的圖像，故曰撮影。不過攝影也通。攝是拉近來再拿起。這幀留影像片，多年後我見到。宅父宅母端立，兩位乳母低坐前排，一美一醜，美的正在給我掂尿，顯示小雀。

撮　攝

正字　正字

美，不是美在本人，看甲骨文是美在頭上的羽毛裝飾。裝飾野雞翎子在頭頂上，猶見之于戲曲舞臺。美字從大，正面站立的人。頭飾翎毛彎彎顫搖，那不是羊字。“羊大為美”之說不對。

美  

正字　篆文　甲骨文

醜不該簡成丑。丑即杻，古刑具，即指銬，鎖罪人手指用，木製。

醜是臉之難看如鬼。

醜 

正字　篆文

杻 

chǒu　篆文

酉旁作聲符用。酉古音與酒同，象酒罈形。罈口置一漏斗，濾酒糟用。古代釀醪糟酒。元朝始傳入蒸餾酒。漏斗下一橫表示酒。罈底部小，埋半截以降溫。

零零九：奪俘縣審

是年夏天，東城門外大橋落成，知縣領頭踩橋，萬民跟上。宅母叫背我去踩一踩，說是消災免病，取個吉慶。誰知橋上擁擠混亂，被人趁勢奪我而去。兩位乳母驚恐大哭。

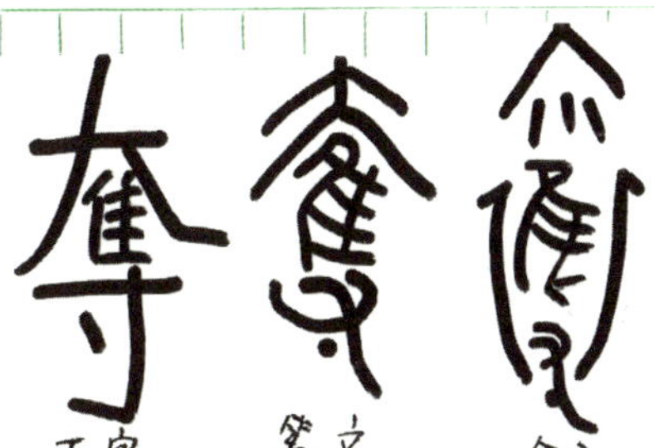

正字　篆文　金文

看這金文奪，明明是賊入室，伸手入籠搶走雞鴨，怎麼會搶奪我，剛滿週歲的娃娃呀。篆文一變，籠不見了，大，古音duo，做了聲符。

奪是用手搶，所以字從寸。寸是指右手腕的寸口穴位。其實字從又（右手）象右手形就可以了，不必添那一點作寸字。這是古人的不良習慣。你們簡作夺，我擁護。夺字從寸，大duo聲，抓奪空氣。這樣就好，三三我不怕，鬼都不怕，雞鴨也可以籠內安睡了。

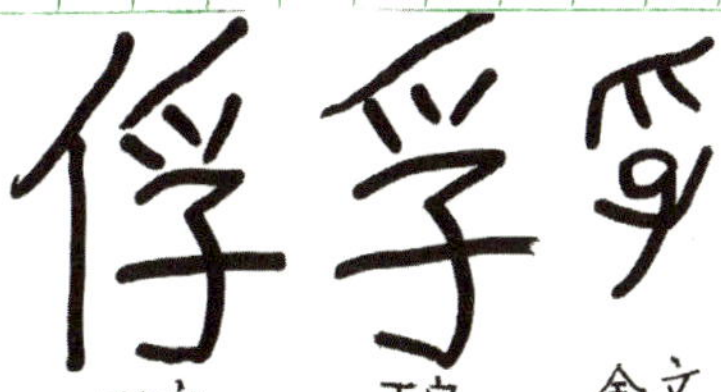

正字　正字　金文

正字　金文

自古以來早有扣留人質的事件。蜀人綁票人質叫拉肥豬，擄娃娃要贖金叫抱童子。抱應作俘，俘古音bao，義為抓人。去掉人旁，孚就是抓小子。母雞孵蛋要用雙爪翻動，類同于抓小子，所以孵字從孚，孚亦聲。金文孵象雙爪翻蛋形。

知縣大怒，命縣丞速破案。很快抓獲賊犯，竟是醜乳母之夫，欠了賭債，意圖擄我，勒索銀錢。宅主仁厚，託請知縣寬宥。原來策劃人就是醜乳母，人心叵測。宅母給一筆錢，將她開銷了事。縣這個字，左旁倒置首字，右旁系字，義為砍頭倒掛示眾，就是懸字古寫。後來懸下添心，分工專用于心頭掛念。作為州郡下屬衙門，一線遠遠聯繫，所以名之曰縣。秦漢設立縣治，看這一線遙控，便知此乃地方自治。

正字　篆文

正字　正字

此案審破，端賴美乳母密告宅母說，夜聽醜乳母作夢囈，罵夫濫賭欠債云云。審這個字，寶蓋下面一番。篆文番，田字上面一釆pān（注意不是采）。釆字象獸類的趾爪腳印。田指獵田。田字四面包圍，縱橫搜捕，本非農田。獵田即打獵場。河北承德避暑山莊之北有圍場縣，即康熙皇帝的獵田。番字就是獵田上的獸類腳印。一時辨認不出是哪種獸，須取樣拿回家去慢慢細察，這便是審。審視，審定，審案，都是細察。

正字　篆文　金文

零一零：夜哭醫有

案破，宅母領我回去。傍晚焚香燃燭，為我叫魂。美貌乳母萬般疼愛，上下緊跟。未久，我夜夜夢中哭，很傷心的模樣。兒醫換了六家，夢哭照舊，淚水溼了乳母胸部。

正字　篆文

夜字從夕，天黑了，亦省聲。夕字用半邊月表示之。亦是腋的古寫。腋窩沒法象形，所以在大人的腋窩下，左一劃，右一劃，指給你看。亦（腋）做聲符用，不參與字義。亦省聲，省掉了右一劃。

篆文亦　篆文夕

正字　篆文

狗吠陌生人，是叫不是哭。狗打架，也不是。狗挨痛打，就是哭了。哭字從吅huān（高聲喧嚎）從犬（狗屬犬類。犬字象形，篆文要從左側看去，張口翹尾，前腿短，後腿長，頗傳神。夜哭當然是我在哭，不是狗哭。宅父吩咐，書紅貼牆：“天皇皇，地皇皇，我家有個夜哭郎。過路君子念三遍，一覺睡到大天光。”是何原因夜哭，以後方知。事涉神祕，信不信由你。

兒醫診不出我是什麼病，宅父去天主堂請法國醫生。醫生同樣診不出。恰巧宅母近來婦科病又發作，月經已停四個月了，中藥仍未見效。法國醫生取出聽診喇叭，瞑目聽腹許久，擡頭告知："太太有了。"且說醫字，你們簡作医，不知医乃矢囊，罕有其字。所以醫字篆文筆劃有誤。對照石鼓文看，此字左旁從人，中箭負傷，右旁從殳shū，持械手術，拔掉箭鏃。那時下面尚未添加酉（酒）字。

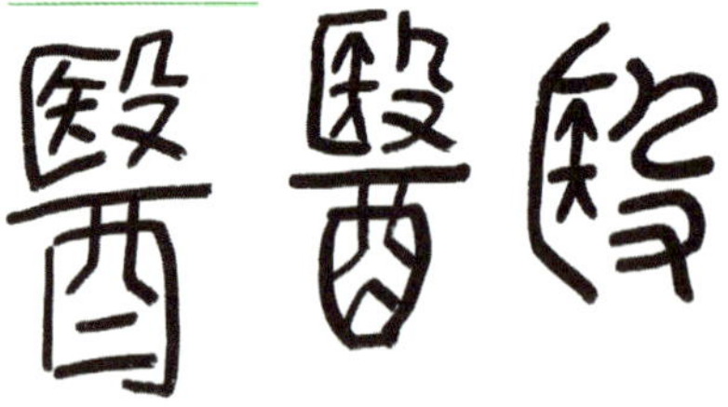

正字　篆文　石鼓文

"有了"指有孕了。宅母已入中年，一直不孕，所以乏嗣，抱養我李三三。真不敢相信洋醫生的話，一臉迷惑。宅父先驚後悟，禮送洋醫。又過兩月，腹凸日高，始信不疑。夫婦二人眉花眼亮，到娘娘廟去酬神，請兒醫開保胎藥，自不必說。且說有字，篆文右手護着一塊豬腿，宣示其所有權。有字本指佔有、持有、領有。有無的有應是衍生之義。三三夜哭，原因在此。《莊子》書說"有弟而兄啼"正是這樣啊。神秘感應，肯定有的。

正字　篆文

零一一：兒弟兩四

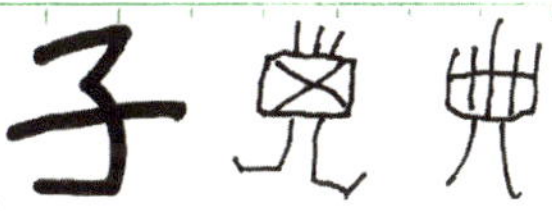

正字　兩個甲骨文

光陰易過，宅母臨盆，是兒。兒字和子字在甲骨文筆劃畧有相似，讀音也很相近。古無er音。兒古音ni，讀音同倪，本是一字。子古音li，與兒ni讀音不是很相近嗎？子古音li，有證具嗎？有。《説文解字》：“李，果也，從木子聲。”可見子古音同李li。兒的古文字，一是誇張小兒頭頂囟門未合，二是強調小兒光着翹脫爬行。兒簡成儿，被斬首了。

正字　篆文　金文　甲骨文

此時李三三我已經兩歲。宅母教我快喊一聲“弟弟”，我便喊了。去年我斷奶後，乳母成為保母，天天帶我。有了弟弟，她就又做弟弟的乳母，同時也照看我。

兄弟的弟在金文和甲骨文裏就是弔字，象用棍子挑蛇之形。捕蛇用棍子挑起來，懸弔空中，然後捏頸擒住，十拿九穩。懸弔空中，蛇頭到（倒）掛，所以弔字又有到義。弔喪就是到場哭臨慰問，又叫弔問。到了篆文，棍子柄上加一筆，借作兄弟字

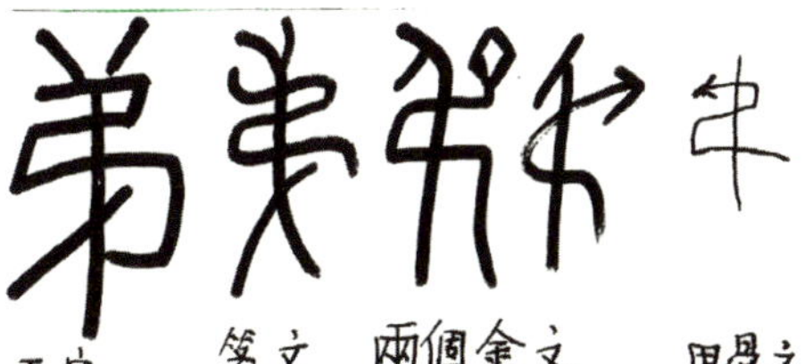

正字　篆文　兩個金文　甲骨文

用。弔diào弟dì讀音相近，古人借弔字充當弟字，祇須棍端加叉頭，棍柄加一筆就行了。

弟弟生在重九節，和我生在同一天。弟弟滿兩歲那一天，正好我滿四歲。宅父宅母又大宴親戚朋友，縣城内四街都轟動了。弟兩歲時我四歲。一二三四五數字序列都是數詞，兩非數詞，而是量詞。兩歲就是二歲。看金文兩就是一雙木屐，前有人字皮條，無後絆正是拖板鞋，夏季穿着涼爽。《說文解字》：“緉，履兩枚也。”緉繁字，兩簡字，网象形。

正字　篆文　金文

不說二歲，而說兩歲，古人喜見成雙成對。二古音nì。古無er音，前已交代。便是尔、爾、耳都音nǐ。《爾雅》一書古人叫nǐ雅，“尔等”古人叫你等。

那天我滿四歲，宅母抱着弟弟和我各坐一膝，宅父笑盈盈站背後，留下像片一幀。四，金文伸出四指。後來作廢，借用鼻流涕泗之字充當三加一的數詞。看古文四正象小孩受寒雙龍出洞之形。感謝蒼天留此古文，存文字之真相。

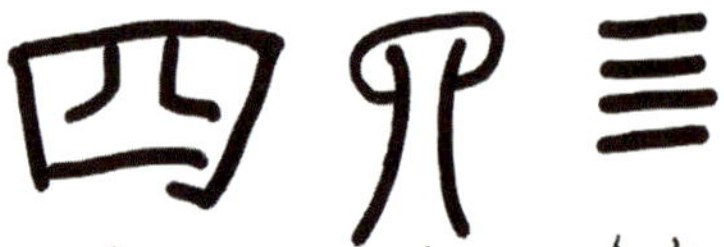

正字　古文　金文

零一二：九僕余宿

中國作家協會四川分會

重九節那天是清朝同治皇帝繼位的第二年陰曆九月初九日。遠古獵人認為九這個數目字不吉利，九九雙倍不吉利，因為獵得九隻禽獸不易均分，引起氏族成員吵架。不愉快的記憶傳承下來，魏晉以後便有重九之日全家外出登高避禍一說，遂成節日。九這個字不能再伸九指表示，所以衹好借用。久借不還，便是佔用，喧賓入室，驅逐主人。

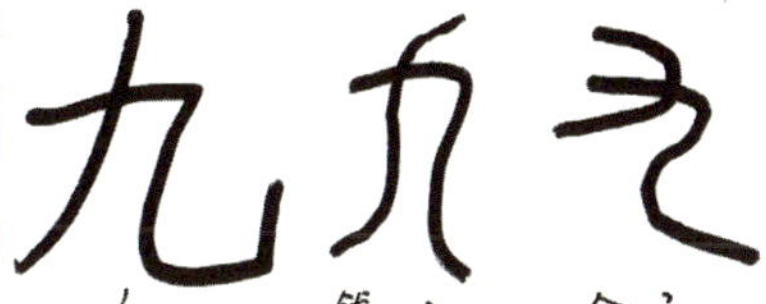

正字　篆文　金文

金文九象肘關節向上撐，伸三指（五指省二），就是古寫的肘字。推想肘九古音相同，才好借用。

那天宅中宴聚正在進行，宅門外忽然譁噪“抓住抓住”，原是守門的老僕抓住一位大嫂帶入庭院來。宅母去問啥事，回稟道：“又是來擄娃娃的！賊眉賊眼，天天在門外覷！”宅母吩咐帶到後院去問。那位大嫂跪下，低聲答道“想看我兒，他四歲了。”宅母急忙扶起請坐，斥退僕人，賠禮安慰，方知這大嫂是胖哥哥的生母，剛才是誤會了。

正字　篆文　甲骨文

看這僕字，從人得義。篆文右旁是雙手握持推耙，推掃一堆垃圾，以暗示其身份。注意字從人，僕也是人啊。甲骨文僕象形，手端撮箕，塵垈揚起，頭上加辛，辛是剠刀（用于黥面），表示有罪，臀部有尾飾，顯然是牲畜，不屬于人類。

該介紹于我有恩的宅主，他姓佘，祖輩做過官，世居皖北宿縣，家財厚積，樂善好施。宅父經商，本城南街開綢緞鋪。宅母管家，書香門第嫁過佘家來的，會做詩，能講《三國》《西游》，為人心好，深受僕輩敬愛。這天匆匆忙忙遣送那位大嫂回去，囑咐三日之後再來商量。宿縣城小，南街佘宅有女賊來擄男娃娃，半個城皆風聞，閒人都擁來看。且說佘字，

正字　篆文　金文　甲骨文

最早衹是一根木柱撐起棚蓋，想是田邊守瓜之棚，僅可遮陽避雨。金文佘下面加方形，便成舍字。舍，屋舍。推測金文余是簡易棚舍，不能夜宿。

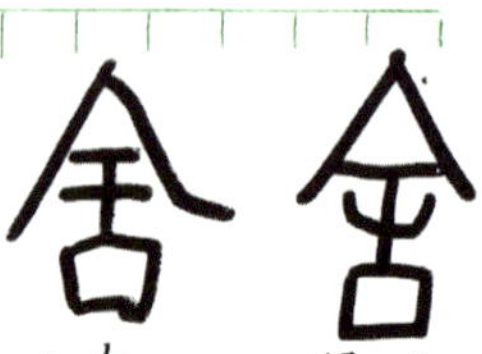

正字　篆文

至于宿縣的宿，看圖識字可也。屋蓋之下，左人臥右竹席，住宿之義自出。臥席是用竹篾編織，織紋交叉，一目了然。

正字　篆文　甲骨文

零一三：私學吉喜

李家，三三我的出生地，在宿縣城北街項羽廟側，一條陋巷之內。重九余宅宴聚之日，生母尋子受窘，回到家中，神態恍惚。生父正在塾堂上給大班講《詩經》。私塾大小兩班，共用一間塾堂，書聲琅琅，各誦各的。私塾，私辦的學堂。宿縣城內東西南北四街，街街都有私塾。塾是進大門旁側的寬堂，可容多人。私字從禾，屬農作物，古寫作厶sī，象薏苡籽實形。所以薏苡植株名私，正如米穀植株名稻，高粱植株名黍，黃米植株名稷，小米植株名禾。私這種農作物喜溼潤，多生在宅前小溪邊，屋後淺溝旁，田角潦凼內，產量微薄，不便納稅。所以誰種誰收，由此衍出私有之義。韓非胡說"自營為厶"，不懂文字學。

正字

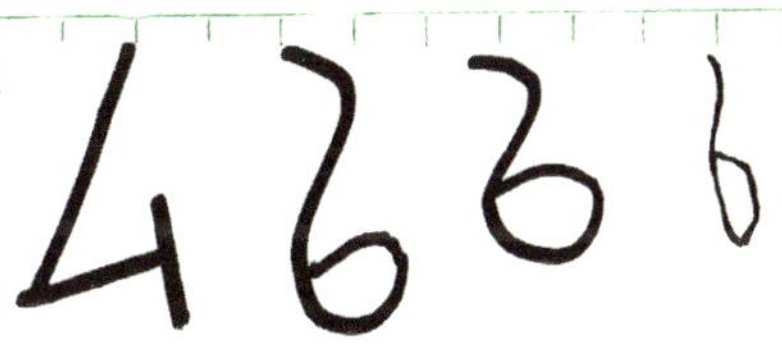
sī　篆文　金文　甲骨

塾堂即學堂。學這個字看似麻煩，拆開來說，簡明易懂。娃娃進學堂，老師伸雙手，數一二三到八九十，上算術課。爻今音yáo而古音xiáo，放在上面作聲符用。字義指學校的校。作動詞就是學(效)。

正字　金文

三日既過，宅母對我的生母說：“那產婆四年前抱着娃娃來時，誑說是私生子，我才放心收養。日久生情，娃娃胖乖，我愛。現今事情穿了，我也不好意思。你是親媽，舉頭三尺，神明在上，擇個吉利日子，我送胖哥回去。”我的生母作揖道謝，忙着回家給那整天領着一羣兒童少年“子曰詩云”“趙錢孫李”的夫君報喜。

正字　金文　三個甲骨文

看這喜字上面從吉，是吉喜吧？非也。喜吉二字並無牽涉。吉字上面非士，先是箭鏃，後是矛頭，最後是斧鉞；下面非口，原是匡匣。兵器收檢入匣，不打仗了，這就是吉。喜字從鼓，聞鼓聲而快樂，此之謂喜。我三三已是百年老鬼，長夜反省，方知吉字內涵偉大思想。吉日擇定，十月初一。是日午正，宅母帶着胖哥弱弟兩個娃娃，乘坐轎子，經南街過十字口，直抵北街項羽廟側，入陋巷到李家私塾門前。陋巷人家擁來道喜，擠擁圍看逆生棄兒。宅母左牽哥右牽弟，進門直上正堂。然後叫我向李氏高曾遠祖牌位下跪叩頭，以示認祖歸宗。吾母在旁拭淚飲泣，跪謝宅母仁厚。

正字　篆文

零一四：李德道得

三三落實姓李。你們現代中國，一億多人姓李。傳說戰國時代老子姓李，因為生在李樹之下。難道一億多中國人都是他的後嗣？不可能。漢代揚雄《方言》說虎又叫李父，又叫李耳。怪了，戰國老子本名李耳，他是虎嗎？三三推想，遠古稱虎為李。李父便是尊稱虎爸，後世猶尊稱為老虎。李字借來作貍，音義同狸lí。狸非狐狸。古人粗疏，把華南虎、東北虎、豹貓、山貓、貔虎、猞猁、貙（猰貐）、猊，以及傳說中的狴犴，混稱為虎，亦稱為貍lí。堯舜時監獄官稱大理，即大貍也。舊時牢獄門額圖畫虎頭，名曰狴犴（傳說似虎）。民間叫貓貓監，蜀人叫班房，不知班乃狴bì犴hān二音拼成。明清兩代衙役辦公室名班房，非監獄也。總之，借李作貍lí（概指虎類）。獄官稱理（貍lí），以所任職為姓，可以姓理，姓李。

正字　篆文

遠古氏族怕虎類，所以崇拜概稱的貍lí，跟着貍姓，也就姓李。怕虎類的氏族太多了，李成為中國最最多的姓。

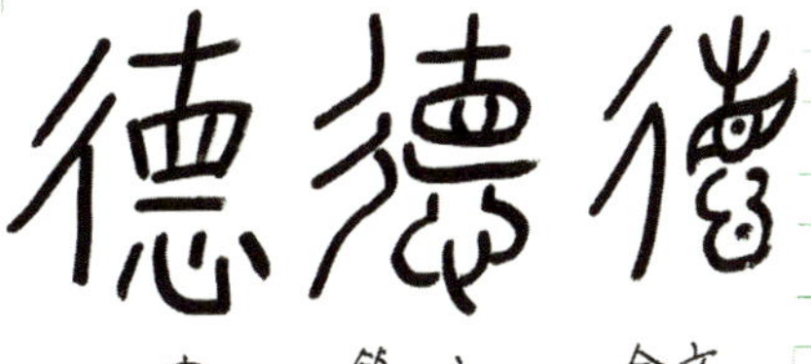

正字　篆文　金文

吾父給我命名德九，德是

輩份，九是九月九日生。父姓李名道一，道是輩份。道德二字連着講吧。道，人行道，象十字交道形。看金文行正是這樣。異體作衜，行內加首，做聲符用。首shǒu古音tóu。古曰叩首，今曰磕頭，讀音相同。古曰饗首，今曰饅頭，一樣。道字的走之，其上為行字省掉右旁，表示十字交道，其下為止（趾），表示走路。道的字義全在走之，首祇表示讀音而已。回頭講德。德字從行省，就是行字省掉右旁，表示踐行大道，從心，表示有了心得。

正字　篆文　金文

異體　正字　金文

心上原是直字，直古音dé，做聲符用。直字象意，看鉛垂線取直，築牆立柱用之。直了就中zhòng了，中了就得了。這得字說來太可笑，甲骨文是街道拾取貝幣，不交警察叔叔，自己得了。可見修道有了心得就是德，走路拾了財寶就是得，得德字義同源，語音同根。

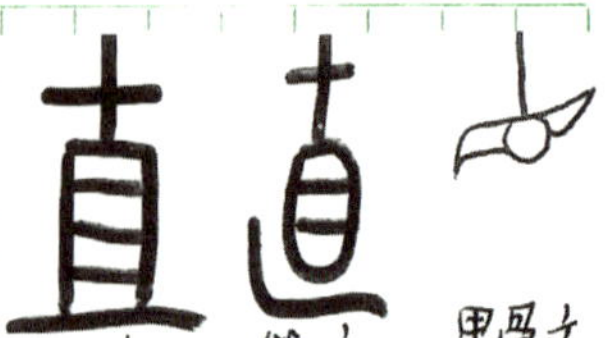

正字　篆文　甲骨文

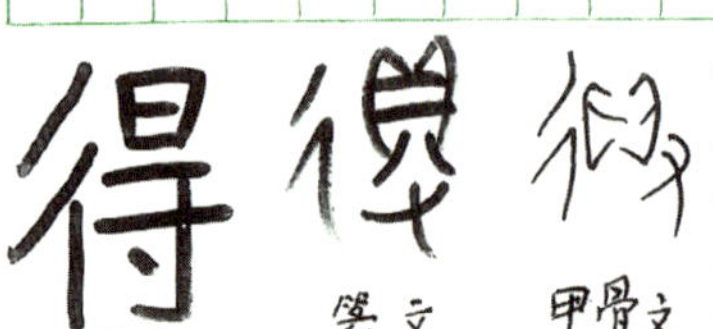

正字　篆文　甲骨文

零一五：讀到羈縻

家父李道一見我滿四歲，正好讀小班，便關我入他的塾堂，羈之縻之。余宅那邊放散馬的幼兒歲月忽焉而逝，一下步入童年。讀書的讀字，看篆文才曉得右旁不是買賣的賣。

正字　篆文

賣字下部是買（網盤内有貝幣好買東西），上部是出（買了又賣出去）。請對照看清楚，讀的右旁絕非買賣的賣。此字音要唸dòu，是讀字的聲符。

篆文賣

賣dòu的字義是指小販沿街叫賣，很容易與買賣的賣互相混同。你們報刊上說的"兜售"，兜字象人戴頭盔形，那是字用錯了，應作賣dòu售才對。注意，正字竇櫝牘犢殰瀆黷這些字，都和讀字一樣，用賣dòu字做聲符。讀字初義乃是句逗的逗。舊時木版印書，沒有現代標點符號，要由讀者自己標點。文章一段完了，畫小圈，一句完了，拄一點，這叫句逗。逗dòu字義為走路暫停，借來頂替讀dòu字。最初所謂讀書，就是一本不分段落，不斷句子，從頭排到尾的文本，請你每一句下面拄一點，每一段下面畫一圈。、是句號，。是段號。清末民初報章雜誌所登文字都用、號和。號。後來我李三三離開人世幾年之後，你們現代人才興用新式標點符號，自找麻煩。

唉，入塾第一天點名到李德久，我應聲到。那些大班同學正在背九九表，下課後就叫我三三（三三得九）。吾父所錫嘉名，竟以玩笑廢焉。一聲到，招人笑。到字從至刀聲。到就是至。刀是純聲符，非持刀而至。至字象意，一矢射去，矢鋒抵達，噌的一聲，中到靶板。舊時點名，被點到者高聲應之："到！"不興應"有"。

正字　篆文

正字　甲骨文

可憐三三自此做了學童，被羈jī被縻mí。羈，馬絡頭。字從馬從革從網（网），象意。小駒成年後，須用皮革細條編紮成的網絡，給牠籠罩頭上，便于騎士控馭。縻，牛鼻繩。字從糸mì（細絲）麻聲。小牛成年後，須用牽繩穿系牛鼻，防牠走失，耕田時便于駕控。無論牛性多猛，一繩牽在幼童之手，牠都不敢犟。難怪入塾前吾母警告道："牛兒要穿鼻子了！"

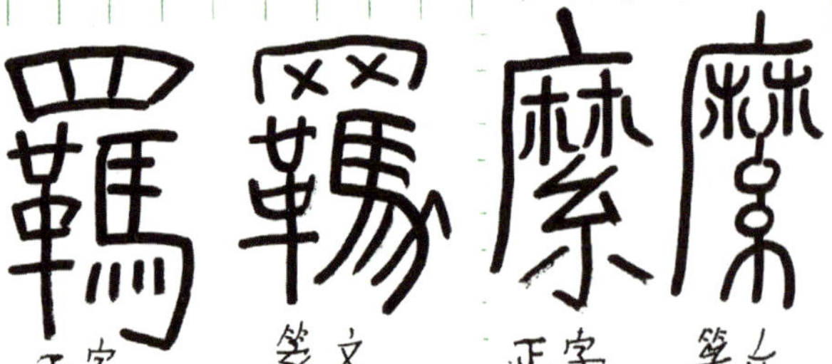
正字　篆文　正字　篆文

零一六：書羔皮酒

中国作家协会四川分会

回歸李家讀書入塾不久，天氣轉寒，手生凍瘡。到臘月二十五那天，下午提前下課，吾父道一先生率領學生，堂上列隊，跪拜"大成至聖先師孔子之位"的神牌，然後宣佈放年假二十天。"春暖來學"紅紙榜書四個大字隨即貼到李家門口。學童跳鬧歡呼，塾堂鬨動。變了鬼，方曉得，人生之樂，此為第一。看這篆文書，筆劃好麻煩。別煩，拆開看，上聿是右手握毛筆，下是者字。者即煮。看篆文者，鍋中有水，蓋着煮（下面四點火省掉了）。者煮本一字，者音zhǔ，做聲符。書字義為握筆寫作，從聿者省聲（省掉了冒水氣和濺水珠）。者字被借去做虛詞，久借不還，鍋煮本義遂亡。而書字又轉義指書籍。義轉了更麻煩，書籍太多，變鬼也讀不完。

正字　篆文

正字　篆文　甲骨文

正字　篆文

塾堂裏正在跳鬧歡呼，忽見吾母窗外招手，急忙出去。母說有客來了，牽着我去內院。入小門見檐下站着往日的余家宅母，笑彎眉了。小弟弟兩歲多，喊我胖哥哥。原

25×20=500　Ch001.60.93.9　第031頁

中国作家协会四川分会

來宅母攜弟乘轎來了。隨後挑伕送來我在那邊的衣裳衾褥，以及趕縫的過年新衣裳。另一挑是禮品，送吾母一件羔皮短襖，送吾父兩罈紹興黃酒。宅母請得吾母允許，是來接我到那邊去團年的。此時我牽着小弟出了陋巷去看項羽廟，吾母陪客應酬。小弟進殿，見楚霸王塑像，嚇得躲閃，不敢再看一眼。

正字　篆文

說到羔皮，那是江南湖州所製。幼羊皮毛細軟，保溫禦寒。羔字從羊從火。幼羊畏寒，生于暖房，必須烤火，否則凍死。羔字音從烤來。羔皮的皮太難象形，祇好手提皮鏟，代表牲畜之皮，不得已也。

正字　篆文　金文

酒也不好象形，甲骨文用酒罈代表酒，後又加個水旁。注意罈口有漏斗插入，用來濾酒糟。而且罈皆尖底，不能平置檯面。原來大罈盛酒，半埋土中，以便保持低溫。酒罈下半段埋下去，又在週圍堆壘黏土如墳，這就是“文君當壚”的壚。酉時天已黑，飲醉正好睡。

正字　甲骨文三個酒

零一七：團年錢多

回到余宅團年，余姓族人在宿縣的紛紛冒雪趕來團聚，享堂之上，共拜祖先。我也以余傳瑚的身份，同弟弟余傳璉在列隊中跟着跪拜。宅父認真視我為長子。傳字輩高，庭中檐下七八位成年人，上前向我請安作揖，叫我爺爺。天啦，我不到四歲半。團字外廓本是圓形，為了書寫方便，姑且方形。團字義為旋轉。物因旋轉而圓。團字從專，象紡錘形，手工紡麻成線用之。篆文專，上端三股纖維，中為鐵餅，鐵軸下端有鈎，其下右手撥動旋轉，上端散麻纖維紡成麻線。亦可用以紡棉成線。舊時勤儉持家，婦孺手工自紡紗線，非用紡錘不可。古代紡錘陶製，謂之紡專（塼），亦圓餅形，其旋轉似玩具之陀螺。陀螺旋轉，其自轉軸所指方向恒定不變，所以生出專一、專科、專注等詞。余宅團年宴聚，族人有十七八桌，親情融洽，按輩份向長輩敬酒，禮數週到。

正字　篆文

年字從禾千聲，原是指有一種黏高粱，其名曰黏nian也就是年，古寫作季。這種穀物

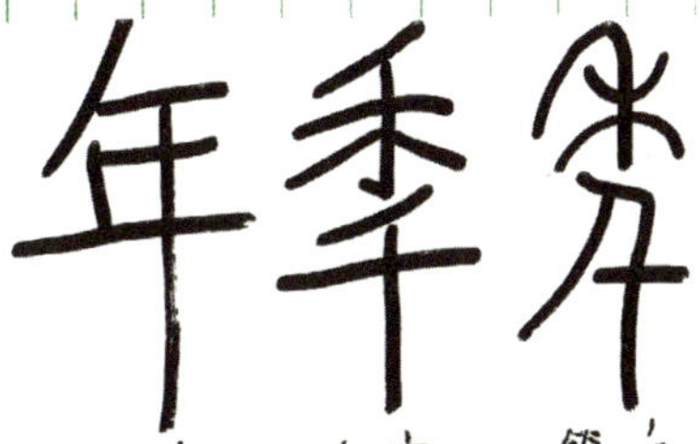

正字　古寫　篆文

成熟最晚，將近初冬收穫，所以用這種名年（黏）的高粱概指各種穀物，統稱年穀。“大有年”是說百穀皆豐收。“祈年”是祈求上天保佑百穀。年（黏）這種高粱的籽實，北方叫黃米子，製作成糕，用來祭天敬祖，名叫年糕，即黏糕也。每歲末祭一次，算一年。用以紀時，一歲一年。

團年後入新年。從正月初二起，余宅爸爸吩咐老僕引我穿街走巷，給宿縣城中的親戚長輩拜年，得了許多喜錢，全是摻了金的所謂金勾小錢，十枚要值龍版銀圓一個。錢字古音jiǎn，指一種很古老的手耕農具名叫銚qiāo，鏟形，木柄，很小，蜀中叫銚銚，早被鋤取代了，栽花用用而已。有說是鐵鍬的，鐵鎬的，皆非也。考古發掘，出土有鏟形幣。此其型制或取象于這種很古老的手耕小鏟？

正字　篆文

多字或許不從二夕相疊，“重夕為多”之說可疑。上古狩獵最關心的應是食物之豐歉。看㕑字的象形，內貯肉塊，正是疊肉為多。那是肉字，不是夕字。

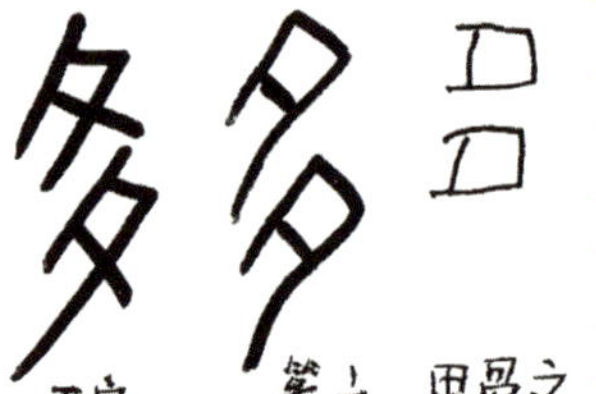

正字　篆文　甲骨文

正字　金文　甲骨文

零一八：贏血尿廖

余宅左鄰廖家大院，多居殷實富戶，兒童過年錢多，鳩聚賭博。余媽放我也去。我去那邊擲色子走陞官圖，贏得金勾小錢一捧，歡喜跳躍。輸了錢的廖家九哥大哭，要我退還。廖九哥的爸爸笑着說：“別退。他小器，輸不起。”

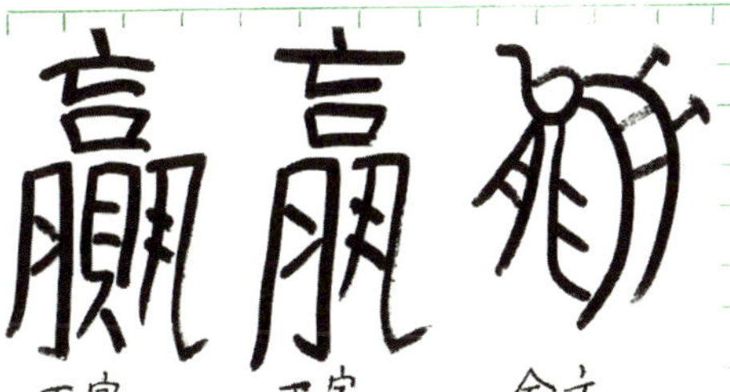

正字　正字　金文

贏字從貝，與錢財有關係，𣎆ying做聲符，純形聲字，本來好講。有古人把𣎆ying字誤讀為蠃luǒ（細腰蜂），一錯兩千年。𣎆ying指虻科飛虫，似蒼蠅而特大，體長一至三厘米，食肉性，以口器刺吸牛馬牲畜血液，傳播疾病。此後又造虻字，取代𣎆的，便兼指蒼蠅、金蠅、綠蠅、麻蠅，致使虻蠅混成同類。蠅類也騷擾牲畜，產卵在皮膚上，患蠅蛆病，牛瘦羊狂。

廖家大院兒童多，分隊玩湘軍打長毛。有打流鼻血的，家長來查問誰打的。我扮長毛隊長，受到大人斥責。大人說，開年遭到血光之災，這一年要倒霉。不過也有說紅喜的，下次小心就行了。血這個字無法象形，祇好象意。祭祀用羔羊血盛高腳容器，供神享用。所以血字從皿，一劃或縱或橫，暗示是血。

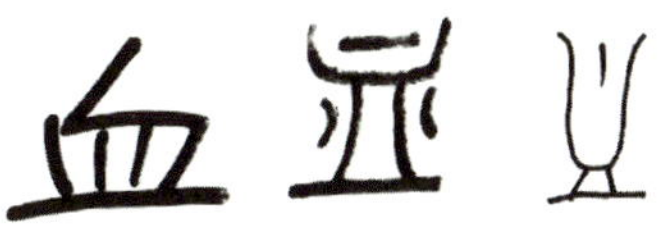

正字　篆文　甲骨文

鳩聚在廖家大院的這羣兒童，玩了打長毛，又玩老鷹抓小雞、騎肩打仗、挑狗兒、偷瓜。第二天又賭博押單雙，我又贏金勾錢。玩心太癡，夾尿不放。憋不住了，跑到花園水池急射。其餘小賭哥也跟着跑來，臨池橫掃。見一羣池鯉，體長一尺多，紛紛游來唼喋。此時背後詬罵大作：“小祖宗，那是祭祀養的！”廖老太爺喘氣趕來制止，都嚇得鼠竄了。查禍首，又是我。尿字從尸，尸象人靠壁坐，非死屍也。其下出水，當然是尿。篆文字從尾，不可解。看甲骨文尿，寫成正字應作㐱niào。這個㐱字《說文解字》義為稠髮，音zhēn，而作㐱字的聲符卻音lì。這是許慎的漏洞。真相是㐱作翏字的聲符，音niào。翏字義為雞翅左右交扭互扣，使其不能搧拍，不是許慎解的高飛。廖字從广翏聲，翏字又從羽㐱niào聲，也就是尿聲。我當初那泡尿射在廖家，或有道理？

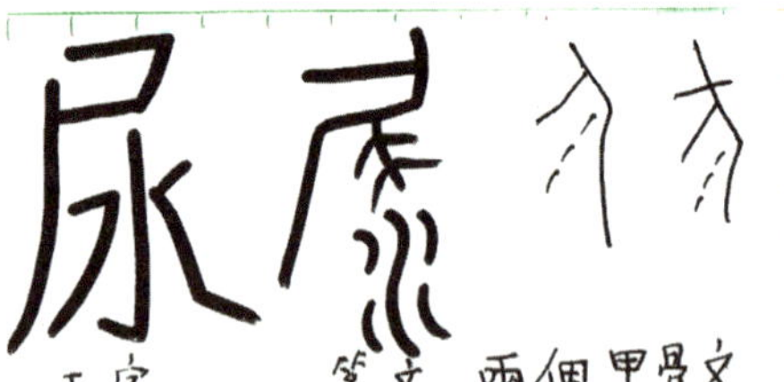

正字　篆文　兩個甲骨文

正字　金文

古尿字niào

正字

零一九：禍災父拜

余宅爸爸知我射尿闖禍，叫我不要再去那邊游玩。翌日我從梅花垛牆偷望那邊廖家大院，羣童又放焰花。余媽見我拭淚，慈心不忍，祇好準我再去，囑我千萬別再闖禍了。禍字從示，與神祇有關係，咼聲。咼guō字義為歪嘴，顏面肌受刺激而扭曲所致，為中風之先兆。作為禍字聲符，咼也參與字義。不吉祥的先兆謂之禍。

正字 篆文

我趁余爸外出，又去那邊大院。出陋巷口，順便買了一串衝天火箭，拿到那邊去顯。羣童放了焰花，我將火箭一串掛上樹枝，香火點燃。一時萬箭衝天，大家叫好。忽見幾枝橫射亂飛，射中園角茅亭，頓時引燃草蓋，羣童都嚇傻了。我知這次禍闖大了，尿溼棉褲，噤聲失語。事後余媽去廖家道歉，賠錢重蓋茅亭了事。此後余父雖未罵我半句，卻叫我到書房聽他講“二十四孝”。弟弟也來聆聽。余媽窗外覷看，見我未受苛責，便放心了。廖家大院茅亭災後，我無顏再去玩。災字籀文（古篆文的一種）上是山崩壅川，堵水成堰塞湖。湖潰淹没下游，人畜漂

正字 異體 籀文

没，這是水災。災字下是火，一堆火正在燃。比較起來，異體僅指火燒房屋，其字從火從宀mián，而正字災兼指水火，顯然好些。廢災用灾，太不應該。

正字　篆文　甲骨文

正月初五起，余父領我日日出門，給本城的余氏宗親拜新年，父教我跪拜行禮，進退得體，應對如儀，其事甚煩。

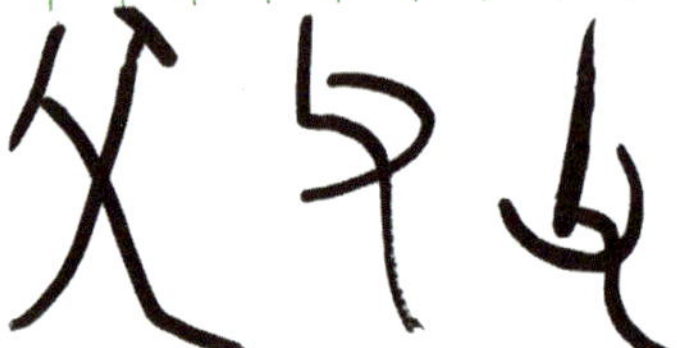

正字　篆文　金文

父字初義非父親也。周代貴族子弟，滿二十歲行成年禮，戴弁佩觿XI。弁biàn是皮帽子，觿是解結錐。成人衣服用紐襻打紇縫扣合，脱衣時用尖頭象牙錐解紐結。父字象右手持錐形，表示成年人的身份。所以成人皆可尊稱為父，如農父、田父、漁父、樵父、師父。

拜新年送禮品有僕人提着去，我衹問候，作揖。作揖古稱拜手。遠古時異氏族的成員，曠野相遇，雙方高舉兩手，不握暗器，表示没有敵意。然後兩手合攏，移向胸前，低頭俯身，以示友好。這套程序演化為作揖，謂之拜手。篆文象舉兩手張十指之形，從下。下，合手移到胸前。

正字　篆文

零二零：龍皇罪燈

那年正月十五，余宅僕人送我回家，因為私塾明日開學。十五元宵，四街皆辦燈會。此前，朝廷有諭，以長毛賊已剿滅，捻賊已摧垮，特允江南各州各縣放燈示慶，所以這年燈會熱鬧空前。城內四街紮鰲山，掛花燈，舞龍燈。商鋪每家俱出竹筒焰火，當街點燃，噴燒長龍，歡快緊張。吾父手牽三三我，指教曰："此亦孟子所言禹驅龍蛇之遺風也。"其意蓋謂龍乃惡蟲，攫噬人畜，所以焰火驅之。龍之原型為灣鱷，乃華夏先民之一大威脅。看古文字，龍字從辛，始終不改。辛字象彫刀形。古代五刑有黥，輕刑刻刺面部，須用彫刀。凡涉犯罪之字，多從辛，如皋、妾、童、辥、辟、辜、辭。龍字篆文、金文、甲骨文皆戴辛帽，彰其罪惡。民間流行觀念，龍發大水成災，龍噴毒火燒屋，還有龍強奸婦女的，亦與龍之字形吻合。辛即古之彫刀，作動詞用便是鏤刻的鏤，木刻謂之鏤版。龍字右旁象龍整體

正字　篆文　金文　甲骨文

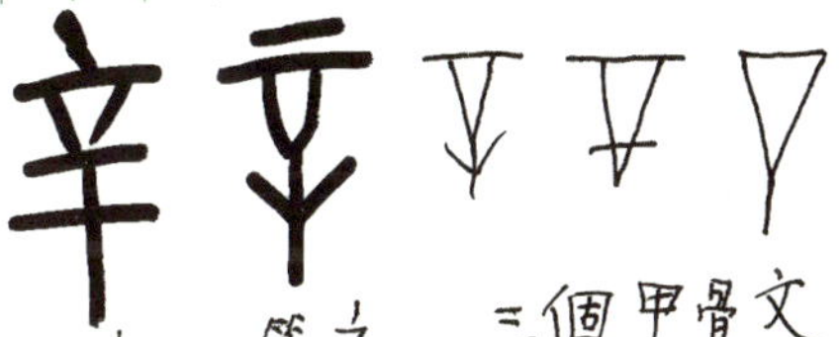

正字　篆文　三個甲骨文

正字

之形。龍字左下從肉，表示其為肉食猛蟲，吃人吃畜。暴君秦始皇被稱為祖龍。你們現代人竟然崇拜龍，怪哉。

惡龍有罪。請說罪字，本來作辠，金文就有。秦始皇嫌辠字像皇字，下令廢掉，用漁具的罪字來頂替。辠字從辛，事涉刑律，自是聲符，無可挑剔。至于罪字，從网從排省。江南水鄉，在河邊洄水處插竹排，圍成大圈，圈內又圍小圈。魚游入，不能出，俗呼為迷魂陣，這種捕魚設施曰罪，而與刑事無涉。

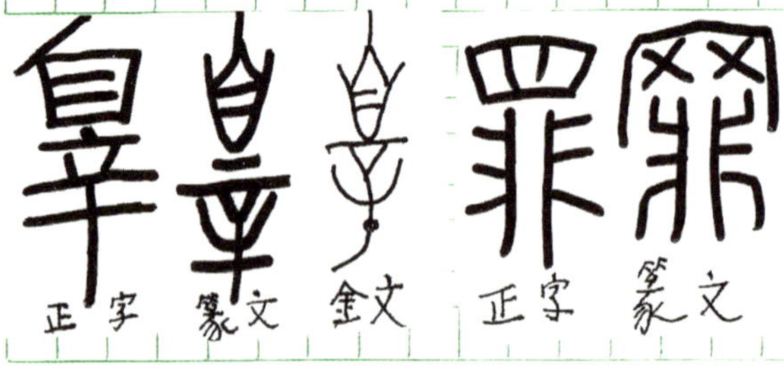

龍燈的燈，從火登聲。登字看篆文上面是兩個止（趾），也就是兩隻腳向上爬的爬字，古寫作癶bo。下面是豆，豆是有冪巾的高腳盞，祭祀用來盛醬，木製。也有陶製的豆，另名曰登，祭祀用來盛臠。這種陶製的登，若灌滿植物油，內置芯草，亦可點火照明，便是瓦燈盞了。龍燈用紗裱糊而成，元宵夜被焰火噴燒成光架架，告慰百姓，惡龍已被驅殺。

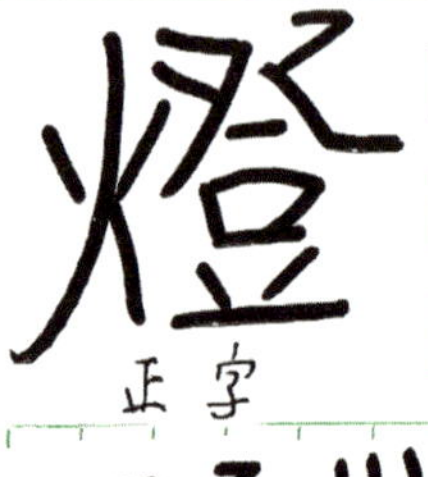

零二一：士紳易教

元宵過了，李氏塾堂開學，吾父大忙。今春學生數量倍增，已到六十餘名。原因有二，一是皖北捻匪去年已被李鴻章編練的淮軍摧垮，潰散一空，宿縣士紳遠走避禍的紛紛回城來，子弟眾多，急需入學，二是知縣大人去年召集本城各堂塾師，出題考試，發榜文廟，拔吾父為全縣塾師第一名，以致其他各堂皆有學生轉入本堂。士紳之士，初僅兩劃，見甲骨文，實象男根勃起之形，泛指雄性。士女對稱，士即男也。後來有了武士文士，士遂成為美稱。到金文添一橫以掩飾，亦文明之需要。紳字從絲省申聲，義指大帶。古人有地位的着長袍，腰繫絲織的大帶。帶端下垂過膝，表示寬緩。大帶即長帶也。士紳階層構成社會中堅，舊時代表文明。

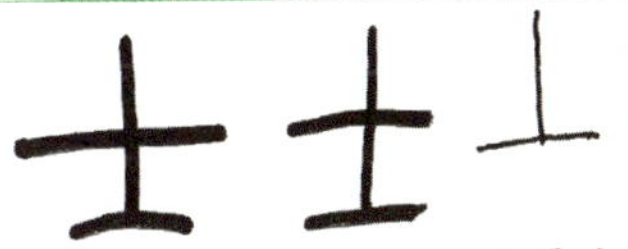

正字　金文　甲骨文

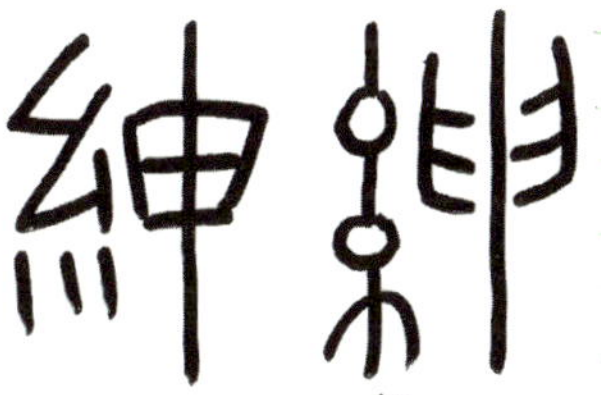

正字　篆文

李氏塾堂名聲在外，吾父趁此借款擴堂，買得左鄰項家小宅一角，原有一間柴房，整飾粉刷，做了小班課堂。另一間磨房，新聘來的易老師暫住。從此大小兩班分堂上課，一牆隔離，小門可通。我在小班，易老師管。吾父仍在牆那邊李氏塾堂管大班。牆矮，那邊堂上誦讀之聲，乃至吾父講課之聲，清晰可聞。易老師本城人，曾受教于吾父。吾父無力兼管兩班，便聘他來專管小班。易老師頭腦新，正課之外，還教我們"愛皮西底，愛夫愛妻，愛兒愛母，愛客士"（ABCD，FH，LM，X）。還教唱《洋人練兵歌》和《聖母頌歌》。但是易老師很威嚴，要打學生，用教鞭抽。第一個挨抽的就是我。吾父請易老師到我家去喝酒，先作三個揖，向他表謝意。易老師忙跪下，口稱"吾師諒我"。易字看篆文，以為象蜥蜴。過了兩千年，甲骨文出土，方看明白，原是一杯注水入另一杯，意思是"換一換"，義為變易。至于易老師揮教鞭，亦有來頭。《尚書》說"扑作教刑"就是教鞭抽學生。古文字畫右手舉鞭打小娃娃，爻做聲符。教字右旁，所謂反文，就是扑字，象舉鞭形。又作撲，簡作扑。

正字　篆文

四個金文　甲骨文

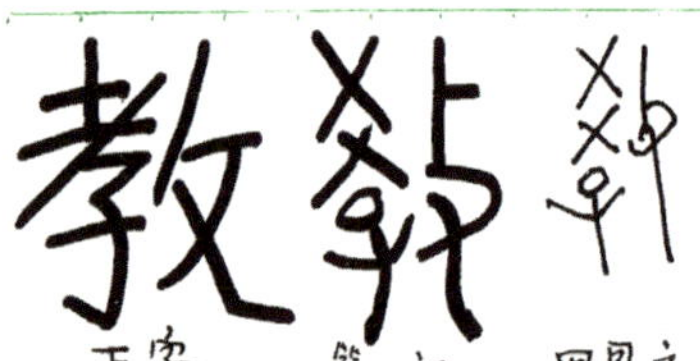

正字　篆文　甲骨文

零二二：老師藍藥

易老師家住東街，門面開中藥房。祖輩行醫，已歷百年。易老師之父，人呼老老師，日日藥房坐堂診病。祕製藥劑能退高燒，祕不外傳。病家必須來此服用，不帶出堂。藥房深處，入門有小宅院。院後有菜園為禁區，上大鐵鎖。鑰匙繫在易老老師腰間，家人都不準去，店夥更不必說。

正字　篆文　金文　甲骨文

老字象形，長髮向背，伸手前扶而立。老師的師，既不象形，又不象意。看甲骨文和金文，左旁𠂤是苡而音shī，右旁不是尾而也音shī。左右都是聲符，唯獨沒有表義的形符，這是一個造錯了的字。演進到篆文，左旁又錯成𠂤（堆），右旁又錯成帀（匝），遂致無解。所以衹好拋開字形，單就詞義而言，闡釋其原義吧。原義師指師旅，亦即軍隊。軍隊奪得市，要向民衆宣講道理，扮演教師角色，引出"太師"一職。漫衍開來，國師、軍師、老師、法師、巫師、技師、醫師、廚師，無涯無際。字雖然造錯了，也得將就用吧。

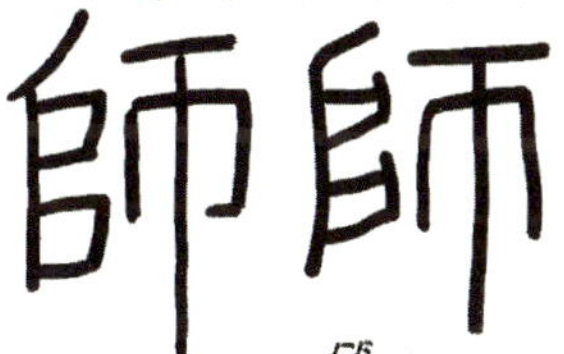

正字　篆文

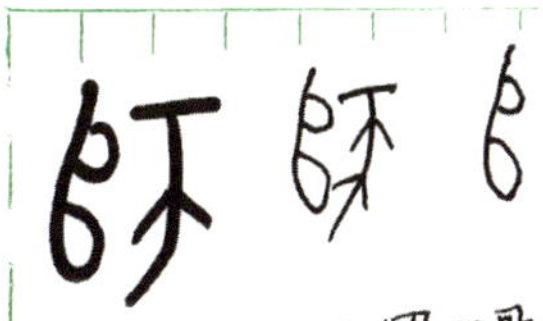

金文　兩個甲骨文

易家藥房菜園，教我的易老師讓我進入看過。菜園多植芥藍，收割其葉，漚在陶製大缸，蓋嚴，草棚遮覆。漚爛漚臭，挹取液汁，密封冷藏待用。病人高燒不退，液汁飲之，一劑而甦。芥藍以及甘藍、苤藍都是常見蔬菜，以其葉色濃綠偏藍，故名之藍。另有非蔬菜的蓼藍，用來漚製藍靛，染家機土布，蜀呼蓼藍布，舊時鄉下人多衣之。易老老師嚴守秘密，本城同業嫉恨，誣告他“白蓮教畫神水”，以此被逮。旋即放回，仍然守密。其子易老師本已取得秀才資格，從此放棄科舉仕途，一心精研秘技，多所改進。三三我下黃泉數十年後，方聞說易家的退燒靈藥含有一種黴素，近似洋人的青黴素云云。

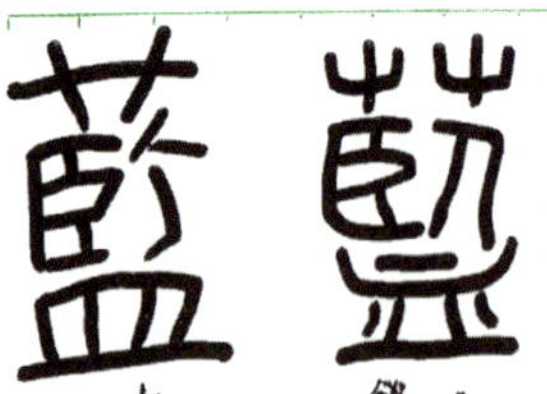

正字　篆文

藥字從艸樂聲。藥指芍藥，包括牡丹在內，花朵亮麗光鮮。《詩經》有“贈之以勺藥”，便是男女相悅，送芍藥花。芍藥根皮俱能治病，白芍、赤芍、丹皮是也。草木有也能治病的，也跟着被叫作藥了。音樂家說，樂治心病，草治身病，所以寫成藥字。此說屬于生扯攏。須知樂是純聲符，不涉字義。

正字　篆文

零二三：獄辯冤咒

獄　獄

正字　篆文

辯　辭

正字　正字

易老老師以"白蓮教畫神水"罪入獄，發生在五年前，當時我尚未生。此案還須回頭說說。被逮之日，易老老師正在坐堂診病。病家訴說，高燒三日三夜不退。易老老師請快捕手稍待片刻，親自守着病人當堂喝盡那杯液汁，然後上綁，從容而去。其子易老師是秀才，抱着棉被草席，入獄侍父。街坊鄰人流淚，追送到縣衙門，抗議紛紛。且說獄字，兩犬夾守一言。篆文言字從口辛聲。前已講过，辛象黥刑刀具之形，代表犯罪。從言即從辛，口是多餘的。獄字兩犬守一罪犯，暗指監牢。易老師陪入監牢，一面侍父，一面書寫辯辭，以雪父冤。其父昔年信佛教白蓮宗。白蓮宗與白蓮教不相關。原告挾私嫉以構陷，故意混淆。其父秘製退燒藥汁，絕未有過畫符動作。祇是喃喃口誦《湯頭歌訣》已成習慣，絕非巫術誦咒。一個月不放人，事情鬧大，輿論沸喧。更有四街民眾探監，口呼"救命恩人"。知縣大人責問縣丞，始知其冤，當即釋放。昔時病家擁來衙門，披紅放炮，迎接恩人出獄。

人說易秀才辯辭做得好。易老師答："據實而已。"辯字二辛，指原告與被告，雙方對質。辭字從辛，專指訟辭。後乃擴展字義，兼指文辭語辭。冤獄的冤，正在逃逸的野兔被网（網）掩住了。

正字　篆文　甲骨文

野兔善跳，而今蜷縮网下，屈其身不能直，象冤屈意。順便提醒，逃逸的逸字也從兔，兔善跳逸也。兔字那一點，千萬少不得。那是兔之尾。兔頭上是大耳朵。兔字整體象形，和免字不相干。

正字　篆文

易老師診病處方之際，必得口誦《湯頭歌訣》，已成職業習慣，改不了了。被人誣為誦咒，險哉人世！咒字講清楚，請先講祝字。祝是跪在祭天杆下，灑酒向神請願。祝字從示從兄。兄是張口誦說。咒字本該作呪，從口從兄，也是向神請願。醫分六科，第十祝由。祝由拼音成zhòu，寫出來就是咒。

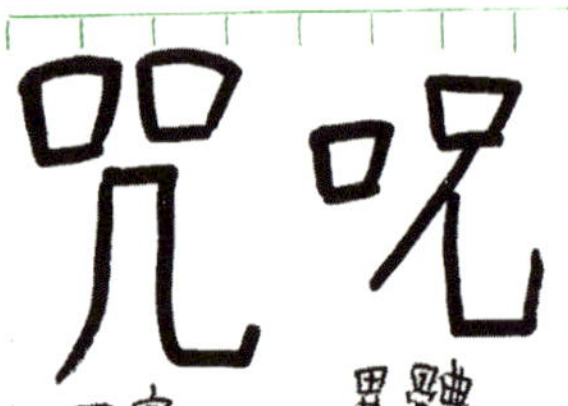
正字　異體

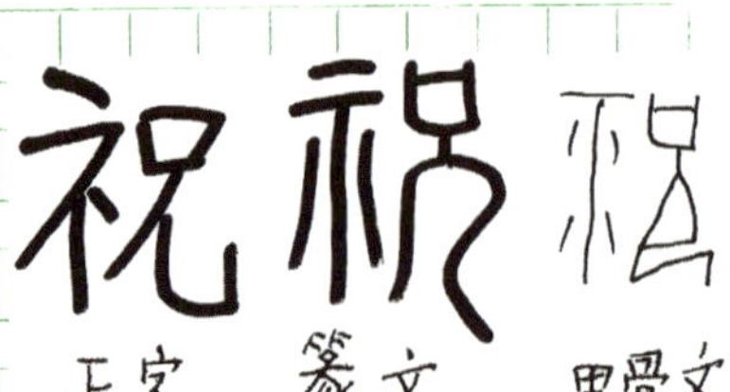
正字　篆文　甲骨文

零二四：兄排隊播

前說祝字兄字皆從兄，兄就是象形的誦字。誦是晚出的形聲字，從言甬聲。兄字大張其口，正在誦說。家庭成員中，父兄有特權，可教訓子弟。所以大張其口誦說其諸弟者為兄。考慮到誦用于誦祝、誦書，所以另造詾字。《說文解字》：“詾，說也。”這個說即口語之“數落”，上對下用。長官拿腔拿調。下級說：“他詾人。”詾，簡作讻了。如此說來，哥哥稱兄，乃是借用動詞之誦，並非專為人倫而造。

正字　兩個甲骨文

回頭說易老師，陪父出獄之後，絕了科舉念頭，轉習泰西新學常識。被吾父聘來李氏塾堂後，除正課外，還教東洋體操，最是新奇。口哨一吹，大小兩班迅速出堂，排隊整齊，然後做操。排隊的排字，從手。看篆文舉左手，張五指。右旁的非，做聲符用。排字義為排擠。多人擠成一線，便排成隊列了。聲符的非字，順便說說。

正字　篆文

本義為飛，非象鳥展雙翅。難怪蟲飛為蜚。不過甲骨文刻寫的卜辭裏，非都被借來作否定詞用了，找不出一句是用飛

正字　兩個甲骨文

行本義的。排隊的隊字最有趣。簡字队是人排队，正字隊是豬排隊。平原禾稼成熟，野豬成羣，排隊下山啃食。野豬即豕，視力極差。為了安全，不能爭先恐後奔突而下，要由老公豬領頭，壯豬跟隨，小豬排在最後，一路舉鼻嗅聞而下。篆文阜旁，象山坡梯級形，从八。八者別也，老的壯的小的要有分別，依序列而下也。三三我死去半個世紀後，看見你們也做東洋體操，改名廣播體操，覺得好笑。且說廣播的播字。篆文手旁，用手播種，番聲，一般常見的形聲字。但是看了古文，心中就會生疑：篆文會不會寫錯了？因為番字上象獸爪印跡，下非農田，而是獵田（圍場），與農田播種不相干。

正字　　篆文

正字　　篆文　　古文

如果另擬篆文，而正字又是從篆文演變來的，那麼正字也要另擬，就應該是這樣了。其字手旁，右旁是又（右手）在農田上撒播種籽。

另擬正字　　另擬篆文

零二五：審悉采平

當初易老老師祕製退燒藥汁，活人多矣。口碑遠播，門診堂上，病家蜂擁，招惹本城同行醫師嫉恨，以致入獄。

祕　製

正字　正字

祕製，祕密製造。祕，神祕bì。而秘字《說文解字》《玉篇》俱無，可能是個錯字。其字既然從禾，却又說不出與禾類有什麼關係。自漢以來，祕書監的祕皆音bì，不該亂讀。製字初義為造衣，擴義為製造百物。而制字則用于遏制、控制、限制、法制、制止、制裁、制約、制度。製制二字各立門户，不該混同。祕製藥汁一案先由縣丞審問。縣丞愚闇，未悉白蓮宗與白蓮教無涉，更不知白蓮教早改名八卦教和天理教了。

審　　悉　

正字　篆文　正字　篆文

所以被知縣斥責，終以翻案放人，當面道歉了事。易老老師亦宅心仁厚，寬慰縣丞。又去拜謁知縣大人。知縣大人教導說：“濟世活人，先生有功。同業嫉恨，人之常情。冤家宜解，先生要善處啊。”易老老師聆教而退。待同業開藥王會時，表態願意作東，承領

翻

正字

明年藥王會的宴聚香火一切費用。一眾皆悅，事遂擱平。

　　審案的審，初義為獵田上的野獸爪跡，摹寫下來，拿回家去細細比對，審定是哪類獸。心頭明白是何獸了，就知悉了。你看悉字，正是心上一釆fán（蹯）。注意，采釆二字形音義都不同，莫要搞混。說到翻案，否定原先的結論，其事亦與獵田上的獸跡有關係。翻字義為鳥飛翻動雙翼，反復上下翻動不已。可知翻者反也。篆文反，右旁舉起右手，左旁是這隻右手一翻，反過來了。這是象意字，就像打手勢給你看，叫你翻一面。而獸跡和獸蹯正相反，正如印章字須反刻，印在紙上字就正了。所謂翻案就是反過來看，推翻原有認定，另作結論。順便講講平反的平。平字初義絕非平等、平衡、平面、平坦之類。察其古文，與釆pān或fán近似，都象獸蹄鳥爪留痕之形。其字義為辨認、識別。《尚書·堯典》的“平章百姓”又作“辨章百姓”，乃知其本義為辨識。辨識清楚了，推翻舊說，謂之平反。平者辨也，不是說搞平衡，擱平了事。

正字　篆文

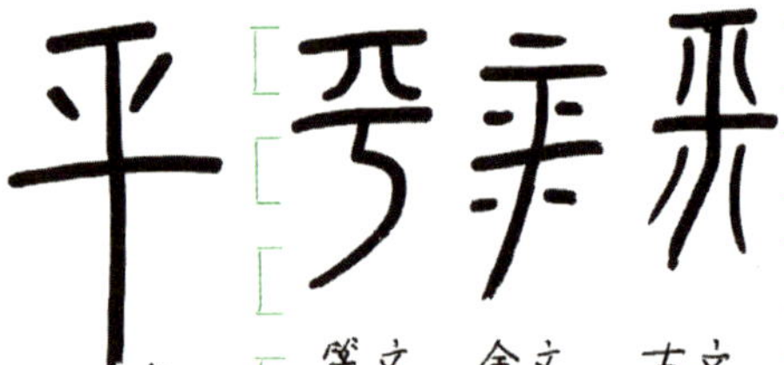

正字　篆文　金文　古文

零二六：名聲望天

李氏塾堂小班，李德九的學名沒人叫，同學叫我三三。我自己也習慣了，不當成是玩笑。祇有易老師叫我的學名，不許亂叫。名字的名，從夕從口。夕字象形，一鈎新月。古人皆知，一鈎新月總是在天色已晚時出現于東天，所以用來表示晚夕。

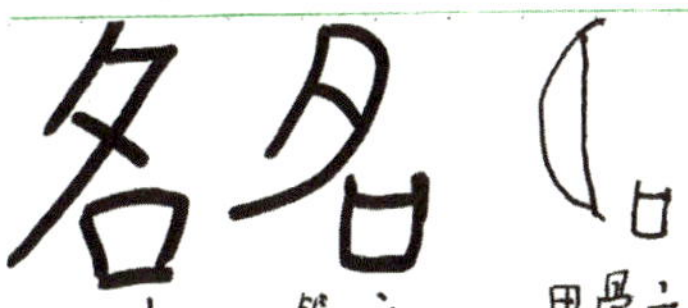

正字　篆文　甲骨文

晚夕入夜，聽脚步聲知對面有人來，問一聲誰。我答“德九”，對方就放心了。高聲答應，便是鳴聲，也就是名聲了。所以古人用鳴解釋什麼是名。小雞鳴聲奚奚，所以名雞。鴨鳴呷呷，所以名鴨。鵝鳴俄俄，所以名鵝。木梆子鳴梆梆，所以名梆。這就是《爾雅》說的“其名自呼”。名聲的聲字，看篆文左上懸吊着石磬，用樂石磨制成片版，切割成折腰形，鑽孔穿繩，懸吊在木架上，右上是右手持槌敲奏，下面一耳在聽。甲骨文聲，其簡明者懸磬之下一耳足矣。聲無形，不可畫，祇能象意，用種種象形的物體和動作，來顯示聲音之存在。古人之稚拙，之天真，之富有趣味，盡見于斯矣。

正字　篆文　兩個甲骨文

小班同學三十多位，成績我屬甲等（甲乙丙丁分為四等），不免顯耀自高。易老師抽我背誦《千字文》，見我一溜串如滾珠而出，心知我讀的是“望天書”，便叫我停，黑板上寫出來。果然，許多字寫不出，也認不得，羞得滿臉通紅，終身不忘。望天書不用看着書上的一字一句，祇是隨着記憶唱誦而已，故有此弊。羞過一回，不敢再恍惚了。

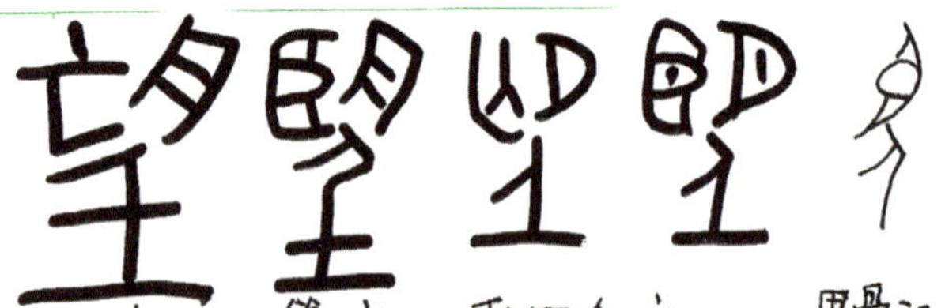

正字　篆文　兩個金文　甲骨文

望，最早是人大眼看天。瞋大眼睛就是臣字，臣是瞋字古寫。後借去作君臣用，所以才另造瞋chēn。金文望月代替“眼空無物”，後又去掉臣（瞋），用亡做聲符，同時人腳下加地平線，表示站在土地上。朢就當作異體字吧。你們又把人站在土地上的壬（停）字妄改成王，讓王爺一個人去看月亮！至于天字，一橫表示大人頭上頂着天；兩橫為上字，天在人之上；窗外天方形；平原上四面望，天是圓形，所以金文天不是畫的圓頭人。

正字　金文　甲骨文三個天

零二七：親新神童

小班四年，昇到大班我滿八歲，由吾父李道一先生教。算來小班四年讀完《百家姓》《三字經》《千字文》《千家詩》《農用四言雜字》《五字經》《增廣賢文》《算術初階》，不算圖畫、樂歌、操練、ABCD在內，共有八門功課。成績一貫甲等，父母高興。而南街那邊余宅的爸媽尤其歡喜，接我過去，誇顯給親戚朋友看。親字從見，義為現場見到，所謂親眼見到，這是親自的親。親人親戚的親，金文作⿱宀新，篆文作寴。有寶蓋表示是親人，是親戚，總之有血緣關係。後來⿱宀新寴都合併入親了。牽涉到新字，順便也講講。新字辛聲，衹取其音，不取其義，所以無關犯罪，不涉刑事。新字從析，意思是長柄斧劈開木材。斤象長柄斧形，其鋼製斧頭重量有規定，所以斤字借指重量單位。任何木材，劈開視其剖面，莫不嶄新，色澤新鮮受看。新舊的新字，從劈木的析字取得字義。甲骨文斤用箭頭暗示斧口之犀利，不是說像箭頭。原諒古人吧。

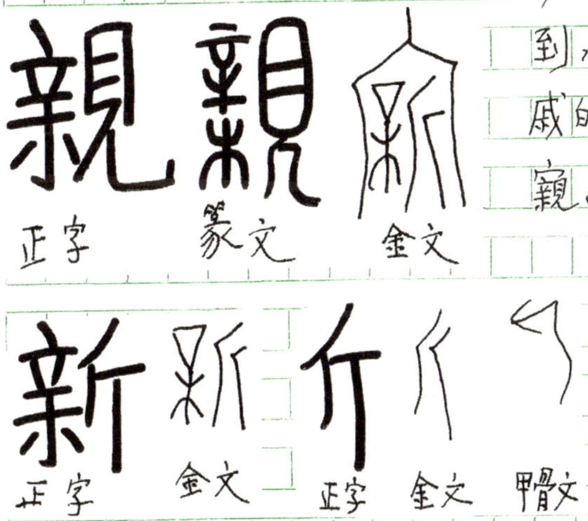

余宅的親友多出自書香門第，見我白胖愛笑，又會背《千字文》，莫不誇讚“神童”。且說神童二字。甲骨文無神字。商王不稱神而稱帝，指天帝，即上帝。祭天就是拜上帝。周民族發祥于西北草原，建政于陝南渭水流域，崇拜自然神。所以青銅器上的金文神字象折枝閃電形。後世有雷神廟，供祀閃電娘娘，她便是自然神。篆文神字訛變為雙手拉伸一條繩的申字，寫成神字，從示（祭天杆）申聲。《易經》說“陰陽不測謂之神”，乃指陰電陽電互相激發而我們摸不透。這一來，神格就喪失了。想我一生，十分平庸，神什麼童！再說童這個字，最初是指年輕奴隸。部落之間打仗，擄來女子作妾，男子作童。童妾皆奴隸也，擄回去幹重活。所以童妾二字頭上都從辛省，表其額刻黥印，以防逃亡。童字上是辛省，下是重省。篆文重，人體負重，脚下一土，是說正在運輸物資。

正字　篆文　兩個金文

正字　篆文　正字　篆文

零二八：⿸尸臿臿騷蚤

八歲滿了，昇到大班。在班上仍然是我最小，坐第一排左邊的第一號。班上大的大到十六歲，唇上冒鬍了。一夥大齡同學，每趁吾父如厠，湊聚攏來大講男女之事，還比怪動作。又指某同學和模樣生得秀美的某同學在厠間門背後“操尻子”。還有綽號騷哥，知縣大人之子，公然去摸一排右邊小同學的臀下，嚇得哭叫。又轉身警告我：“不許去告！謹防挨打！”

正字　篆文

我弱小，虛胖，怕打。不過終有不怕的，帶引被摸的小同學去告了。回頭講動詞操，義指把持，無關尻子，顯係別字。正字應該作⿸尸臿chā，義為從後插入。⿸尸臿字從尸，尸非屍也。篆文尸象人，垂脚而背倚。尸下一臿chā，篆文臿象木杵舂穀，脫粒去皮。人體臀下舂杵，暗示某類動作，不言而喻。字造得再妙，亦難逃一打。吾父秋風黑臉，一陣亂鞭，打得那騷哥跳。接着懲治那些大齡同學，鞭手掌各二十，哎喲連天，都紅腫了。打完，宣佈騷哥開銷出堂，大齡諸犯留堂察看。易老師從牆那邊來，請不公開，默退了事。知縣大人聞悉，急派教諭官來領回劣子，並向吾父道歉，感謝教誨。自此以後，對吾父更敬佩，乃知四年前拔吾父全縣第一，確實未看走眼。

騷哥二字，須分講之。牛馬身上多寄生蝨，皮毛間癢，須勤搔之。牛用篦搔，馬用刷搔，以止其癢。癢極了不去搔，馬棚就會發生騷動，甚至騷亂。人給馬止癢，曰搔zāo，從手蚤聲。馬棚內騷動，曰騷sāo。可見搔騷二字音義互異。馬棚騷動，擾亂秩序，就叫騷擾。性騷擾小同學，所以綽號騷哥。蜀語，小孩無知，東觸西摸，大人罵"你太搔"，音zāo，男子亂動異性，眾人說"他很騷"，音sāo，分得很清楚。

正字　篆文

順便說蚤字，指跳蚤，從䖵省，叉聲。看篆文，三條小蟲蠕動，是䖵字；右手指端兩點，表示指甲，古稱指爪，是叉字。叉字已廢，改用爪字。請注意篆文叉，雖然衹有兩點，卻是象右手的五指都有指甲。

正字　篆文　正字　篆文

正字　簡字

你們現代人，據說工作忙，時間即金錢，偏要節約掉一點所須的那一剎那，簡化成蚤字。䖵名多有形聲字，學童會誤以為這種叮人奇癢的跳蟲，其字讀音為叉chā。

零二九：慈烏寒彈

猶記那天早晨醒來，吾母催我起牀，說：“聽，銀牌鴉來了。天要冷了。”那年我已十歲，大班已讀兩年。起牀去看，塾堂隔牆項家那邊，三株大槐蔭蔽我們兩家小院，樹上新來一大群白胸脖的小鴉，啼聲尖銳急促，佔據枝頭。此即白居易詠歎的慈烏，屬于候鳥，每年初冬南來江淮流域，所以又名寒鴉。“寒鴉千萬點，流水遶孤村”是隋煬帝的名句。這種俗名銀牌鴉的異禽，據說覓食回巢供養父母，故名慈烏。

正字　正字

慈字從心茲聲，愛也。我猜想聲符茲與糍字有關係。糯米做成的糍粑黏軟，慈則指心軟，心軟不硬不狠，自生愛意。烏，鳥無一點，沒有眼睛？當然不是。少這一點，蓋謂其羽毛黑，遠觀不見其眼睛也。慈烏又名寒鴉，且說寒字。篆文屋蓋之下，多多鋪草，人臥其間，而屋外結冰了。冰字古讀凝ning或凌ling，今音bīng。古人把仌字當作今之冰字。黃河結冰，冰塊互相推擠而棚起來，仌象其形。仌字早已廢，今皆用冰了。

正字　篆文　正字　篆文

正是慈烏來的那天上午，塾堂屋脊上啼噪不休止，似在吵架，竟有兩三隻俯衝啄同學。很快有了答案，項家宅主提來一具鴉屍，告訴吾父：“中彈死的。”當堂查出，是大班同學魏啟豪幹的。書篋裏搜出弓彈，祇好承認。吾父高拱手，低佝背，一再道歉。又求易老師去項家，三尺紅綵披掛高槐。項家回禮而去，遂了結。吾父乃書白居易《慈烏曲》于黑板，詳為講解。同學抽泣，拭淚，多目視魏同學。魏父打拳習武，以此為業，帶徒第一大幫。有父如此，啟豪殺生成性。

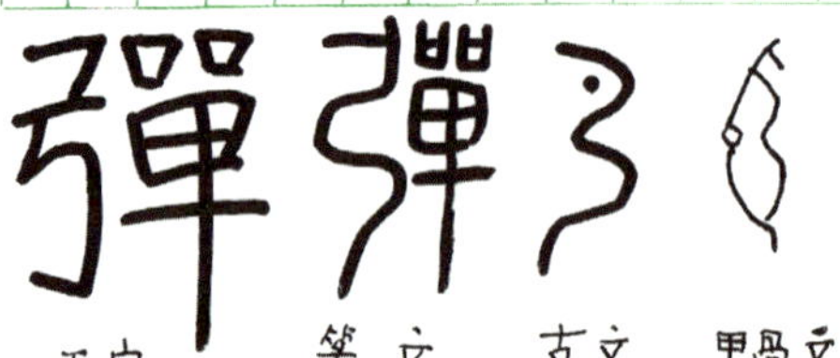

且說弓彈。弓字象形，彈dàn指彈丸。丸以粘土搓製，晾乾即成。單字象一繩兩端繫皮碗的投石武器。洋教《聖經》有牧童大衛投石擊敗巨人之記載，用的就是這種武器。單字上是象形，下是干戈的干，表明屬于武器類別。干是手執的圓盾牌，防衛用之。單，製作容易，故曰簡單；持此武器可以一人作戰，故曰單獨；此武器輕，手提便行，所以用手提物為撣；作戰必備，所以戰字從單。

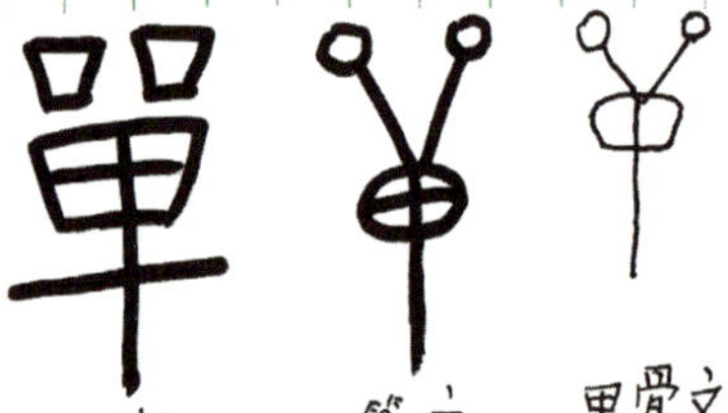

零三零：異禽覓食

大班要讀《孟子》《論語》《大學》《中庸》《詩集傳》《書經》《易經》《左傳》《爾雅》《古文辭類纂》共十種課目，以及新學《泰西數術》《格致物理》《三角測量》三種課目。新學三種全由易老師教，吾父祇教前列十種。大班這十三種課目，要讀四年。慈烏來時，已讀兩年。再讀兩年，方能畢業。慈烏佔據古槐，晨啼暮噪。不到半月，天氣更冷了，這羣異禽忽焉而去，令人悵惘若失。異字甲骨文，頭上頂戴陶缶，雙手扶穩當，象頂戴意。異戴古本一字，都是動詞。後來習俗變革，肩負代替頭戴，人見頭上頂戴重物，以為奇怪，異字便用來形容反常現象了。禽字金文，上部是今，作聲符用，下部是捕鳥的桿網，。禽就是擒，動詞。後來造了手旁的擒，禽字就拿去專指鳥類了。慈烏能反哺養父母，很不平常，故稱異禽。這羣慈烏離去，到江南更溫暖的地方去覓食。原來這一羣白胸脖的小烏鴉，從北方飛來，不是要看望我們這些小娃娃。現在飛到江南去了，那裏溫暖

正字　篆文　甲骨文

正字　篆文　金文

，蟲蟲多啊。這年我滿十歲，始知慈烏覓食，還要反哺父母，就像人要找一碗飯吃，還要養家。想起吾母問我："德九，長大做啥？"我答掙錢。又問："掙錢做啥？"我答供媽。吾母忽露笑容。自生我後，婦科疾病纏身，臉色蒼白，笑也笑得淒涼。唉，說覓食吧。《說文解字》不見覓字，倒是周代金文有覓。同正字覓一樣，從見從爪。先用眼睛看準，然後伸手抓住，覓字象意。

正字 金文

食字看甲骨文就是喫，今作吃。上部三角形象一張大嘴，垂涎兩滴，其下高腳碗，盛飯堆尖尖，正要吃。到了篆文，碗腳變形成匕bǐ（飯杓），所以許慎遵循字形說字從匕，吃飯要用餐具嘛。

正字 篆文 金文 甲骨文

前來跪坐就餐，這是即字。即，就位也。甲骨文象就位之意。

正字 篆文 甲骨文

同樣，吃飽了掉頭打嗝，則是既字。篆文既右旁，人上三條波線表示氣流，這是旡jì，今作嗝gé。

正字 篆文 甲骨文

零三一：饑飢粥帚

異禽慈烏一走，宿縣城裏出大事了。可能事先有約，鄉下饑民如潮，湧進東西南北四門，搶奪商店食品，霸吃飯館麵店，然後強入殷實人家，下廚造飯。這就叫“吃大户”。農業遭受水旱蝗災，禾稼歉受，是為饑年，便有此番亂象。所幸者知縣大人顏昭一事先已得密報，派兵嚴守救荒的常平倉。同時密囑本城鉅商富户有所表現，共度時艱。果然，當天下午，城隍廟内開張粥棚，以活飢民。自此一日三粥有靠，“吃大户”即停止，治安秩序恢復。饑飢二字可通，亦可分工用。年荒用饑，人餓用飢。饑之字義，察其字形，乃源于丝ji。

饑 飢

正字 正字

幾

正字

篆文

丝字象衣蝨卵之形，四粒，兩兩相鄰。色白有光，呈橢圓形，藏在衣裏縫内，比小米更小些。丝就是最初的蟣字。後來作幾，看篆文從人（寄生人體）戈聲（ge轉成ji）。又後來被借去指微小，不得不加蟲旁另作蟣。前已説過蟣形橢圓，所以珠不圓曰璣。又由于蟣微小，所以小食曰嘰，微諷曰譏。

丝

ji

金文

甲骨文

粥棚每日三餐，飢民數百聚宿城隍廟中。顏知縣遷住宿在廟内，躬親掌瓢。粥糧由鉅商富户捐錢，購買常平倉内儲糧，保證供應。富户領頭人爲南街余宅主人，亦即我的義父余爸。某日放學後，余爸引我陪他去城隍廟，看顏知縣掌瓢給飢民盛稀粥。飢民排隊，手捧陶缶，依次而上。盛了粥的退到大殿廊上，蹲着便吃。余爸叫着我在余家的學名説：

正字　篆文

“傳瑚，你要記住，人飢如己飢。爲人要有同情之心。”又説：“看了粥棚，你要做篇作文。”第二天我便做好，抄完。先給吾父看了，然後送余爸。余爸大喜，賞我一臺紫石端州硯。

且説粥字，從米。篆文從米又從鬲[illegible]。鬲又作[illegible]，古代一種炊具，陶製。鬲字象形，似鼎鍋而三足。足肥大而中空，炖肉時骨屑落入空足内，與肉塊分離。鬲，離也。頂上一横，鍋蓋。粥字兩旁，看篆文方知是鼎鍋在冒大汽，作波狀昇騰起。寫成正字不便處理，就變成二弓了。粥，古又名飦hān《孟子》有“飦粥之食”。飦稠，粥稀。

正字　金文　甲骨文

零三二：旱暵堇雩

皖北宿縣常有災害，這次是旱災。火傘擎天，炎熱灼地，河斷水涸，禾稼焦死。旱是形聲字，暵是象意字。一般而言，造字之法，象意比形聲更古老。所以金文和更古老的甲骨文都有堇hàn而無旱。到了篆文方有從日干聲之旱。先有堇，後加日成暵hàn，又後另造形聲字旱。

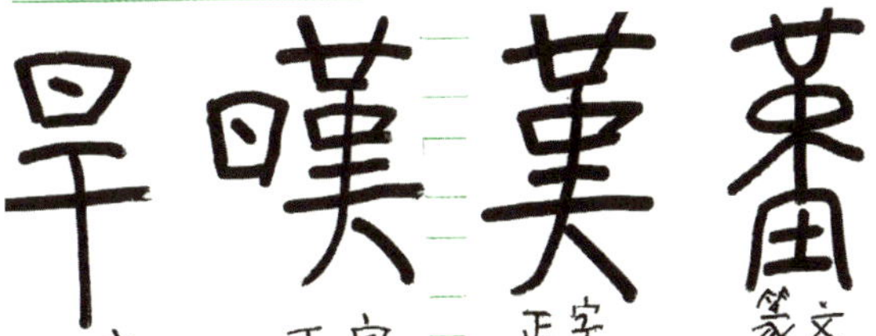

正字　正字　正字　篆文

三個金文　四個甲骨文

左列甲骨文四個和金文三個，由左向右順序看去，便知堇字真相。古人遇旱呼天，巫師領着村民大跳雩舞。雩yú字從雨于聲。甲骨文上部是雨，象天穹滴水形，下部是于，象吹奏的樂器竽裝入盒內形（于象竽形）。金文省掉裝竽的盒。正字于寫成亏，仍音yú，不是可笑的簡化字亏（虧）。于字做雩的聲符，也參與字義。于，吁也。巫師一邊跳舞一邊呼吁天神降雨，以活民命，

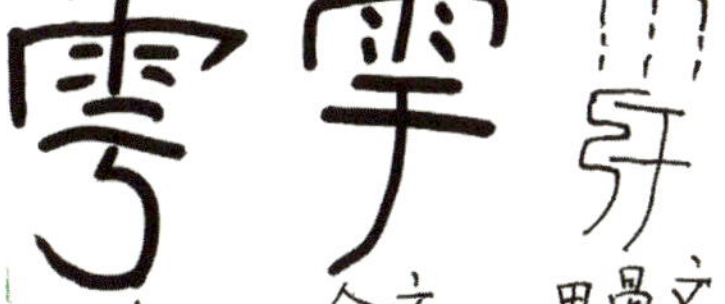

正字　金文　甲骨文

此即雩舞，不是跳着玩的。看上列甲金文字，第一位巫師伸長舌向天，正是呼吁降雨。第二位大其口洪其聲，怕天耳聾。第四位點燃火作自焚狀以死相拼，勒令下雨。古代真有焚巫求雨之事。國王成湯，商朝的創建者，身兼大巫，在桑林呼吁天帝降雨，自剃鬚髮，自剪爪甲，代替身體投火自焚。誠靈感格天帝，當場豪雨，結束九年大旱，黎民狂歡。續看金文，英字仍然從火，後來筆劃漸變，有意掩蔽野蠻真相，改成從土。到了篆文，正式從土。幸好前頭四位巫師被反剪綑綁形赫然怵目。到金文鬆綁了，改成頸脖子膨脹形，表示吼嚎呼吁，不過仍舊是在求雨。

正字英hàn蕃衍出艱、難、歎，可知艱苦、難受、歎息、時艱、災難、哀歎，隱隱然皆是從旱災來的了。回看金文英，有從火的，也有從土的。從土的分離出來便寫成堇，英hàn堇jǐn雙胞胎自此分手了。英（旱）是不雨，禾稼枯焦，是因；堇是挨餓，農家缺粮，是果。可知堇即饉也，幾粒粮食弔命也。由此蕃衍出僅、僅、野菜各堇、餓殍曰殣、填埋爲墐、慎言的謹、勞作的勤、居室窄小破敗的廑。

難 艱 歎

正字 正字 正字

零三三：淮匪虎遁

中国作家协会四川分会

旱災度過，粥棚關張，冬至節快到了。南街余宅那邊來人，說要帶我去。吾母病牀上吩咐說："德九，別惹禍。"吾父命令說："提着書箱去。"及至到了余宅，方知媽媽要回潁州娘家，帶弟弟傳璉與我同去。宿縣向西南去潁州三百里，渡四條河，澮，渦，淝，潁。這四條河以及唐、沱、泉、洪等等河，盡皆注入淮河，滔滔東去。淮字從水唯省聲。水系龐雜注入，所以名淮。盛雜物的箱匣，好比淮河，故字作匯。

正字　正字

我們母子三人乘騾車去。兩日旅程，黃昏時渡渦河，入蒙城投客店。夜聞店家提醒，前去恐遇土匪，最好結夥上路。祇是余媽必須冬至之前趕到潁州，不願坐等人多勢強，翌日即催騾車上路。果然，前去不遠，忽被攔路腰劫，真是一夥土匪，手持大刀，還有一枝火藥鳥槍指着余媽。余媽口稱義士，開箱亮底，奉上白銀十兩買路。匪首滿意，問我"你爸幹啥營生"。我答"教書"。他叫"背一段孟子來聽聽"。我便

正字　金文　甲骨文　正字

抗聲背誦"世衰道微，邪說暴行有作"一段。匪首臉露笑容，分咐刀匪二名"送客"。此後一路安全，再無別的土匪攔路腰劫。甲骨文有土字無地字，土即地也。土匪，本地的匪人。匪人，語出《詩經》，亦即非人，不是人。匪字從匚fāng非聲，木匣也，借作非用。刀匪二名護送我們母子三人到穎州東門外，遞給余媽一張紙牌，說："以後回宿縣去，隨身帶着，没人敢來找你麻煩。"媽媽又遞給我，鎖入書箱。遞字有趣，說說。但須先說虒sī，字義為撕剝虎皮。篆文左旁一撇向下不是厂ān，而是一張剝下來的虎皮之側視。虒是象意字，象虎皮之被剝下。至于虎字，篆文看不明白象啥，須看金文和甲骨文，方知那是象形。回頭說虒既然是剝虎皮，所以加個衣旁就是撕剝官袍，懲辦大吏。進而言之，古代驛站傳送公文，騎馳到下一站，驛卒把背負的公文袋脫下來交給下一班，就叫遞。

正字　篆文

正字　正字

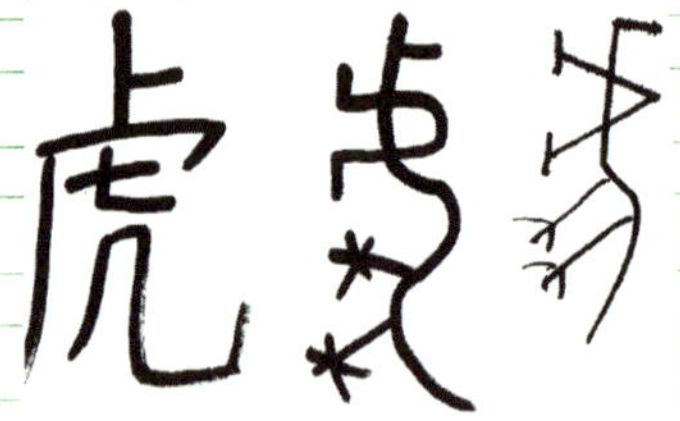

正字　金文　甲骨文

零三四：秋⿻龜火祭祖

余媽媽冬至前回到潁州西湖娘家。娘家複姓歐陽，北宋歐陽修的後裔。媽媽領着弟弟和我拜見娘家長輩，西湖周圍幾個村莊都走遍了。記得一座大院，媽媽指着院角的水榭說："先祖在這裏寫了《秋聲賦》。"我剛讀過，疑心晚夕來此，或能聽見"歐陽子夜讀書"。秋，古寫作⿻龜火，顯然是從甲骨文演變來的。甲骨文象蟋蟀。有一種棺材頭蟋蟀鳴聲qiūqiū然，"其名自呼"，寫出來就是秋。上海人名蟋蟀曰⿻龜火蟲。所謂秋季即蟋蟀季。⿻龜火被古人誤認作龜，所以把秋寫成龝，後簡成秋。

正字　古寫　三個甲骨文

正字　篆文

余媽媽在水榭吟誦了《秋聲賦》，又說："小時候這裏是歐陽塾堂，我在這裏讀書。"

冬至那天，潁州城內歐陽宗祠祭祖，後裔上千，席桌上百，全城轟動。祭祖二字分說。祭字看篆文，三部份組成。一是右手（又），二是肉，三是示。這三部份組合起來，意思是手持肉獻給神。又這個字象右手形，五指省

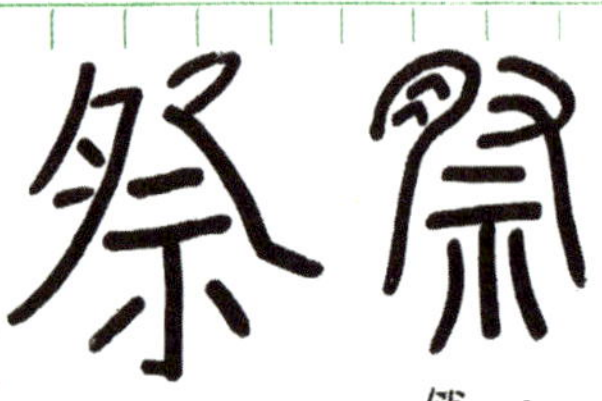

正字　　篆文

作三指。打架先出左手試探，然後再出右拳攻擊，所以又字具有再一次的意思，接着來的意思。右手持肉以示慎重。示字象祭天杆形。天神無形象，

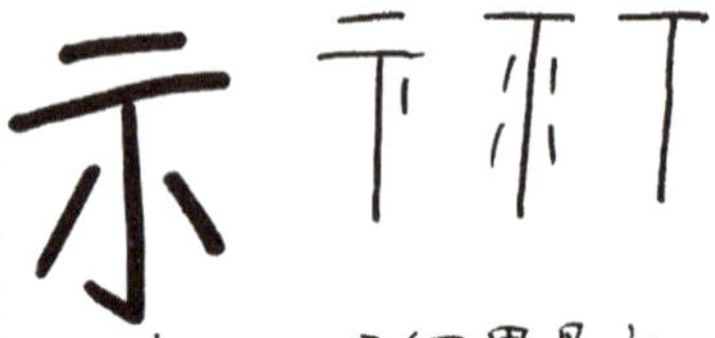

正字　　三個甲骨文

供瞻仰，先民就豎植標杆以標示天神的存在，跪向標杆禮拜，灑幾滴酒。不但神字示旁，凡與神有關係的字，例如祭禁禦祟，祈禱禍福齋宗社祠，莫不從示。接着說祖，從示從且。示是祭天杆，代表神，說過了。且zu字象形。象什麼形？時髦的說法，象男根形；老實的說法，象神主形。神主，家中享堂上供的祖宗牌，蜀人俗呼先人板板，栗木棗磴製作而成，上刻“某氏堂上高曾遠祖之神位”，字要填金，朔望焚香燃燭祭之。＝＝我不趕時髦。

正字　古文　金文　兩個甲骨文

祭祖畢了，余嫣嫣領着弟弟和我去拜見歐陽族長。族長說：“記住，你們的先祖余靖也是四諫大夫。”

零三五：青丹殺頭

中國作家協會四川分會

余媽媽後來向弟弟余傳璉和我（余傳瑚）說："北宋有四個敢說話的諫議大夫，一是歐陽修，二是蔡襄，三是富弼，四是余靖。我們這一支姓余的，正是余靖的後裔。四諫大夫名留青史。你們兄弟二人要記住先祖，要做正派人。"古代的歷史寫在竹簡上。竹簡的製作，須刮掉青皮，所以叫青史。青字從丹，生聲。篆文上部是生，聲符，下部是丹，形符。丹即朱砂，屬礦產品，所以用礦井中加一點象其形。青即石青，亦屬礦產品，繪畫作顏料用，所以從丹，與丹同類。

正字　篆文　金文　甲骨文

丹青皆是繪畫顏料，所以繪畫又叫丹青。至於生這個字，動詞，土上小草象生長意。甲骨文青，有小草，無土，是說石青這種礦物與小草同綠色。這樣表意太紆繞了，難懂。金文改作從丹生聲，易懂。

正字　篆文　正字　篆文

潁州返回宿縣路上，又遇到那一夥土匪。媽媽給了"酒錢"，匪首道謝，笑摸我頭。弟弟膽小，不敢擡頭。這一關過了，入蒙城西門，又遇見殺頭。刑場在西街豬市壩。頭已砍下高懸，說是天理教匪。媽媽叫我們莫要看，快快走。弟弟閉兩目，由我牽着走。

正字　篆文

殺字從殳shū，篆文殳象人手執械，杀聲。殺，手持械以擊之。哪種械，看甲骨文方知那是鏈錘。作聲符用的杀shā也參與字義，這就叫"杀亦聲"。杀字分解開，上部是乂，剪刀，下部是朮，高粱。剪割高粱穗子，曰杀。

正字　篆文　甲骨文　正字

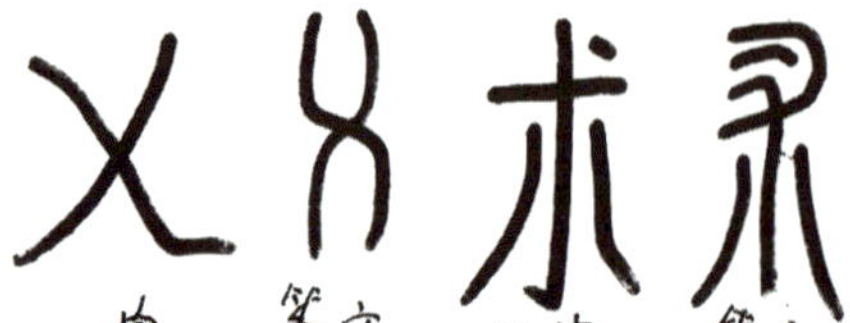
正字　篆文　正字　篆文

剪割穗子類似砍下腦袋，不也是殺頭嗎？用相似性作比喻，所以左旁的聲符杀也參與字義。可能當初造此殺字專指砍腦袋吧。頭字豆聲。頁字本來用自（鼻）代表面部，進而代表頭部，也算象形。聲符豆字是古禮器高腳盞的象形，上蓋冪巾。豆形類似人頭長頸，亦相似比喻也。

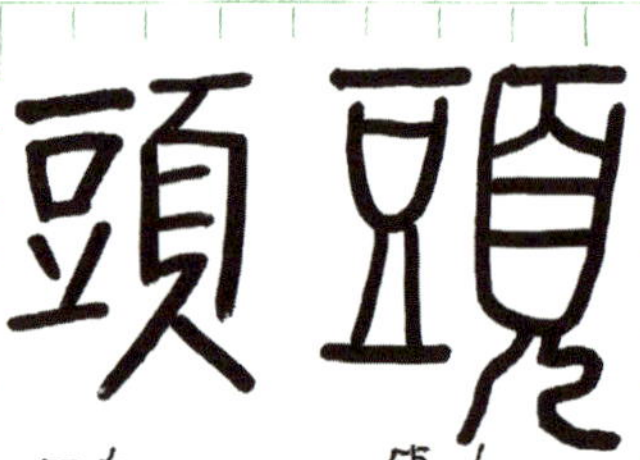
正字　篆文

零三六：講媾背誦

回到宿縣城，余媽媽送我到北街李氏塾堂，並對吾母講述我誦《孟子》斥土匪“邪說暴行”事。吾母驚喜拭淚，病容淒涼一笑。吾父正在大班講課，過來向余太太致謝。易老師從吾母口中得知誦《孟子》斥土匪一事，又拿到課堂上繪聲繪色講述，使我鋒頭作出，名震塾堂。後來知縣大人又當面問吾父，吾父答以“其實難符”，不願多講。講字從言冓聲。言字從口辛聲。辛，古音yín。辛作聲符，

正字　篆文

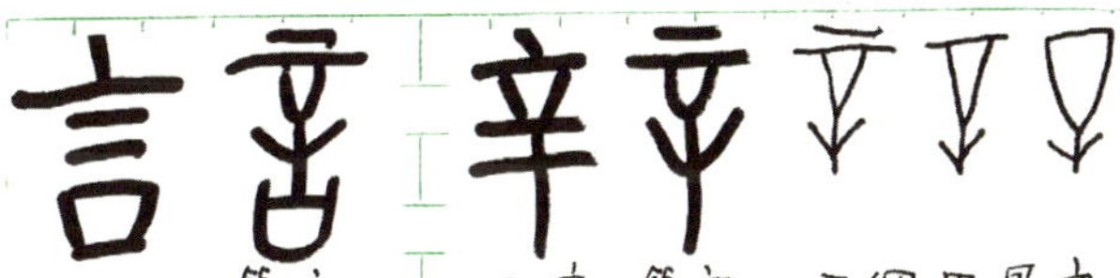

正字　篆文　｜　正字　篆文　三個甲骨文

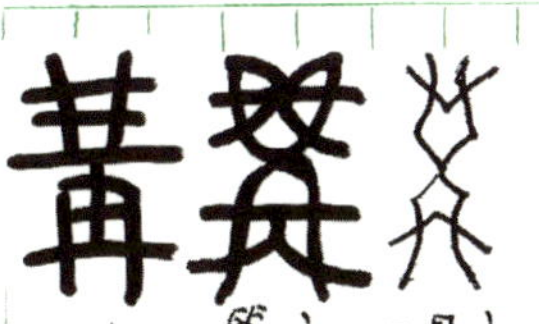

正字　篆文　甲骨文

而且是作純聲符，不涉字義。不過可以順便探求辛是何物，亦頗有趣。看甲骨文，那是木柄刻刀。箭頭符號表示刀鋒尖銳而已，是象其意，非象其形。回頭且說從言冓聲之講jiǎng，古音同遘gòu。作聲符的冓字在甲骨文是兩條魚正在接吻。古人觀察欠精，以為魚就是這樣交媾的。媾字從女，本指男女交媾。字義引申，兩國講和也叫媾和。雙方相見，曰覯，字從見。路上遇見，曰遘，字從走之（辵chuò）。出錢向賣方買東西，曰購，

字從貝（貝幣）。木屋頂棚，前後兩架斜面相交，謂之構架，字從木。竹柴交架點燃，謂之篝火，字從竹。

知縣顏昭一問吾父，父答"其實難符"，他怕我太張揚。後來又嫌易老師嬌慣我，課堂上不應該表揚我。事過不久，一天下午，易老師到大班向吾父耳邊低聲說事。吾父聽畢，便叫我跟隨着易老師去。這一去竟走到縣衙門，由教諭官引我入內。門內左右廂房，吏員差役各治其事。二門不開，有側門可出入。大堂寂靜無人，威嚴之氣逼人。轉入後堂，見顏知縣正在翻看《孟子》，叫我前去。先是要我背誦"世衰道微，邪說暴行有作"一段，我抗聲背誦了。後問我在余家那邊的義母是不是姓歐陽，又問我讀過歐陽修《醉翁亭記》嗎。我心一喜，幸好余媽媽教過我《醉翁亭記》，便背誦了，一句不漏。

正字　篆文

正字　篆文

篆文背兩人背靠背，表示人的脊背，其下為肉字。肉字象豬腿形，而此處以豬腿概括一切肉類，兼指人的肉體。誦字從言甬聲。甬 yǒng 字象有掛鉤的鐘形，用在此處作純聲符。誦，有聲調的唱讀。今人看書不誦，默讀。

零三七：悅唯兼顧

中國作家協會四川分會

知縣顏昭一很滿意，囑我用功讀書。教諭官笑嘻嘻引我退出，到二門外把我交給坐等在廂房外的易老師。回家路上我稟告了是叫我去背誦《孟子》，易老師放心了。回到塾堂，吾父得知是去背書，便當面提醒易老師再不要張揚了。又警告我："學海無涯，休要怠惰！"我心不悅，唯唯而退。悅字從心（左旁豎心）兑聲。悅這個字《說文解字》不收，其實早在《尚書》就有這個字了。古寫作兑yuè，豎心旁是後來加的，字義完全同悅。兑今音duì，字義轉為兑換，那是古今音義變化所致。看甲骨文可知，兑字是人嘴巴上面左右兩撇。你若年少，請攬影一笑吧，嘴上兩撇當面顯現。這兩撇你不笑也能照見，但是一笑那兩線面紋就更深刻了。原來兑（悅）字象形，真想不到！且說唯字，舊時多作虛詞使用，有時字也作惟，或作維，並無實義可講。唯字從口，初指鳥嘴，就是今之喙字，音huì。被借作虛詞用，為時已久，鳥嘴初義遂隱。畢竟甲骨文已經用隹代理虛詞唯了。

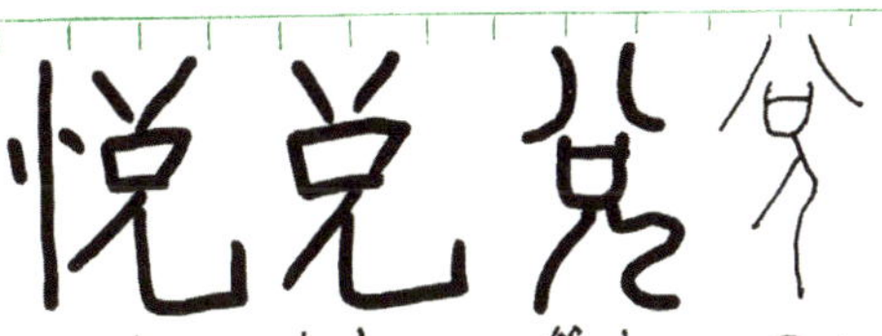

正字　古寫　篆文　甲骨文

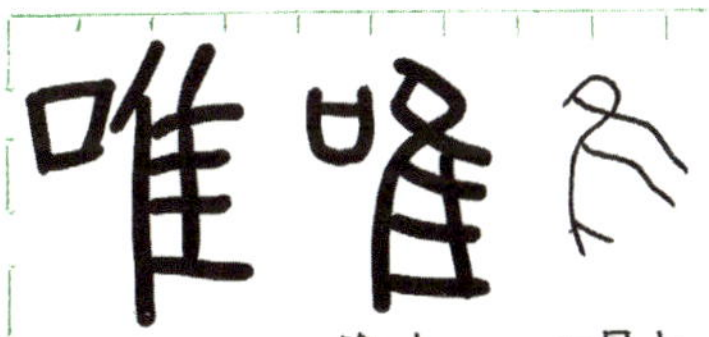

正字　篆文　甲骨文

颜知縣的當面鼓勵，促我發奮攻書。吾父察覺，暗自高興，吸葉菸時，嘴角露笑。放寒假後，叫我去請易老師教篆文。易老師先教我王筠的《字學蒙求》，從部首始。每日午後，我去東街易家藥房黑漆櫃檯背街坐定，易老師坐櫃檯裏邊逐日講解，兼顧營業。兼字要講清楚，最好先看秉字。右手把握一禾為秉，把握二禾便是兼了。禾，小米，頂穗低頭，俗呼狗尾巴。一禾代表一束之禾，二禾亦即二束之禾。

正字　篆文　正字　篆文

一手操辦二事，一身兼任二職，是兼字的引申之義。顧字也要先看雇字，才容易講清楚。雇，佈穀鳥，每年暮春從山中飛到平原來覓食，吃松毛蟲一類的農林害蟲，鳴聲作gūgǔgǔgú，所以又名四聲鵑。杜鵑英文cuckoo，“其名自呼”是也。先民鄙樸天真，說這些候鳥一年一度來看望我們。甲骨文雇，此鳥飛到門上，正是來看望啊。顧從頁，頁象人面之形。人來看望朋友就是顧。《說文解字》：“顧，還視也。”

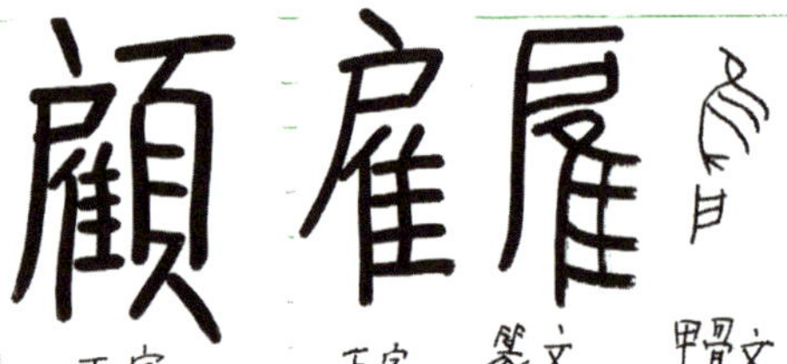

正字　正字　篆文　甲骨文

零三八：文字倉頡

塾堂寒假臘月十七放到新年正月十七，火龍花燈玩完之後，方才"春暖來學"。整整一個月，十天我便學完那本《字學蒙求》。隨後的二十天在家摹寫《說文解字》所收九千多個篆文，逐日稟呈易老師批改畫紅圈。寒假放完後，我忽然覺得自己長大了。許多年後我方憬悟，這二十天摹寫篆文竟使我後半生變成了另一種人。文字啊古文字，你們照亮了我，使我映出螢火之光，以報天恩祖德，以答嚴父慈母。古人造出

文這個字，衹是象形男子紋身而已。紋身古籍皆作"文身"，後世改用紋繡的紋。遠古氏族男子裸體文身，藉此識別敵我。後來氏族互相融合，而成部落，而成邦國，紋身失去識別敵我功能，變成彰顯自我需要。再後來"黄帝垂衣裳而天下治"，紋身消歇，時興紋繡衣袍。更後來，三三我死後又百年，你們年輕一代喜愛裸袒，紋身又回歸了。遠古蠻荒，男披虎皮揚威，女着草裙遮醜，有某氏族男子"斷髮文身"便是文了化了先進了。文明一詞見於《易經》，文化一詞初見漢代，文章、文書、文雅諸詞就更要晚出了。然後說字這個字，

從宀mián從子，義為屋內生孩，後被借作文字的字。所謂文字，文是文，字是字，各有所指。文是單體自立，好比零件，不能再拆。字是合體組裝，好比機械，能夠拆開。舉例，文這個字少一筆都不行，字這個字可以拆成宀子。黃帝史官倉頡造書，或曰作書，一定確有其事。倉頡之前文字早就有了，衹是由他收集整理頒佈罷了。倉可能是他的官職，頡應該是他的名字。倉者藏也，藏穀物也。職業需要記錄名稱和數量以及出入賬目，非用文字不可。他的常用字一定是一二三、十百千、禾米朮、日月天、斛升、多少、鼠雀、出入等等。甲骨文倉從合爿聲。合盒古今字。初造倉字指一種有蓋的大型容器，所以從合。聲符𠂈同爿即牀字，象形。金文倉字筆劃有誤，正字沿習錯訛，所以無解。頡xié字從頁，象面部，吉聲，義為頸項伸直，面部揚起。頡是一種正直自尊的姿態表情，堪稱"嘉名"。

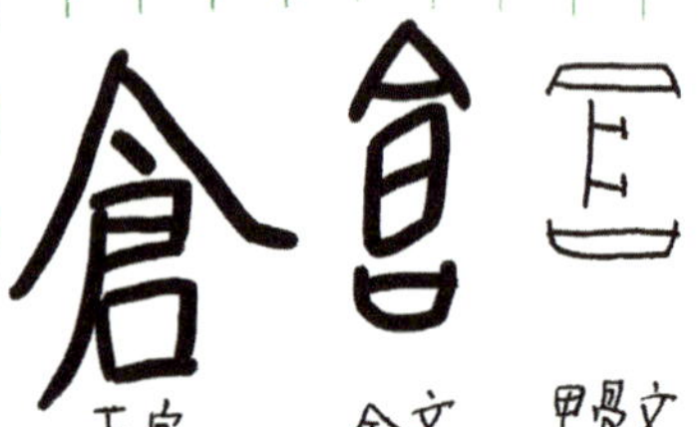
正字　金文　甲骨文

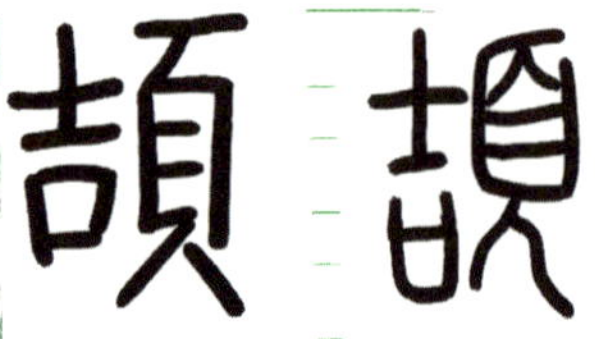
正字　篆文

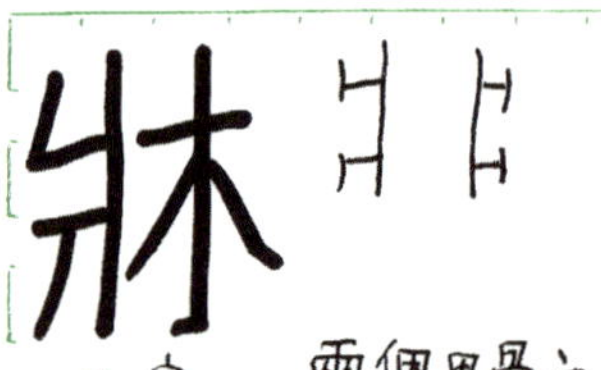
正字　兩個甲骨文

零三九：見識朋友

我們宿縣春秋時是宿國，明代是宿州，所以有倉頡廟。廟小，夾在文廟與常平倉之間，窄窄一殿供奉倉頡夫子塑像。殿階石級之下，蒿萊滿庭，蛇鼠亂竄。塑像四眼，令人駭異。吾父解釋說："四隻眼睛表示見多識廣。"見這個字從人從目，視也。注意甲骨文上面橫置的目字畫眼睛形，內眼角上搭下，那是蒙古皺褶，白種人士沒有。識，從言戠聲。

正字　篆文　兩個甲骨文

不言，誰知你有見識。

正字　篆文　正字　篆文　甲骨文

戠zhi字又是什麼意思？就是你們說的標識zhi款識zhi。看金文才明白字從言不從音（古人往往混用言音二字）。戠字從戈從言，意指戈上留言，在兵器平頭戟柄上刻自己的名字，這樣便於識別，以免和他人的攪混。言字篆文從口，發言要張嘴嘛，辛聲。言辛古音相近。戠字已有言了，不過此言衹是刻字，並非發聲言說。戠又加言旁，識就成為發言談認識了。

正字　金文

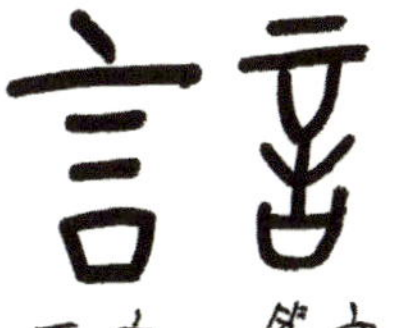

正字　篆文

倉頡廟門終年上鎖，祇有文廟每年陰歷八月二十七祭孔典禮時，順便祭倉頡夫子，廟門方開，放人入內燃燭焚香三叩首。三三我讀小班那年初秋，我和兩位同班的小朋友放學後，從常平倉那邊翻矮牆進入倉頡廟，去捉蟋蟀。捉得多隻，不覺天色已晚，一位小友低聲說：“三三哥，殿內有人。”

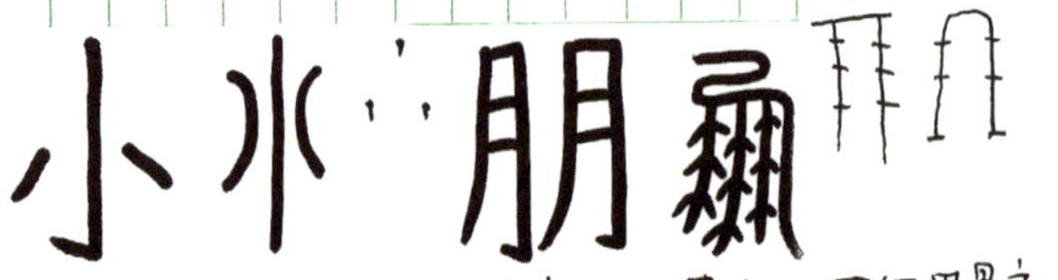

正字　篆文　甲骨文　正字　古文　兩個甲骨文

正字　篆文　甲骨文

另一位小友說：“在窗欞後面看我們！”我大聲問：“殿內誰啊？”寂靜無答，但聞回聲“誰啊”，嚇得我後退。兩位小友轉身逃跑，翻牆撤退。且說小這個字，最早是三小點，後來是樹扒皮變小了。小字從八，八即扒也。朋字先是兩串貝幣或一條貝鍊（作項鍊用）。貝殼串連在一起就叫朋，引申出朋友義。古文朋象鳳形，乃鳳字，音同朋而已。友字，蠻荒遠古，二人相遇於野，各舉右手給對方看，顯示未握武器，不是敵人。後世揮手致意，由此而來。回頭說我們，當時也想逃跑，又掉頭踏響步去到殿堂門外，問：“裏面有人嗎？”

零四零：乞丐竊賊

此時聽見倉頡殿內有咳嗽聲，出來一人，站在四眼夫子腳下，喚我"李家少爺"。昏黑中我認出，是本城有名的乞丐王。東南西北四街無人不識，城中乞丐大小都服他管。原來他在此間夜宿，偷偷翻矮牆潛入的。殿角眠處，草席鋪地，和衣而臥，沒有被蓋。是年九月初九重陽節，我滿十歲生日，余媽媽送來新冬衣和新棉被。舊棉被換下，被我偷去送乞丐王。將棉被我從矮牆上推下，拋石擊窗，叫明姓李，然後轉身跑了。

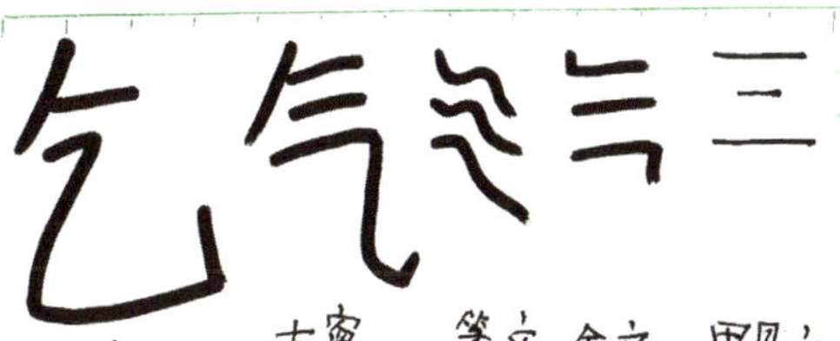

正字　古寫　篆文　金文　甲骨文

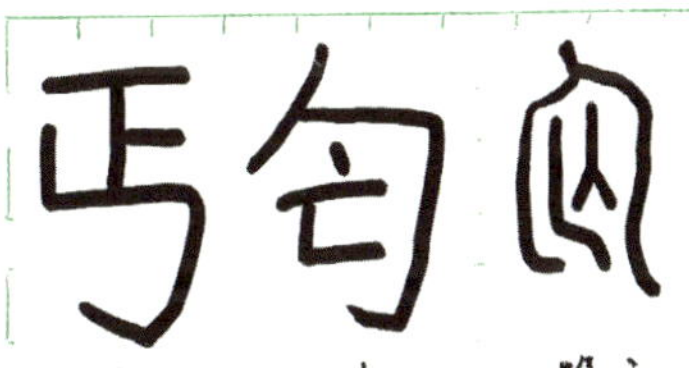

正字　古寫　篆文

乞，古寫作气，象气流形。甲骨文气作三，平流形。波浪曲線難刻，所以刻成平流，縮短中間一線，有別於三。丐字古寫從人從亡，人亡為匄。亡字篆文從入從L。L也曾經是字，即後造的隱字，象角落形。

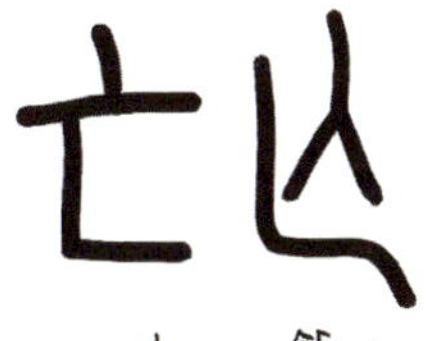

正字　篆文

室中細小物件遺失在角落裏，找不着了，曰亡。農民逃亡去了，到處討乞，就是人亡為匄，正字作丐。丐古音同給gěi。這些討乞者對人叫"給給給"，所以名丐。這也算是"其名自呼"。

想不到這年冬至節後，我隨佘媽媽從潁州回來不久，某日黃昏裏，乞丐王溜到我家門外，悄悄招手要我出去，附耳說：“今夜有竊賊到你家！”隨即離去，頭也不回。我大恐懼，便去禀告易老師。夜深，易老師領着三位客人來，先是向吾父請教《詩經》和《易經》。待吾父就寢後，四人到客廳去搓麻將。果然，亥子交關時，屋瓦有響動。易老師同三位客人急步庭中，點燃松明火炬，高高舉照屋脊，看見賊影逃竄，聽見墻外咚的一聲有人跳下，接着是小巷中遠遁的跑步聲，知平安無事了，仍回廳內牌局，續其吃、碰、合、搓。且看竊字，從穴是墻上打洞，入內偷米。篆文米是小米過竹篩孔，甲骨文是側視，篩具成一橫線，上殼皮，下米粒。篆文有廿，楨扛糧囤dùn之形，正字省掉。禼xiè蠍古今字，此處作聲符用，音轉為qiè。賊字須看篆文，從戈表示砍壞，則聲（則即今之鍘）。《說文解字》：“賊，敗也。”敗指敗壞，毀壞，進而指壞人。

正字　篆文

正字　篆文　甲骨文

正字　篆文

零四一：眼線喜事

後來聽說乞丐王是縣衙門的眼線，常向捕快密報走街穿巷所見所聞，以供偵緝線索。本城以及四郊，每一處異常動遷，每一張陌生面孔，都逃不過他的窺覘。多年前他還是小乞兒，在東郊外東嶽廟夜宿時，發現三名長毛殘匪潛來投宿，急去密報，旋被拿獲，砍頭示衆。眼字是形聲字，從目艮聲。古代方音互異，甲地讀gen（根），乙地讀hen（恨），丙地讀yin（銀），不一。yin可轉yan便是眼了。甲骨文艮，人回頭看背後遠去的某人，瞪目視之，可知艮字初義必定是憎恨。線字從絲省，從泉，謂其一縷不絕如泉流也。眼線人古稱睪yì。此字古寫作睪，目下本非幸字，而是㚔字。㚔niè字義與鑷字相同，音也相同，專指古代夾罪人的木製腕銬，象形。

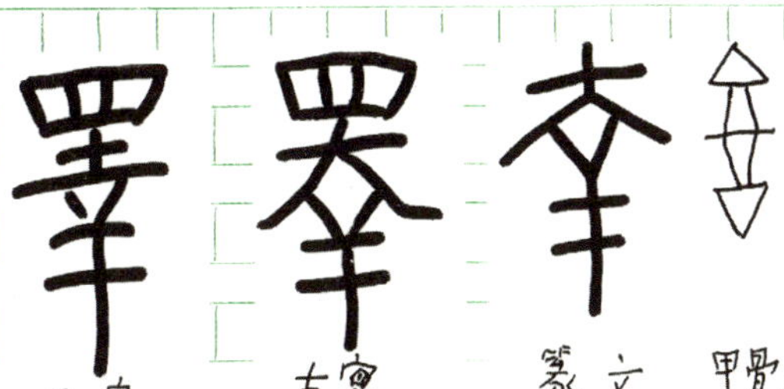

看甲骨文尚可睹其型制，是兩條硬木塊上下扣合，雙腕夾入其間，木條兩端皮繩捆紮，使罪人不得脫。造羣字時，用一副腕銬代表壞人，其上一橫目代表眼線人，所以羣字義為監視，窺覘。羣誤作睪既久，不可復原，姑且如此。

乞丐王做眼線祇是業餘，且無賞錢可領。平時乞討之暇，還得管束羣丐，禁偷禁扒，禁內鬨禁惡聲，違者橋下公懲不貸。每年秋分祭伍子胥，伍爺曾經吹簫討乞。城中月月多有紅白喜事，由乞丐王率羣丐備薄禮，前去賀书，必定獲賞一餐，可潤枯腸。且說喜事二字。喜，從鼓（壴是鼓的象形）從口，聞奏開場鼓樂yuè而歡呼也。鼓置架上，表示已經陳設好了，要開場了。鼓面之上，既非草生，亦非懸掛，祇是象徵敲奏發聲而已。事，看甲骨文，事和史都是摇鈴，事不過鈴舌歧頭罷了。商周官員下村宣佈政事，先要摇鈴聚衆，所以用摇鈴表示政事（事字初義專指政事）。今日之事記錄在册，就是明日之史。甲骨文史字指的是事官，不是歷史。

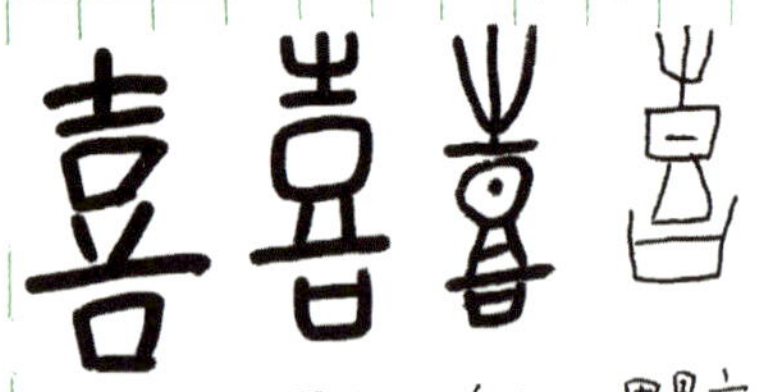
正字　篆文　金文　甲骨文

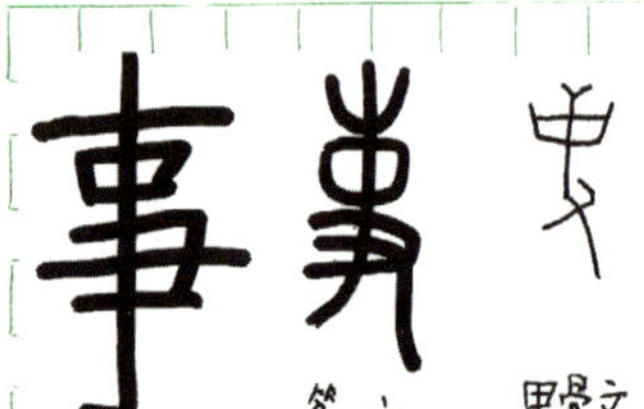
正字　篆文　甲骨文

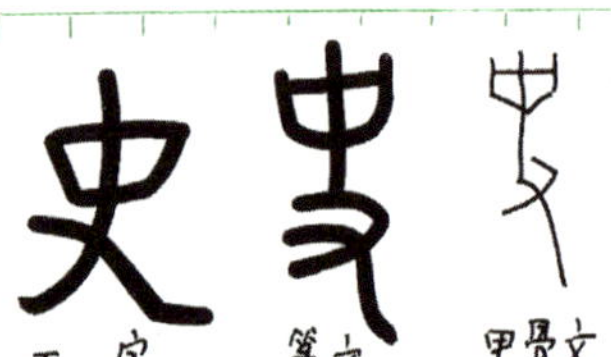
正字　篆文　甲骨文

零四二：𤸷磊午逆

跟隨余媽媽冬至節之前回潁州西湖歐陽家祭祖，那年是清朝皇帝同治十年（公元1871年），九月初九重陽日我滿十歲，塾堂已放寒假，我正在學篆文，日日專心摹寫，沉浸其中。不料臘月三十夜，吾母勞作過甚，下體出血不止，虛脱昏迷，頻顯危象。法國天主教堂女醫士半夜到我家，臨牀觸診仔細，説深處有𤸷塊磊磊然，不能手術，給藥止痛。𤸷字從疒nè舌聲，義指腹内結痛。疒字未見單獨用過，俗呼病旁，我看就是有靠背的卧牀，象形，病人常用。磊字義指石堆。當時尚無你們用的癌字，泛稱𤸷塊而以磊磊然形容之。至於癌字，從疒嵒聲，本該音yán，誤讀音ái。嵒，岩，巖，一字三寫。嵒字從山，上非品字，而是三塊石頭，即磊字之原始象形。

正字　篆文　正字　篆文

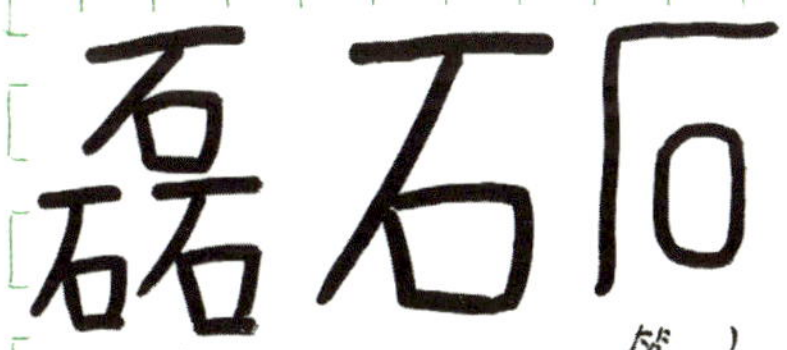

正字　正字　篆文

正字　正字

吾母服用中藥，轉危為安，但已瘦損脱形，無力下牀。倏忽臘盡春回，又開學了。此前摹寫《説文解字》篆文全部九千多個，已經線裝成冊。吾父翻閱後，去告訴吾母："德九聽話，我放心了。當初真不該說棄之棄之。唉，祇是把你苦了！"是日放學後回家來，吾母叫去牀前，淒涼一笑，喘着氣說："現今可以向你說了。德九我兒，你生日是五月端午，不是九月重陽。當初怕你長大忤逆，所以不說五月五日，不放心啊。現今你父親說，他放心了。"原來古人避忌五月五日，相信"五月陰氣午逆陽"也就是以邪犯正，很惡。《說文解字》："午，牾也。""牾，逆也。"五月五日更是雙倍逆惡，所以避忌。吾父深信此理，而易老師自修過泰西的格致之學，教我不要迷信。事實也是，午字看金文是舂臼的杵，象形。雖然能引申出衝撞之義，但是並非牾逆人倫。

正字　篆文　兩個金文

正字　篆文

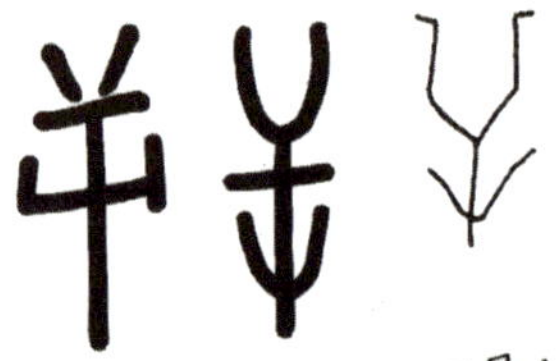

正字　篆文　甲骨文

逆字從屰nì得義，看甲骨文象人倒立之形，加辵zhú（俗呼走之）成逆。《說文解字》："逆，迎也。"既可以是相逢而喜，也可以是互撞而怒。迎頭痛擊也是迎嘛。

零四三：盗魂恐懼

"春暖來學"不久，塾堂裏忽然有許多學生不敢來上課了。起因是宿縣城中轟傳，一傳十，十傳百，說有妖人盗童子魂，盗去合藥。說是南街那邊有小胖娃在街上走，被妖人一拍頭就迷糊，又被剪去一綹頭髮，魂即盗走，回家大病。盗字令人恐懼，想起強盗殺人。不過字義據《說文解字》云，祇是"私利物也"而已。

正字　篆文

盗字上次下皿。次xián乃涎的古寫，蜀人說的流清口水。皿是高腳碗，象形。對着碗中佳肴垂涎，不免偷嘴，這就叫盗。次字從水欠聲。欠字上气下人，人打哈欠。次字從二從欠，哈欠打了一個又打一個。魂字義指陽氣，從云（雲）表示魂為氣態，從鬼表示事涉鬼神。陽氣的魂被人盗去，危險要命。鬼字象形，大頭可怕，從厶（私）表示陰私使壞。鬼，歸也。人死葬山，歸來成鬼。甲骨文云字與篆文云同，從上（二即上字）表示天上，下垂旋飛，象意。這個云字被借用作子曰詩云去了，不得已又造雲作雲氣用。雨象天穹降水之形，一看便懂。

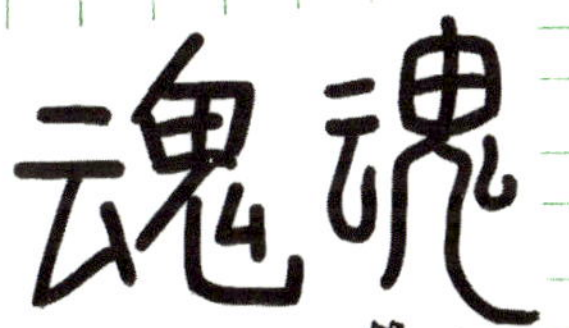

正字　篆文

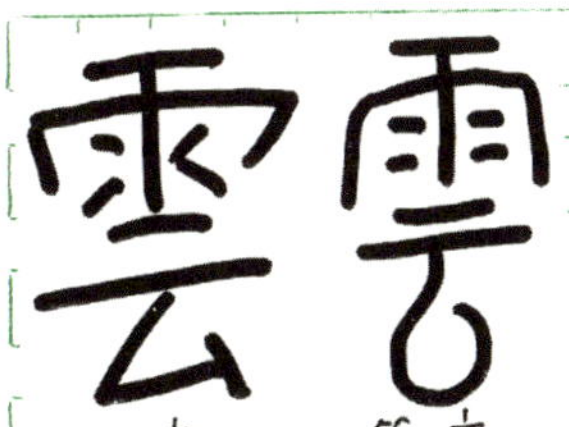

正字　篆文

縣衙門的捕快四出偵訪，乞丐王也分咐眾嘍囉盯住可疑之人。一時滿城恐懼，街巷行人頻顧背後，怕頭髮被偷剪。逢三六九趕集市的農夫，進城來都要被崗兵盤問，搜身查找剪刀。半月不到，嫌犯已抓多名，内有走方郎中、雲遊道士、行脚僧人、挑擔小販以及河南商丘來的饑民乞丐，監獄為之爆滿。恐懼二字從心，心中怕。恐字聲符在上，懼字聲符在右。巩字篆文，一人跪坐，兩腕被銬，當然害怕，工聲。順便一說，蟋蟀古人名之為蛩，鳴時振翅不已，好像嚇得發抖，故名。瞿字篆文，鷹隼猛禽二目圓瞪，驚嚇菜鳥。可知巩瞿二字既作聲符，兼表字義。再說還有另一個更早的愳字，音義同懼，也是心中害怕。甲骨文象形，一人跪坐，二目瞪得眼球凸出成了兩個臣字。臣字原本心懷敬畏，瞋目做事，不敢打瞌睡的意思。以音求之，臣即瞋字。

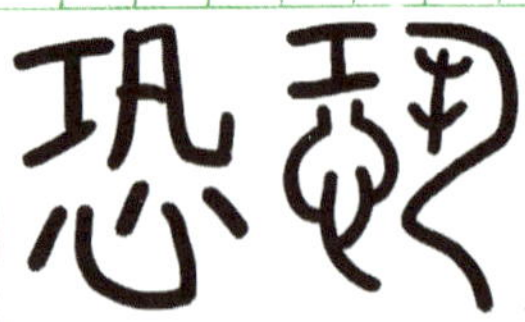
正字　篆文

正字　篆文

正字　甲骨文

我們塾堂，由易老師登門，一家接着一家，通告學生家長，盜魂之說無據可笑，百年前就鬧過，不必恐懼。

零四四：小胖溫廚

中國作家協會四川分會

　　南街小胖娃果然害病了，夜來架火發燒，摸額燙手。四鄰來探病的，日日有之。細心的還看了頭髮被剪之處，如銅錢大，光禿見皮。小胖娃姓姚，六歲，醜乖醜乖的。其父姚錫匠，開店賣錫燈盞、錫茶壺。不帶徒弟，自鑄造，自敲打，自車光。手藝好，人勤快，惜乎文盲一個，也不叫小胖娃進塾堂去讀書。獨兒被盜魂害病了，也不過問，讓母老虎兇婆娘去管。小這個字，最初是拄三點，後來是剝樹皮，剝了就變小了。胖音pán，義指牲畜解剖後的半體。肥胖本該用肨pàng。肨字從肉丰聲。肉，甲骨文一塊肉，篆文改進，一條牲腿。丰，金文是小草上面重疊小草，象豐草意。肨字之義即今所謂身體豐滿，豐聲轉成胖聲。後人誤用胖取代肨，久錯無改。至於豐字本義，原指一種青銅造的祭器，器形矮胖，盛祭品用。

正字　篆文　兩個甲骨文

正字　正字

正字　篆文　甲骨文

正字　金文　正字

四鄰來驗視的人多，總有機靈鬼看明白，小胖娃是頭髮根柢有病，自然脫落，俗稱鬼剃頭，不是盜剪的。明白又怎樣，"家不可户說"呀。何況發高燒，當媽的母老虎又拿出去喧鬧，滿城盡說盜魂事件，已成風潮。偏偏這時有人出來指控，是法國天主堂溫廚子幹的。母老虎菜市場揪住了溫廚子的衣領，對方說："小胖乖，我拍過他的頭，沒有剪過他的髮。天主明鑒，不敢說謊。"母老虎撕衣領，叫他到城隍廟去賭咒。這時候紅槍會的武術師正在街口賣打藥，湊上來一頓打。溫廚子一溜跑躲入了天主堂，大門閂了，嚇得大哭。溫字從水昷聲，河南地名，古之溫國。昷wēn字從皿從囚，菜碗扣嚴，好比關押囚犯，不得通風，可保溫也。看這囚字，不正是四壁嚴合嗎。廚字從广（ān），象側屋偪窄意，是庵字的古寫。尌是聲符，音shù。看其篆文，手植小草，豆聲。溫廚子逃跑躲起來，激發滿街義憤。當天下午，紅槍會的豪傑，賣打藥的，練武功的，開武館的，帶動四街打手，轟鬧了天主堂。

正字　正字　篆文

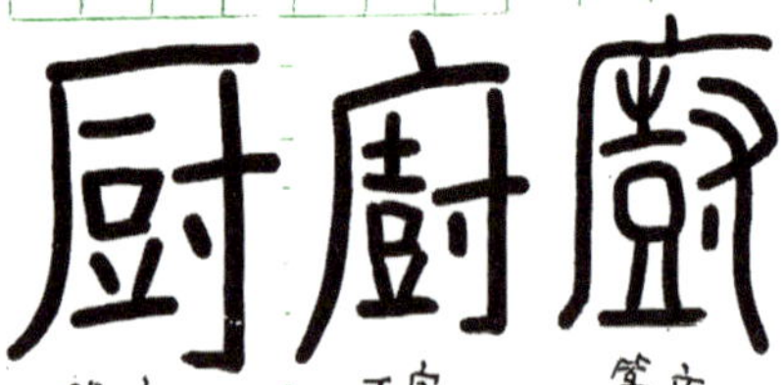

簡字　正字　篆文

零四五：槍會鬧梵

宿縣有紅槍會，緣於八年前李鴻章淮軍追剿捻匪，軍官劉彪退職返鄉，西街買宅，開了一家鏢行，專業武裝押運客貨，手下豪傑成羣。營業之外，劉彪又以武術習研之名，創辦了紅槍會。城中以及四郊，那些賣打藥的、練武功的、開武館的和那些催債打手都來參加，亦各懷鬼胎耳。紅字從絲省，工聲，義指淺赤色。槍字從木倉聲，義指木柄銳器，用於刺戳。槍頭飾以紅纓，故名紅槍。會字下燒沸鍋，蒸汽一縷衝上，中置蒸桶，內盛米飯，上是一張大嘴，表示食客眾多。詳其字義，必指會餐。紅槍會眾素來厭惡教堂不敬祖宗，禮拜洋婆，今又掩藏盜童子魂的險人，便去轟鬧。法國神甫出來解釋，又被推搡辱罵。此時一羣奉教信徒趕來，救出神甫。紅槍會眾齊聲噪罵：“漢奸！漢奸！”又有不良少年謔唱：“天主教！不信神！提起嘰巴喊先人！”引得眾人訇笑。眼看怒潮已過，正待散去，忽見法國醫士從天主堂大門口衝出來，指天鳴放鳥槍，致使局面失控，引來街坊民眾，有圍

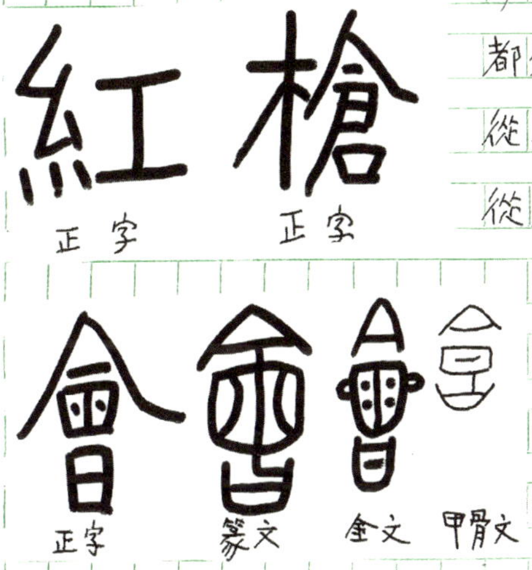

觀的，有助罵的，有氣憤的。很快鬧成人山人海，大亂。

　　知縣顏昭一從衙門趕來現場，天主堂大門已被點燃了。知縣大人急命那羣奉教信徒以及街坊民衆，提桶排隊，對門荷塘取水，一傳一，快傳來，潑灑不停，循環不已。大火很快撲滅，門屋構架已焚燬了。所幸者門內小徑夾牆，有一段距離方上到大堂，尚未災及。鬧字從鬥從市，市場鬥毆。鬥字不看甲骨文，到死你也不明白。看了，哈，二人“該出手時便出手”，怒髮上衝。市，市場太難象形象意，衹好暗示。篆文市，小販肩負重擔，挑起兩頭，暗示走向市場。

正字　篆文

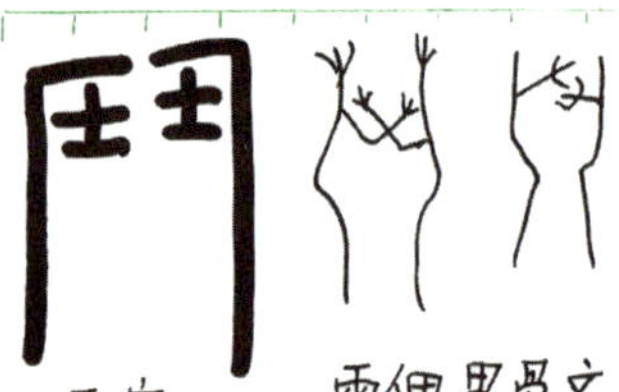
正字　兩個甲骨文

正字　篆文

　　天主堂大門被焚燬，事態就鬧大了，要上報朝廷的。焚字《說文解字》沒有，可能是燓字的省筆。《易經》早就有焚字了。燓fán字義為冬季放火田獵。燔字則與焚字義同而音不同。

正字

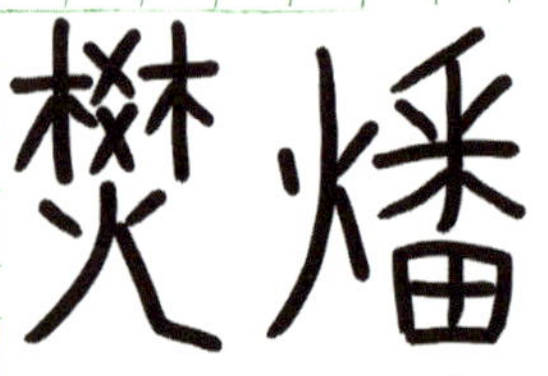
正字　正字

零四六：備後歸西

火燒天主堂這天是同治十一年（1872年）五月初一日，夜眠正熟，忽被叫醒。父母寢室內燈燭煌煌，女僕手忙腳亂，正在給吾母換牀褥，墊草紙。吾父燃明風燈，交我提着照路，陪他急去易家。易老老師被叫醒後同返我家，估計也半夜了。原來吾母下體大出血，易老老師隨身帶來了止血藥，女僕下廚馬上去熬。易老老師臨牀診脈，靜默不語。診畢，退出來到檐下，仍不發話。待到藥熬好，病人喝下，直到血止，其子易老師提馬燈來接，他才告辭回家，留下一句“速備後事”。易老師暫留步，見易老老師走遠了，便作一長揖，補充說：“恩師，師母後事，請由弟子承擔。”果然，棺木、冥衣、一應斂葬所需物品，翌日入夜，便悄悄擡送我家中。後事齊備，不用吾父操心。吾父每日授課如常。後事的後字，左旁從行省，右上是幺，小孩，右下是止（趾）字倒置變形，字義為小孩走路落在後面，象意。速字走之表義，束聲。備，古作葡，字象箙內插矢，有備而來之意。

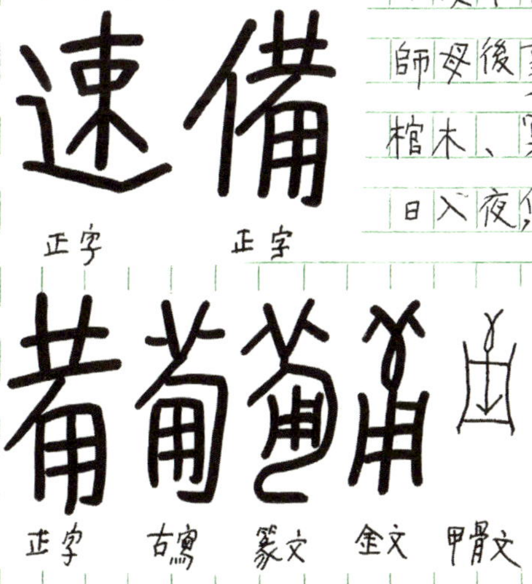

慈母最後三天，昏迷不醒。延至五月五日酉時入夜，忽開眼縫顧視，見我在側，放心歸西而逝。吾父端坐一隅，含悲不語。我下跪說："德九不孝，尅我慈母！"吾父撫我頭頂，說："今天你滿十一歲了。"父子二人大哭。

正字　篆文

歸西的西，佛教所說的西方極樂世界。西字象鳥栖巢內，頭、頸、背、尾可以看見。篆文美妙傳神，可供藝賞。先民見鳥巢皆築在大森林邊沿落日的方向，借餘暉照亮回巢的飛程，所以用西字指鳥巢所在的方位。

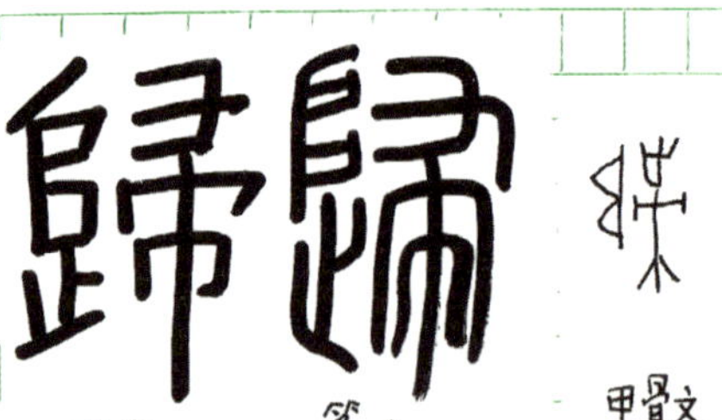

正字　篆文　甲骨文

歸字從帚，甲骨文象掃帚形。其製作以一束高粱稈，腰部紮緊，用⊢⊣表示，至今仍然如此。甲骨文卜辭裏用帚字代婦字，所以歸字初義乃指婦女出嫁。

正字　甲骨文

甲骨文歸字，帚省彗頭，上面一止（趾），出嫁要走路去，而左旁是丘字（ΛΛ）豎立。丘古音guī，作聲符用。

我去南街余宅報喪，堂上跪地叩首，請出宅父宅母，叫聲爸，叫聲媽，哀泣稟告："家母給二老道謝了。"隨即起身告辭，趕去易老師家報喪。

零四七：喪葬死亡

家中請來火居道士，佈置靈堂，唸了一天經懺，超度亡魂。寒門薄祚，喪事從簡。出殯之日，李氏塾堂大小兩班學生，個個素幞頭，白衣衫，腰繫麻帶，沿街齊唱挽歌，悲聲動人，路人抹淚。喪字歷來都說從哭從亡，哭亡為喪。篆文喪拆開看，上面是哭，下面是亡。直到甲骨文出土，真相始白，原來二口四口都表示哭，桑聲。難怪干寶《搜神記》說："桑，喪也。"所以俗話說"門前不栽桑"，有避忌呢。到金文桑樹根改寫成亡字，然後過渡到篆文的哭亡為喪。篆文哭的二口移位變形，使篆文喪的結構更匀稱。至於亡字，前已講過，從入從乚（隱），藏入角落就看不見，亡了。

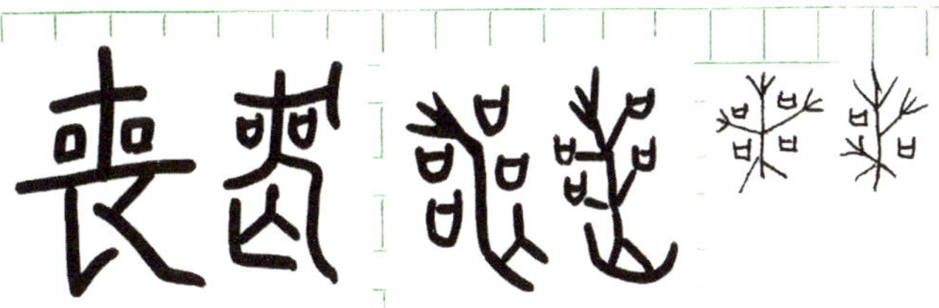

正字　篆文　兩個金文　兩個甲骨文

篆文哭　變形　篆文亡

正字　篆文　甲骨文

三三我端靈牌，頫首披麻，走在棺材前頭。街上商家多有曾受教於吾父者，皆路祭李師娘，跪泣街邊。出南門五里到李氏族塋，亡母葬在一角，面對青山。此後夜夜我陪家父寢息，以便侍候。往往後半夜驚醒來，見他和衣倚牀，淚光瑩然清冷。“但將終夜長開眼，報答平生未展眉。”這是唐詩悼亡名句，他在課堂講過。葬字上下皆草，是說草席裹屍而葬，所謂藁葬。葬字篆文中間夾個死字，死下一橫是屍下墊板。今之死字筆劃有誤，仿照篆文，該寫成歺匕。誤久成正，歺匕變成死。看甲骨文，人跪拜歺。歺xiè字是何物，須先看骨字。骨剔去肉，成冎guǎ（剮）。冎破碎成殘肩，為歺。中間空了不受看，添一筆便成歺xiè，義同肩。屍埋地下多年，衹餘骨肩，這就是歺，代表墓中死者。他的後人來此跪拜，這就是甲骨文和篆文的死（歺匕）字。

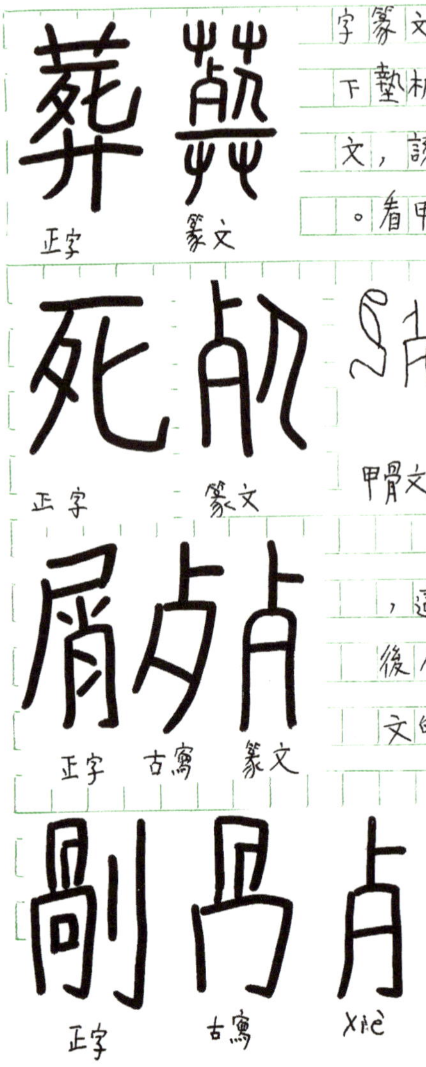

亡母安葬後，我滿十一歲。按俚俗的說法，吃十二歲的飯了，算是小大人了。

零四八：串聯警告

紅槍會會首劉彪四方去串聯退伍返鄉的戰友，以及一些與天主教徒有田産糾紛的仇家，相約六月初一，縣城隍廟辦廟會時，進城轟鬧法國教堂。知縣顏昭一事前得密報，先把天主堂溫厨子捕入牢房，妥善保護。然後驅逐鳴槍的法國醫士，押出縣境。實則禮送徐州教堂，易地行醫。串聯的串，見於《詩經》，那時音guàn而不音cuàn，字義同貫，古寫作毌guàn，象貝幣一繩橫穿形。串和毌是一字兩寫，不過串直穿而分離，毌橫穿而疊合，僅此差別罷了。串字讀音guàn變成cuàn，可能和秦漢以來通用方孔圓錢有關係。三三我在世時，見商家用銅籤穿小錢垂懸店鋪天花板上，千錢一串。

串　貫　毌

正字　正字　古寫

聯字金文和甲骨文皆無，我看是戰國時代秦國造的。秦國重賞首功（砍頭立功）。士卒殺敵，割其左耳，絲繩串之，繫在腰間。累積成串，憑此計功，可陞軍官，甚至將軍。

聯　聯

正字　篆文

聯字從耳從絲，耳畫左耳，絲指絲繩。許慎《說文解字》說是耳朵連着臉頰。唉，老夫子蠢！

顏知縣在六月初一的前三天，召來會首劉彪，曉以大義，並警告說："若再進城鬧事，封你鏢行，斷你營業，坐你牢房！"劉彪始知畏懼，下去急命紅檜會眾以及四方豪傑，不要入城，改在城外東岳廟内宴聚。可見警告有用。

正字　篆文

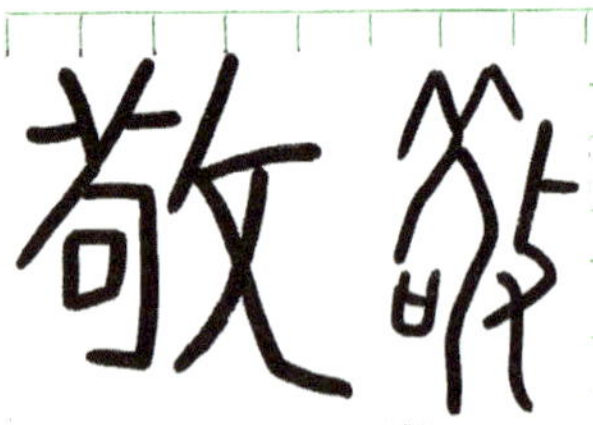

正字　金文

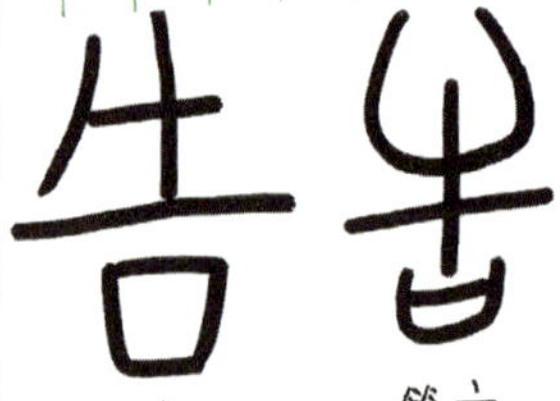

正字　篆文

警字從言，喊話提醒，從敬。敬字初義不是尊敬，而是自儆自戒，有所準備，莫要疏忽大意。金文敬有趣味，一條大耳朵猛狗直立，張口而吠，右旁手持棍棒，以儆以戒，正是有備而來。金文有苟，就是狗字。苟則是古人說的"叩氣吠以守"。警字喊話提醒，是人對人，非人防狗，但也取了儆戒之意。告字從牛，指那些野性強，要用角撞人的猛牛，主人須在雙角之上橫絷粗木，以曉路人。曾在西蜀見過強猛水牛，角上橫木三尺，如兇犯之兩腕戴梏gù，觸目而驚，而儆，趕緊避讓。《易經》所云"僮牛之告"，說者皆以"僮昏之牛"釋之，謂犢牛即僮牛，不知此僮字乃撞字，音zhuàng而不音僮僕的僮。

零四九：豪傑刑罪

六月初一城外東岳廟內豪傑宴聚，幸未入城鬧事。不料酒酣之後，一羣天主教徒的仇家十餘人，拍桌指罵會首劉彪膽小怕事，言而無信。他們竟自離席，攜械入城去了。後來又有七八人跟隨去，入城後又號召一些好事之徒，衝進天主教堂，遇上教徒們手挽手橫排阻攔。豪傑個個習武，揮械狂打。教徒個個受傷，傷者入夜又死二人。報仇遂願，豪傑們便撤退。豪字從豕，高省聲。籀文比篆文早，尚未省。從豕，必屬豬類，豪是毫豬，野性兇猛。豕字看甲骨文，長嘴筒，背三鬣，初指野豬而言。傑字人旁是後加的，初作桀。篆文桀二倒止（趾）為雙腳，踩在木上，字義為踩高蹺。雙腳踩棍陞高，就叫桀出。乘字是踩木梯上房子。《詩經·豳風·七月》的"亟其乘屋"，是說趕快去蓋屋棚。後來登車也謂之乘。翻倍增高，算術乘法。

正字　籀文　正字　兩個甲骨文

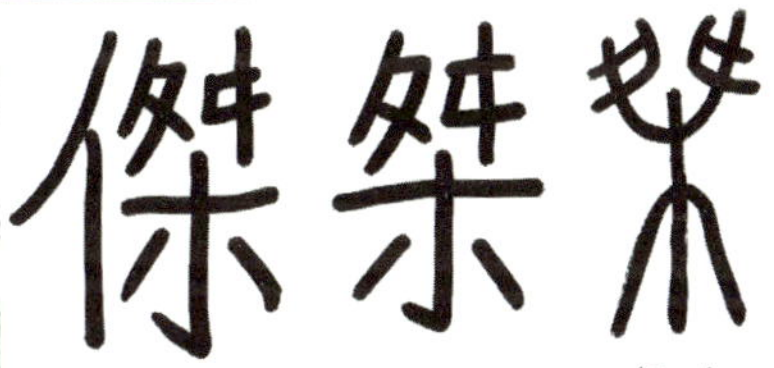

正字　正字　篆文

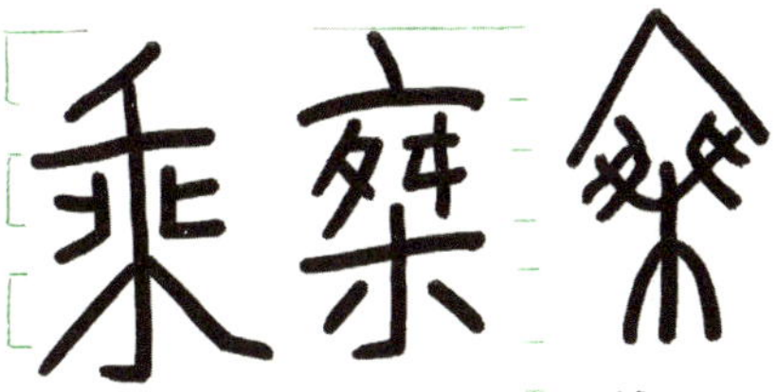

正字　古寫　篆文

知縣顏昭一很快逮捕打人致死的兇犯二名，擬定死刑，將紅槍會打教堂情形一併上報。此時直隸總督兼北洋大臣李鴻章正在徐州巡視，上頭叫他代辦此案。李鴻章派驛車來宿縣，召顏昭一立刻馳車去面見。死刑的刑，古寫作㓝，從金文來。古時簡陋，挖個深坑，下寬上窄，便做監牢。罪犯推下坑去，牢卒執刀守之。

正字　古寫　金文

㓝字從井，井即阱坑，從刀，刀守之也。刀字筆劃誇張過甚，已不象刀形了。須將篆文刀與古之刀形對照，方能明白。順便說到罪罰二字。罪行的罪本來作辠 Zui，秦始皇疑心重，覺得像皇字，叫改用罪字。罪字從网（網）從非（排），本義乃指江南水鄉一種捕魚設置，河邊圍置竹排，魚入不能出，俗呼迷魂陣。罪字用了兩千多年，給人印象獰惡，法網一詞由此生焉。觸網犯罪，就有處罰。罰，輕則言辭申誡，重則刀斧侍候，所以從言從刀。

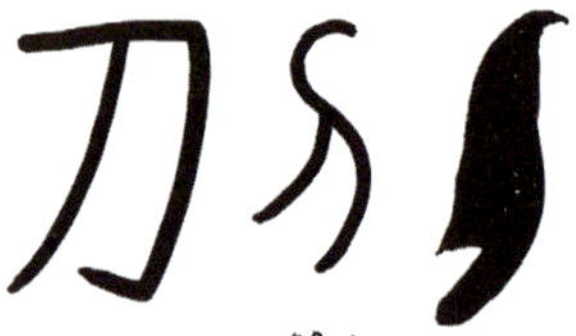
正字　篆文　古之刀形

正字　篆文

正字　篆文

零五零：登車思鄉

李鴻章聽完事變經過情形，痛責顏昭一"未能防患於未然"。顏欲稍加解釋，李生氣一揮手，命驛車速送客。顏不滿，告辭歸。李下屬有長隨送顏登車，笑臉說："給顏大人道喜，要陞遷了。挨李大人的罵，是他看得起你。"

正字　篆文　兩個甲骨文

顏昭一斥之："胡說！"登車南馳宿縣，心中悶悶不樂。"登車的登，原指祭祀盛肉用的高足盞，象形，雙手拱擧，置祭桌上。這個登是名詞，《爾雅》的"瓦豆謂之登"是也。若在瓦登盞內注油，點燃照明，便成了燈。

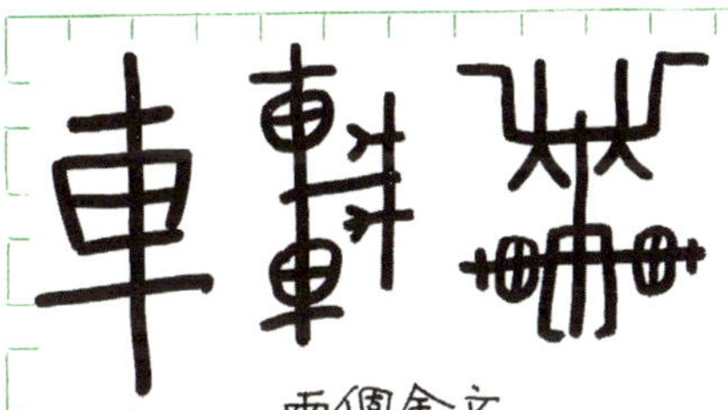

正字　兩個金文

若用登作聲符，上添二止（趾），便是動詞登，義為攀登。左踩一脚，右踩一脚，攀崖如此。車字象一輪二轄，用局部代整體。整體車看金文，一廂兩輪，軸端有轄，廂後有門，廂前有轅，轅下有軛，可駕二馬。

顏昭一歸途中，見家家門前堆焚錢紙，想起今日已到七月中旬化帛之期，民間都在祭享祖先了，自己還在炎曝熱塵之中奔波，且受長官怒斥，悲從衷來，竟有歸歟之歎。於是賦得七律思鄉一首，吟咏遣愁。晚宿符離集驛舍，修改誊寫，推敲到半夜。翌日午後回到縣署，便派人去李氏塾堂請道一老師來署中晚飯。吾父換了衣裳，搖着褶扇去了。晚飯既畢，顏知縣又提起他舅父曾國藩今春病故，他求吾父代擬挽聯一副、祭文一篇編入《哀冊》，廣受讚賞一事。然後恭呈思鄉一首，請給指教。吾父離席如厠，穿過園林幽徑，返席和了一首，楷書呈上。知縣誦畢，悟得己拙，深佩吾父，自嘲説道：“乙丑恩科進士顏某貽笑方家了。”

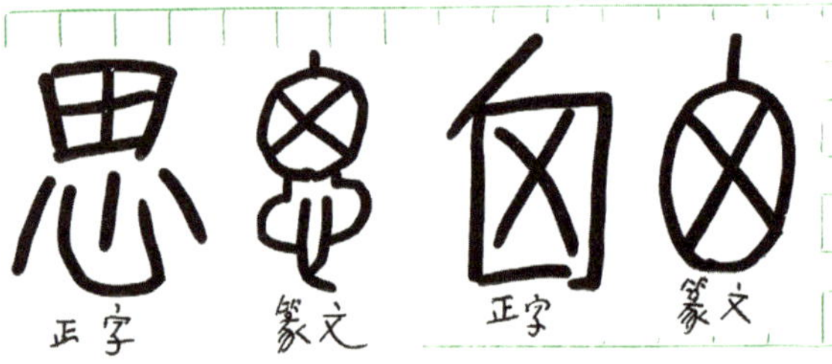

思字上面從囟Xìn，楷書變田，實則無關農事。囟舊作顖。嬰孩頭上頂骨未合之縫，橢圓微凹，謂之囟門，象形。思字表明由心到腦（囟代表腦）為思維的過程。鄉字從左右二邑，邑者城也，兩城之間當然就是城外的鄉村了。怕你不明白，中間夾個皀Xiāng做聲符。邑字上從方城，下從篆文膝關節的卩jié，今皆以竹節字代理卩，謂在地圖上城邑如人體的關節。

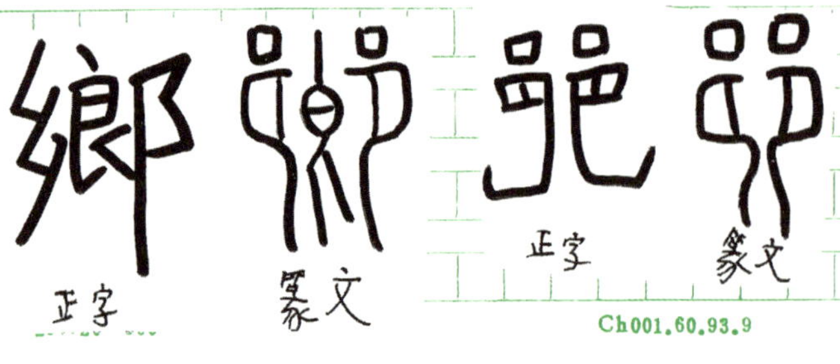

零五一：月圓母去

八月十五塾堂學生家長姓馮，住北門外馮家崗峁，派兩乘轎子來接吾父和我去賞月。轎程不遠，到崗峁下小溪上的馮家大院，落日依山。馮叔叔和他讀小班的小弟，門前恭候。堂上晚飯，素菜四品，絕無半點葷腥。吾父當即明瞭主人心誠，起身致辭說：“荊妻亡故百日，勞您掛在心間。”這時我方想起，端午到中秋正好一百天，光陰好快喲。此時月正東昇，圓光照庭，庭前桂花樹下，主客吃月餅，喝白茶。更有主家婦孺，燃燭焚香，跪拜月亮姑姑。我也去拜，馮孃孃祝福說：“保佑李家小爺讀書聰明，終身平安。”吾父頷首微笑。我跪拜時想到亡母月中看我。

正字　篆文　兩個甲骨文　正字　金文

正字　篆文　正字　篆文　甲骨文

月字甲骨文是一彎新月，上有暗影。順便說日，中有圓點。我們宿縣春末風沙天，太陽不射眼，我就看見過確實有黑點。圓字外框圓形，框內員聲。而員字的篆文從貝，海貝有一種青黑形的，腹有齒縫，古人謂之貨貝。貨貝一枚謂之一員。員字從貝，〇聲。甲骨文和金文貝是貝殼。篆文貝是活貝，有觸足伸出來。作貨貝流通的是貝殼。

中秋夜深，轎送返家。黑窗暗室，敲火點燈。青光熒熒，四壁幽寒。廚下燒水，侍候吾父澡身洗腳睡了，我才去睡小床。黑甜沉沉，天亮前被驚醒，見吾母站床前。我喊媽，不應。大聲喊，喊醒了我自己。但見落月照進西窗，滿室透亮，吾母已去。母字比女字多兩點，乳房也。篆文女你們看是在舞，哪知那是華北村婦坐炕上做手功。

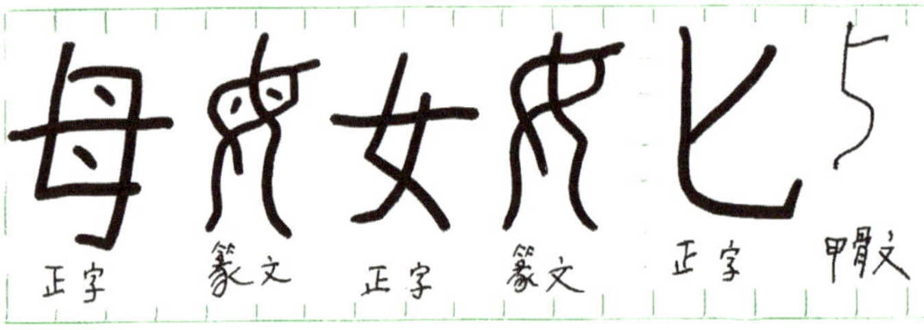

義近的有妣字，古寫作匕，泛指婦女，象女性做愛時仰臥形。順便說人，象男性做愛時俯伏形。古代成年男人佩解結錐，金文父手持錐表示成年。母去世了。甲骨文去，大男子出窑洞去了。篆文去，出地穴去。陝甘一帶有掘大坑方形，下面挖橫洞穴居的。

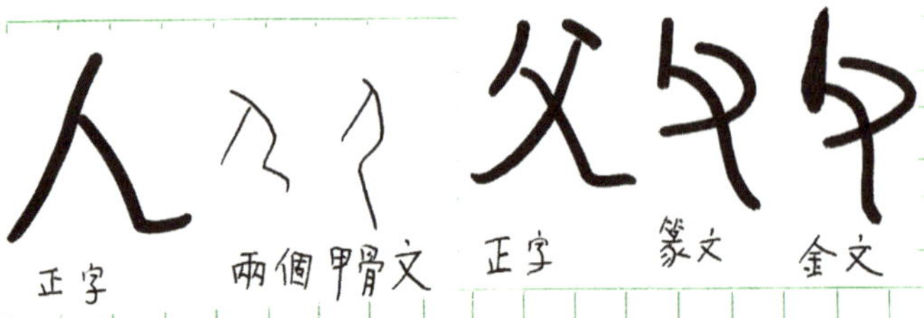

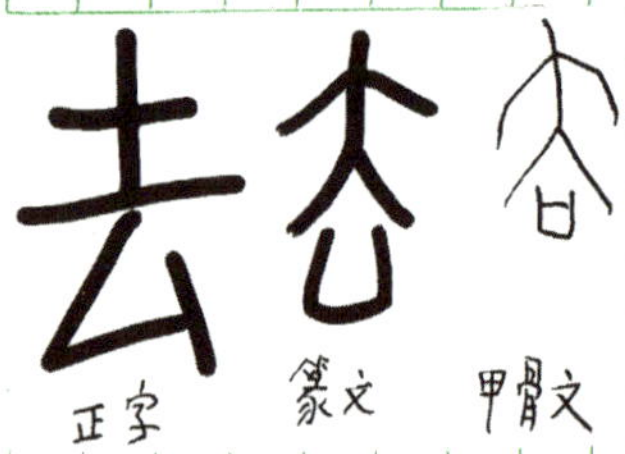

零五二：秋洪狼獻

中秋剛過，知縣顏大人又來說，當今皇上九月十五大婚，縣上要送賀禮，外加一篇賀喜駢文，請求吾父代筆撰書，一併隨賀禮送徐州，集中押運京城去。事情緊急，吾父一夜一日寫好。堪笑的是，上峯還催促縣上獻祥瑞。顏大人苦笑說：“剪髮盜魂，火燒教堂，剛剛敉平。目前秋洪暴漲，水衝東門，淹浸半城。西門外幾個村又鬧狼禍，秋收農夫，浣衣婦孺，都有被狼咬的。到處憂懼，何祥瑞之可獻耶！”秋洪二字分說之。商代一年祇有兩季。上半年六個月為春季，下半年六個月為秋季。甲骨文秋，先是方頭蟋蟀。方頭蟋蟀qiūqiū叫，古人說“其名自呼”，上海人至今仍然名秋蟲。後一個甲骨文是禾稼成熟，葉枯焦了。先以蟋蟀鳴為秋，後以禾稼熟為秋。到了西周籀文，從禾從火。火指初秋黃昏後出現於正南天的大火星，其光暗紅，古稱心宿二，洋名天蠍座阿爾法星。其右旁是𪚼字做聲符，𪚼古音qiū。洪字從水共聲。共字大鍋雙耳，橫槓共擡，其下双手打拱就是拱字古寫，做聲符。與

正字　篆文　籀文　兩個甲骨文

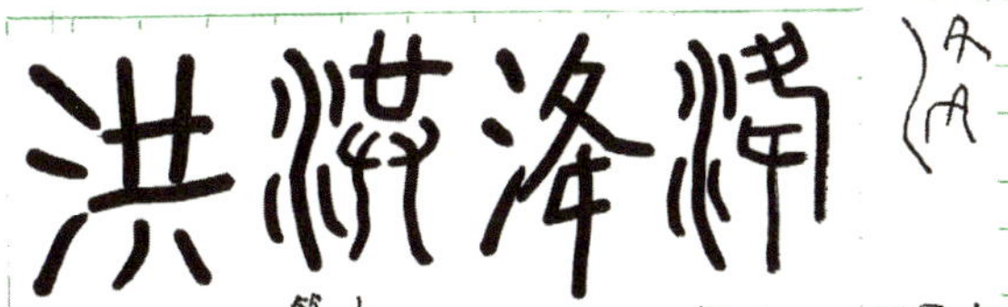

正字　篆文　正字　篆文　甲骨文

洪字同義的有洚字。甲骨文洚，左旁波線即水，右旁兩止（雙脚）倒置表示由上而下。孟子說："洪水者，洚水也。"洚古音hóng而今音jiàng，正如虹，齊人叫jiàng，蜀人叫gàng。所謂古音今音之異，正是國音方音不同而已。狼咬人畜為害，宿縣山區偶有，今則咬到城外來了，大不祥也。狼字從犬，犬科動物包括狼和狗以及狐，良聲。良字古音同郎。看甲骨文，良字象糧食傾注入量米的木製方斗內，又從斗內傾倒出。一入一出，米就被量過了。良量二字音義相通。米類皆須斗升量過，所以叫糧，字又作粮。金文已不易看明白是在傾入並倒出了，寫成正字良更不易看懂。獻祥瑞的獻字從犬鬳聲。鬳yàn是古代陶甑，如甲骨文所示，下面是三足鍋燒沸水，蒸汽一線衝進甑孔，蒸熟食物。不過衹作聲符，不參與字義。古人養狗肥嫩，以祭宗廟。不說狗肉，而叫"羹獻"。後世不論何物，凡是下面呈上，都叫貢獻了。

正字　篆文　甲骨文

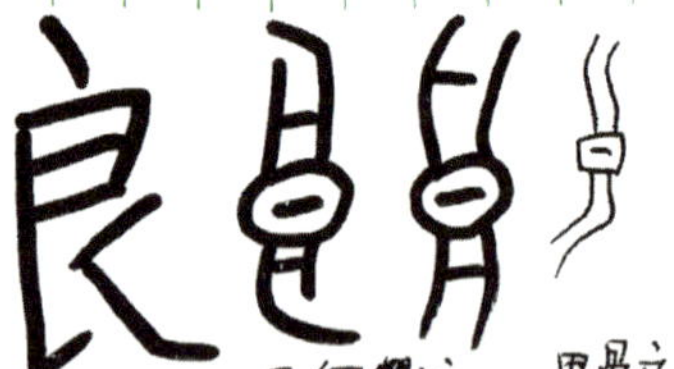
正字　兩個金文　甲骨文

正字　金文　甲骨文

零五三：傳聞直省

持械衝法國天主教堂，當場打死教徒二人的兇手，已擬死刑，上報遲遲未批下來，引起坊間傳聞。說是京中有某親王發話，稱讚"義民打死洋奴"云云，所以未能批復下來。到了是年臘月，知縣顏昭一被召去京中，更坐實了這類傳聞。傳zhuàn字從人，本指那些乘傳車、騎驛馬、專職遞送文書的小臣。邊境上的驛站叫郵站。清末變法，設郵傳zhuàn部（民國叫交通部）。

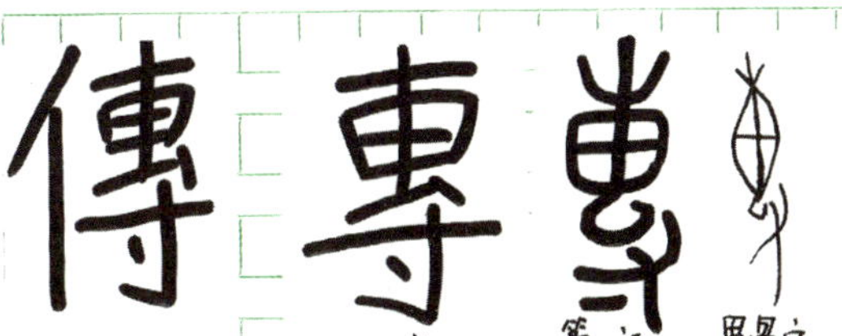

正字　正字　篆文　甲骨文

正字　篆文　古文

傳字又從專，專亦聲。專，紡專，又叫紡錘，蜀人叫線墜子，鐵餅直徑二寸，圓心貫軸，棉條繫軸頂端，左手提着，右手撥鐵餅旋轉不停，紡成紗線纏繞軸上。看篆文和甲骨文，上端三叉綫頭，下面右手撥轉。篆文從寸，表示手法。舊時人家育女，賀稱弄瓦之喜，是說拿個土陶陀羅給女嬰玩弄，長大後好用紡專紡棉紗。又稱弄塼，亦紡專也。陀羅旋轉，其軸所指方向守恆，引申出專一義，乃有專業專家之說。給人立傳，是說圍繞着他搜集事蹟，寫成文章。有人閱讀，就叫流傳chuàn。聞字從耳門聲，古文昏聲。門昏皆純聲符，不涉字義。

顏知縣到京中，見直隸總督李鴻章，原準備又挨訓。李鴻章說：“回縣交差，調山東知德州。宿縣教案，處理得體。朝中有議論長短，別打聽。”想想又說：“你駢文悼渭陽寫得不錯。”《詩經》上的“我送舅氏，曰至渭陽”，顏懂，忙答說是求高手代筆的。李鴻章兼北洋大臣，所以河北直隸省外，兼領山東。德州傍運河，過河即直隸。直隸省，直接隸屬中央，後來叫河北省。直字看甲骨文就是觀察鉛錘線以取直。古文從木，察看木柱是否立直，鉛錘線訛作十字，目也訛作窗字。目字古文上睫毛下瞳孔，近似窗字古文。篆文直，值班注視角落，所以從乚（隱）。至於省字古音xǐng，義本省視。瞪大眼睛注視，所以睫毛豎立，眉毛高挑。作為大行政區，音shěng，仍有督促地方大吏切勿閉目瞎整的用意。

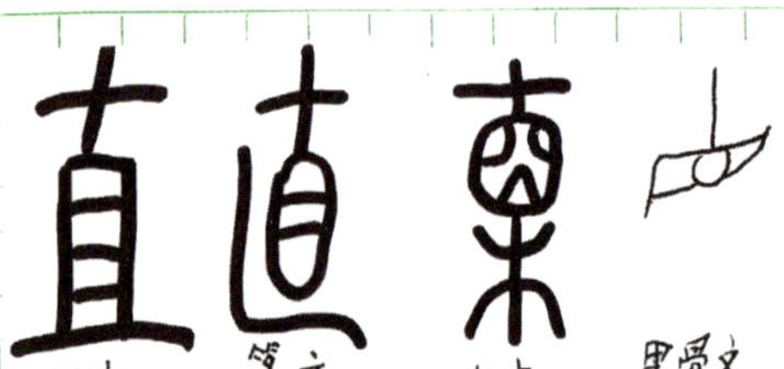
正字　篆文　古文　甲骨文

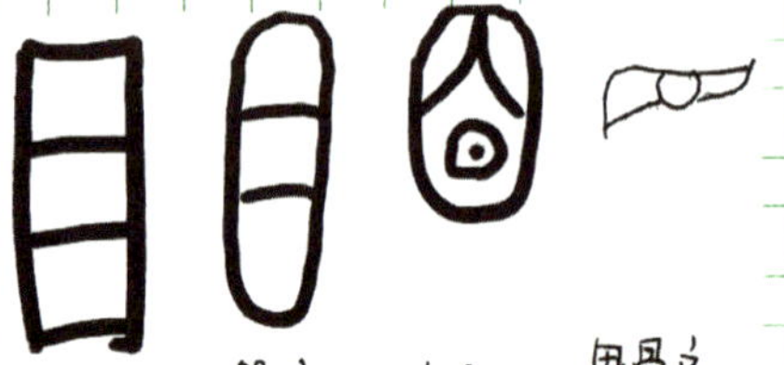
正字　篆文　古文　甲骨文

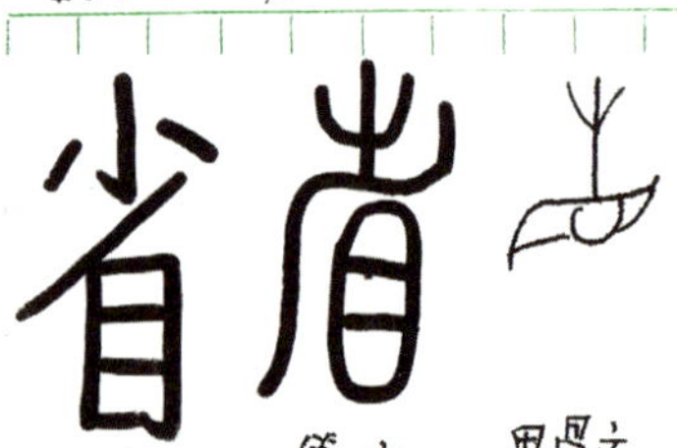
正字　篆文　甲骨文

零五四：州官師好

吾父從縣衙門回來，給我一紙片，說："照着寫，要篆文，每個字海碗大。"紙片上是《官箴》，直書兩行，十六個字。接過紙片，去請教易老師。易老師教我先用柳木炭勾底線，勾正了再下筆。又補一句："老弟，恭喜你字要刊碑不朽了！顏知縣有事要重託你父親了。"我回去探問，吾父歎息說："德九，顏知縣調德州當州官，請我同去代他應酬筆墨。你母親走了，快一年了。我在這裏對景傷情，夜不能寐，日不能食。我已當面答允他了。"州官二字，

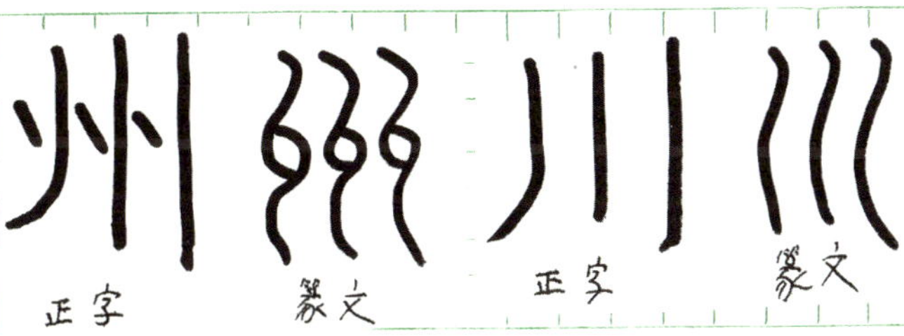

一個象形，一個象意。篆文州是在川中嵌入三個小島。

已有篆文水代指河流了，為何又造篆文川？古人意在用川概括一切水道，包括天然河流以及人工溝渠在內。官字篆文上宀mián下𠂤duī。𠂤即今之堆字。屋下土堆，於義無取，講不出個名目。須看金文和甲骨文，方知屋蓋下面不是𠂤而是吕。吕即今之以字，象薏苡籽實形。屋下苡實，同樣講不出名目來。原來在

甲骨文卜辭裏，用㠯字代師字。這是同音代字。㠯（以）與師古音通。你看用以做聲符的似姒二字音皆讀sì而不讀yǐ，便明白了。卜辭有一條"王作三師右中左"就是用㠯字代師字。官字屋蓋下面從師，師本義指軍旅。可知官字本指軍旅駐紮之所（軍事衙門），後來政務衙門也跟着稱官府。順便說師。《說文解字》："二千五百人爲師。"此軍旅也，非教師也。古文師字象蓄茨植株形，甲骨文則象蓄茨籽實形，皆與軍旅無涉。由此可知卜辭裏用㠯字代師字，確係同音借來代理。這是記載商王建立了三支軍旅，右軍，中軍，左軍。那時尚未造出師這個字，就用同音的㠯字，而㠯字那時音sì而不音yǐ。

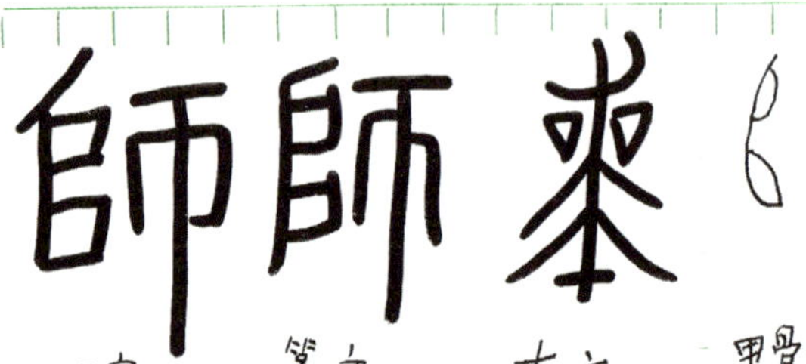

正字　篆文　古文　甲骨文

吾父隨顏知縣去德州，州比縣大，那當然好。好字好懂，左女右子，子指男子。子本來象嬰幼兒在襁褓中形，衹是用在這裏改指男子。男女相好，其事美好，從來如此。心頭快活，連聲叫好。

正字　篆文　甲骨文

零五五：別離印章

塾堂頂給易老師辦，房產物業，桌椅設備種種，折合現銀交割了斷，吾父閉門哭了一場。到清明節那天，父子二人出南門五里到李氏族塋掃墓。亡母墓上，宿草尚未轉青。祭拜後，我回頭稟告說：“媽，明年我們再來看你。”當時不知，此後再未回過家鄉，真是永別離了。別這個字見於《尚書·禹貢》之“岷山導江，東別為沱”句，義為分汊。《說文解字》不收，不知何故。我看別字從刀從另，意指刀分一物成二，形成“另一個”。注意分別二字皆從刀得義。彼此分開了，別了。離字從隹，本指鳥類，即鸝。羽色金黃，又名黃鸝。左旁离是聲符，不涉字義。离字古人說是山神，所以篆文從山，下部從九（肘），象右手平撞起貼左胸致敬形，中部從凶，此神可怖，有尾，獸形。回頭說別，今音bié而古音bì，緩讀之成bì lí二音，寫出來成別離，義與別同。單言之為別，複言之為別離，義不殊也。

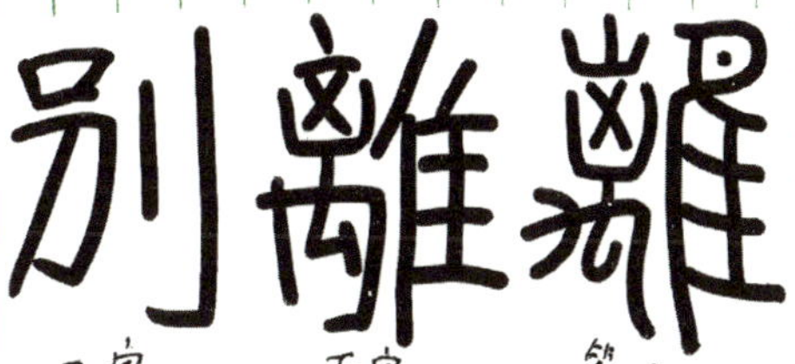

正字　　正字　　篆文

別離家鄉那天，余媽率弟弟余傳璉趕來送行，依依離捨，行至河橋。弟弟傳璉哭得傷心，挽我衣袖不放。余媽說：“傳瑚，你讀書遠勝過你弟弟，前程遠大。到了德州，專心讀書，記住寫信回來。”又摸出一件小巧精緻的象牙製作的印章盒子，推開蓋子，掏出一枚雞血石印章來。我一看便想起這是小時候余爸爸送給我的禮品，上面刻着篆文傳瑚二字。弟弟也有一件，一模一樣。余媽說：“前幾日翻箱底找到的，你帶去。以後寫信回家，記住蓋印。”

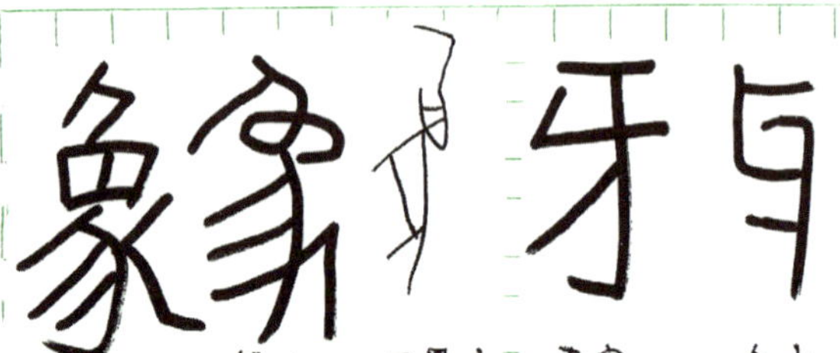

正字　篆文　甲骨文　正字　金文

正字　篆文　甲骨文

正字　金文　甲骨文　正字　篆文　金文

象牙二字象形。篆文和甲骨文象有長鼻，好認。金文牙，側面看象上下臼齒互相磨嵌之形。滿口皆齒，唯臼齒又名牙，俗呼大牙。印字看金文和甲骨文，罪人跪着，頭上被一掌向下壓，以音求之，即今摁字。所謂蓋章，即摁章也。章字從辛，辛象彫刀形，鋒鍔斜出。金文章，彫刀正在刻一枚圓章。篆文章從音，義為樂章。樂章終止處畫十字符號，所以音下一十字為章字。

零五六、商貨響馬

驛車曉行夜宿，一路柳絲嫩綠，桐花詫紫。時值暮春，平原田疇，農夫耕作，遠山林麓，杜鵑呼喚。吾父陪着赴任知州顏昭一沿途做詩飲酒，好生快活。又分咐我詳細筆錄每日行程，給他過目。漏記了的，由他補上。地名聽不懂的，要我下車去問。好在驛車前後都有商車隊伍，可資詢問。更有一些商販肩挑貨物，傍着驛車趕路，不下車也能問。商販們見官車有驛卒持械衛護，所以都來依附，免遭強賊攔路打劫。商字從㕯（吶）章省聲，初指提籃沿街叫賣的小販。叫賣，所以字從吶喊的吶。販字從貝（貨幣），事涉財錢，從反，是說買入賣出，反復賺錢，反亦聲。貨字從貝化聲，義指財貨，今曰財產。物字從牛勿聲，義指牛的種類。牛有多種多類。右旁聲符勿字，篆文象古代鄉間士大夫家門前所建雜色彩旗，旗上有三條飄帶之形，古稱勿旗。旗色雜而不純，正如牛的多種多

商 

正字　篆文　兩個甲骨文

販 

正字　篆文

貨　物

正字　正字

篆文勿

樣，所以物字既用勿做聲符，又取勿的字義。物字概念擴大，遂稱萬物。

車程三日抵達徐州，古稱彭城，楚霸王的都城，又有一些商車前來依附，更見熱鬧。驛卒前後奔走，收些小費，自是高興。車行第六日到蘭陵的棗莊，入山東境，遭遇響馬強盜攔路打劫。強盜乘馬奔襲，馬鈴聲響，謂之響馬賊。響（簡作响）字從音鄉（簡作乡）聲。有音才有響。

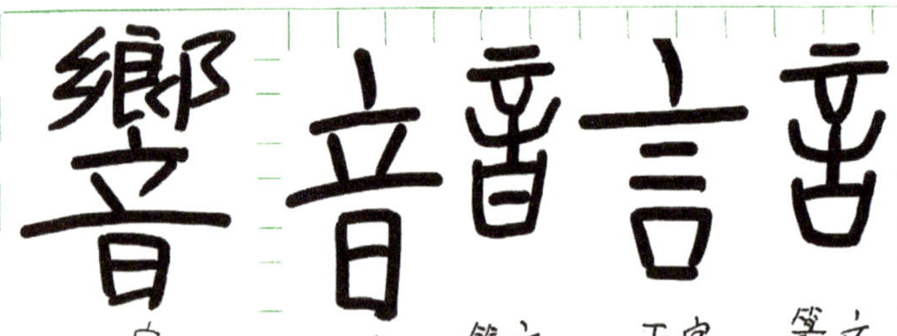

而音字篆文又從言從一。為何要從一，說不出個名堂來。

原來在甲骨文音和言曾經是一個字，上辛下口。到了篆文，一分為二，口說曰言，嘴唱曰音。於是篆文言口內添一橫成音，以資區別。後來篆文隸變楷書，筆劃各有更改，遂使言音二字面目迥異了。馬字象形，甲骨文耳、鬣、尾、蹄俱顯現。篆文四腿翹尾，躍騰壯美，生動有力。

零五七：劉彪逃匿

驛卒聞警，前去察看。有與響馬賊頭熟識者揚聲打招呼，徑至路旁樹下，會同賊夥，接洽私了。很快商定，由商車隊伍給些買路錢了事。原來賊頭正是宿縣紅槍會會首劉彪。前年五月火燒天主堂後，當即逃匿，展轉竄來山東蘭陵棗莊鄉下，改名換姓做了響馬賊頭。今日打劫商車隊伍，不料遭遇官家驛卒持械抵抗，更不料後面官車來的是宿縣前任知縣顏昭一。劉彪不敢放肆，害怕逃犯身份暴露，所以討些銀子，趕快逃匿。劉字從刀（立刀）鉚聲，義為刀殺。聲符鉚字是鎦字的減筆，義指青銅器漏斗。篆文丣象漏斗插入瓶口形，音liú不音mǎo。丣liú被後人錯寫成卯mǎo，無改。順便說留，從田丣聲。田指田獵（圍獵），四面合圍，縱橫搜索，象意。野獸被圍留住，是留字的本義。罶，從网從留，漁具笱籠，竹編，置激流內，魚被困留笱籠內不得出。瘤，從疒yì，象病牀形，從留，疱塊被留體內待解。留、罶、瘤的讀音皆自丣來，鉚、鎦也是，劉也是。劉彪的彪，從

正字　篆文

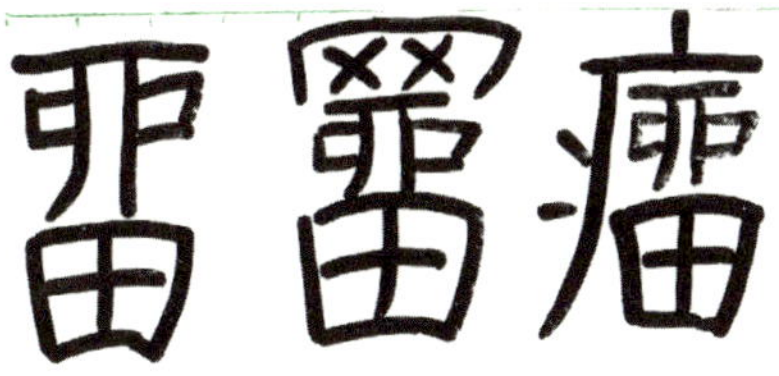

留　罶　瘤

虎從彡sēn，義指虎紋。彡象須髮之美，延及色彩美麗、圖像美觀、修飾美容。虎字全體象形，由甲骨文逐步演變而來。正字虎仍然算象形字。

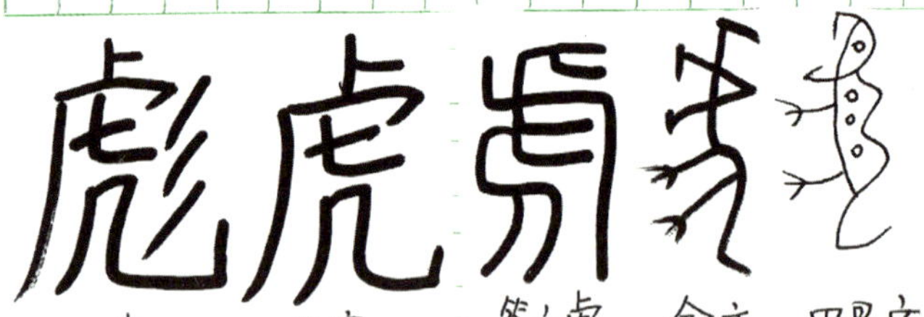

正字 正字 篆文虎 金文 甲骨文

劉彪逃匿入山，顏昭一也無權追緝，忙着趕路上任要緊。逃字從辵（走之）兆聲。兆是聲符，但也參與字義。甲骨文有兆字，兆就是逃，義為逃避。甲骨文兆，中間波線表示黃河，兩岸的人各向一方奔逃而去。想必洪災將至，人逃正是潰堤預兆。兆字由此變義為徵兆、朕兆、凶兆、吉兆，衹好另造逃字。

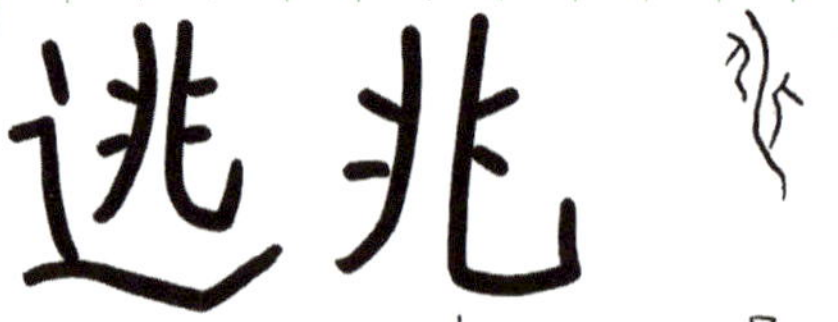

正字 正字 甲骨文

逃脫了還要匿。匿字三面牆壁，可供藏身之用，若字在此衹是聲符而已。所謂貓膩二字應作埋匿，俗訛待正。看金文匿乃知篆文若從草右聲錯了。若字應是跪地一女舉起雙手表示承諾。諾nuò音轉nì，做匿字的聲符。

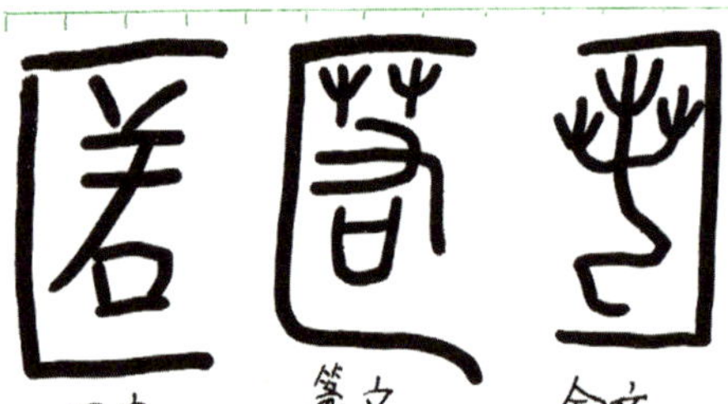

正字 篆文 金文

零五八：八股摹習

兩千里的驛車，一個月的行旅，從安徽的宿縣，到山東的德州。啟程時雙輪碾雪，抵達日一路觀花。見幾多異鄉奇俗，學一些應酬禮貌。原本是醜覷的大毛孩，今變成懂事的小青年。州署衙門後院很寬，另開側門出入，我隨吾父在此住下。已到早春二月，院內杏花大放。此時德州書院開學已久，我經考試插班入學，食宿皆在書院堂舍。十日一休沐，方得返回州署後院侍候吾父半天。

書院早起誦讀。上下午皆授課聽講，四書五經之外，特重八股文的摹習，當然也有泰西格致之學。晚間自修，在各自宿舍內，不到講堂。八股是科舉考試的一種文體。

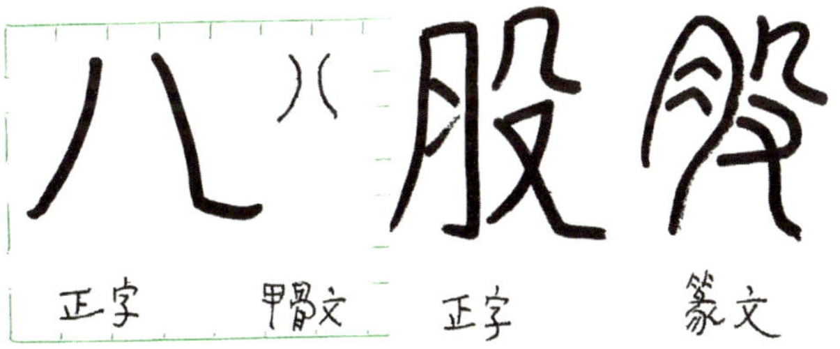

作文題目取自四書，規定首段破題，二段承題，三段起講。起講又規定要做夠起股、中股、後股、尾股這四個段落。每個段落又要從正反兩方面去闡發議論，於是就成八個股了。為何要規定做八股？答：便於打分，評定名次。甲骨文八，從中向左向右扒開，象意。拿去作為數目字用，八可以連續等分三次，所以八又有分開的意思，分字從刀從八。股字從肉，腿也。

右旁的殳Shū，聲符。殳股二字今音相去甚遠，暫不說了。學做八股文的課本《課藝範本》厚厚一冊，入學學到結業，整整四年，摹之習之。摹字從手莫聲，義為照着樣板手工複製。聲符莫篆文是日落草中，莫即暮也。草原人造此字，應該如此。後人用此莫表示沒有了，所以不得不再加一日字而寫成暮字。

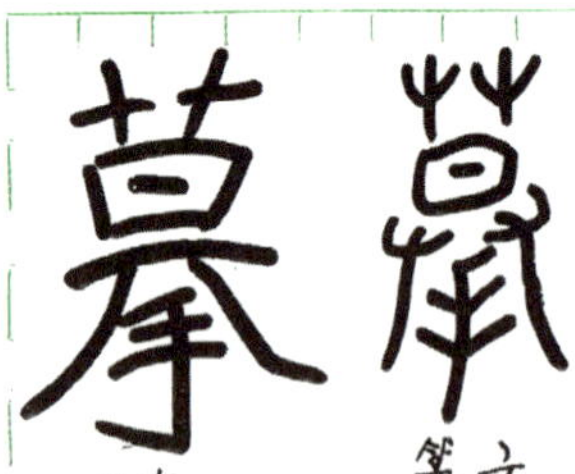

正字　篆文

摹習的習字從羽（翅膀）晳省聲（晳省掉析），義指飛翔。《禮記·月令》："季夏之月，鷹乃學習。"是說夏末陰曆六月晴天，老鷹領着雛鷹飛翔盤旋，教雛鷹俯衝直下，用爪抓，用翅打，捕獲獵物。

正字　篆文　兩個甲骨文

看甲骨文，羽下從日指晴天，羽下從圓指盤旋。篆文改成白做聲符。奈何白習二字讀音相去甚遠，所以我想應該是晳省聲。學習一詞原義如此，非讀書也。我在德州書院苦苦摹習厚厚一冊《課藝範本》，篇篇背誦，月月要做八股文三篇，交呈業師批改，都是照着範本複製的。四年熬煉下來，嗚呼，十七歲背佝了。結業之後，告別書院，忽遭逢人生之大轉折。

零五九：結業畢厥

德州書院四年結業，時值炎夏入伏，我已滿十七歲，光緒皇帝即位已經四年。結業之前，過考試關。知府顏昭一任主考，親臨現場坐鎮監考。學政、山長、教諭、教授以及各科業師都來現場巡視，個個面容鐵板，目光嚴厲。考生懾服，埋頭做卷，不敢擡頭張望，深怕舉止失當，當場逐出。正午放炮，收卷出場，我才發覺尿褲子了。結業就是你們說的畢業。結字從絲省，吉聲。舉凡絲織品皆從絲省，甚至線縷繩經都從之。穿針縫衣，線之終端必縮一個紇縫，方算了結。方形木版，四週刻成鋸齒，版上標明户主職業，謂之業版。篆文業，下從巾，巾方形，象版形。巾上從辛，辛象刻刀形，表示刻成鋸齒形。頂上四點有長有短，象鋸齒也。職業、事業、學業、工業、農業諸詞源於業版之制。自從進了德州書院，好比小舟由港灣入大江，飛快行駛，一晃便四年了。故鄉宿縣，回頭一望，雲水茫茫，彷彿童年一夢。考場出來，自知成績不行，三天後躲在屋中不敢去看榜。吾父道一先生憂

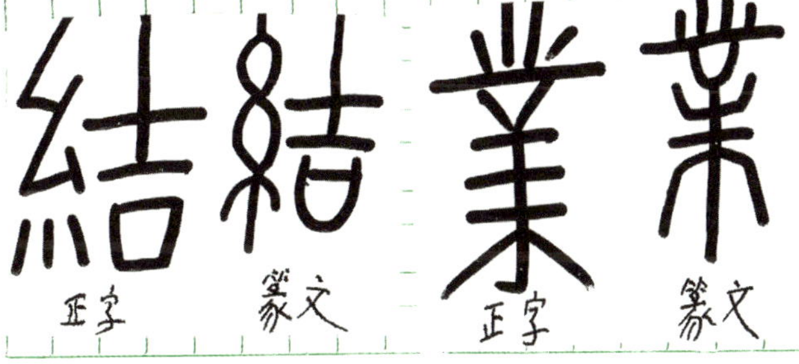

心怯色，替我前去偵看，竟至當場暈厥，倒在榜牆之下，被人擡回。擡伕報喜説："三三少爺中頭名了！"接着又有同學五六跑來賀喜説："甲等第一名喲！"我一下跪倒在吾父腳前，放聲大哭。吾父暈厥、暈厥二字都是借用其音而已。厥字本義乃指發石的砲車。其聲符欮jué字才指昏倒在地，失去知覺，你們説的休克。看這欮jué字左旁，甲骨文象人倒置地上，而右旁欠（哈欠）表示尚有呼吸，不正是指殙暈嗎。然後説暈yūn，頭暈，音一轉就成殙hūn，義同昏死。我哭喊，喊醒吾父。吾父恍惚坐起，牽袖問我："是頭名吧？"我答："他們説是。"父説："你母親含笑九泉了。給老家余媽媽寫信去。"寫字本義原是室中搬走家具，一瀉而空。後來胸中抒出情意也叫寫。信字本義誠信不欺，從人從言，指説真話。後來心中真話寫給人看也跟着叫信。

厥 欮 屰 

正字 jué nì 甲骨文

暈 殙

正字 hūn

寫 信

正字 正字

零六零：鹿宴酒醉

中國作家協會四川分會

當天黃昏時分，吾父完全蘇醒，分咐點香燃燭，設案焚帛，他要家祭亡母，告知吾兒高中榜首，以慰慈魂九泉之下。三天後知州顏昭一以主考官名義賜鹿鳴宴於州文廟，轟動州城八街九巷，洵盛事也。鹿字象形，商周時代大型獵物。鳴字鳥口，後泛指動物與人

正字　篆文　兩個甲骨文　正字　篆文

類。鳥象形，不必說。口則象人張口，嘴角上挑，非鳥喙也。《詩經》小雅首篇《鹿鳴》：“呦呦鹿鳴，食野之苹。我有嘉賓，鼓瑟吹笙。”宴字從宀，指家中或室內，晏聲，義為室家安樂。引申其義，便是宴饗賓客。而組合不同的晏字卻是從日安聲，義為晴空無雲，迥異於宴，不可不分。至於安樂的安，

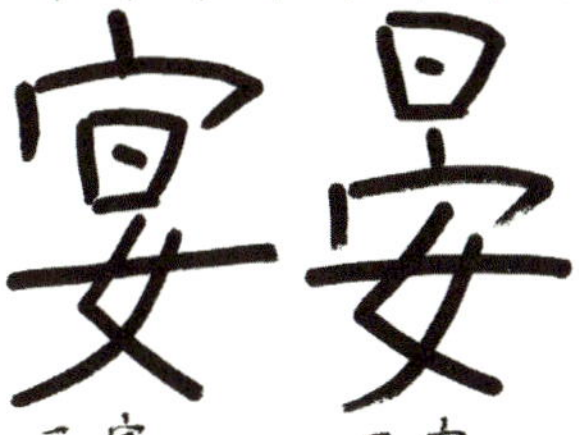

正字　正字

指安靜也。《詩經》靜女，閨中處女待嫁者也。安字從女，在家室內好好守着，不要出去亂走，免遭異性騷擾，自然就安全，平安無事了。鹿鳴宴聚四桌，

正字

25×20=500　Ch001.60.93.9　第19[illegible]頁

請來本州教諭、教授、各科業師以及本城多家塾堂主事。此外還有結業榜上前三名生員，叫來敬陪末座。吾父道一先生也被邀來受賀，敬酒頻頻，終至大醉。甲骨文酉就是

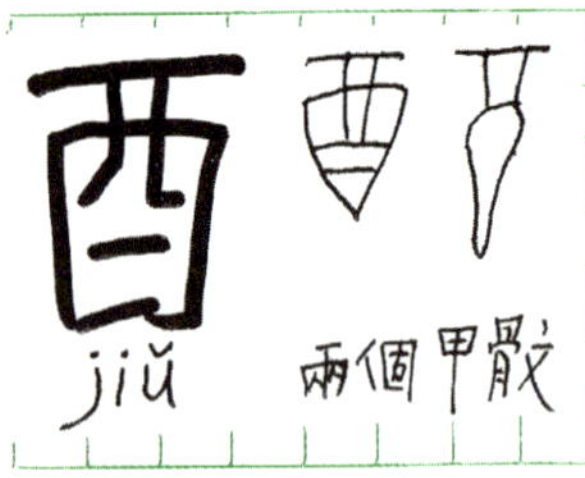

酒字，象尖底酒罈形，罈口插漏斗濾酒糟。酒本液態，無形可象，衹得畫酒罈表示之。酉字後改音yǒu專指時辰，相當於地方時下午五點到七點。

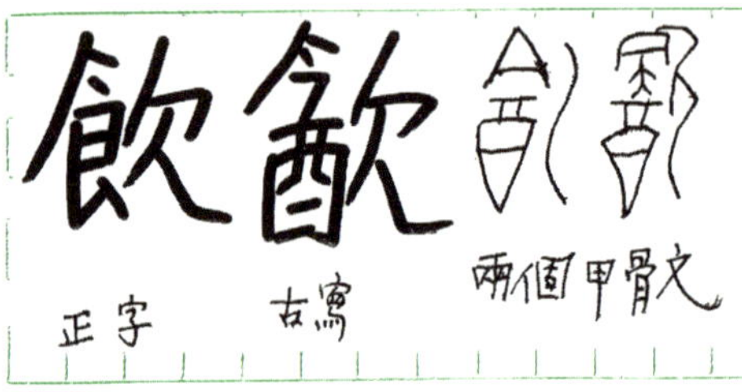

稱為酉時，是說此時天晚，最宜飲酒，醉了正好去睡，免發酒瘋丟醜。飲字古寫從酉（酒）從欠（呼氣表示喝

醉字從酉（酒）卒聲。士卒的卒從衣（短衣雙袖交領），下面一彎表示"衣有題識者"部隊番號也。吾父既醉，由我提前告退，從文廟殿上背負回家。翌日黃昏後醒，顱腦劇疼，延醫診治，斷為腦血管疾，所謂卒中。卒要讀cù，倉猝的猝。中要讀zhòng，中毒的中。從此種下禍根，而三三我懵懂無知，竟因鹿鳴宴上被德州書院留聘院中任助教而狂喜。

零六一：鴉梟舊吶

　　這年端午我滿十七歲，入住德州書院後堂宿舍半間破屋，擔任守院。住院求學生員數十，暑假各自返鄉回家去了，山長和老師們都住自己家中，空院僅我一人。林鴉晨噪，樹梟夜鳴，貍貛宵走，蝙蝠夕飛，陰森可怖。傳說宿舍門角曾有自縊之鬼，月夜飄行院内，要找替代。鴉字從鳥牙聲。其名自呼。俗稱烏鴉，其實烏是烏，鴉是鴉。烏小而白頸，慈烏是也。鴉大而純黑，種類繁多。梟字《說文解字》誤解，謂不孝鳥割頭倒懸木上。其實是身棲樹洞内，雙脚不可睹，象形。捕鼠有功，反招惡咒，冤哉枉也。貍字有lí和mái兩音，俗呼豹貓、山貓、虎貓，猛獸也，見《詩經》。今之家貓漢代以後傳入中國。貍貛豹豺貂豣諸類字皆從豸zhì，貓也從豸，泛指身軀瘦長，伏地伺獵之野獸類，篆文正象其形。貛字音huān，俗呼豬貛，頭部三條白紋，築洞而棲，夜出覓食。回想起來，端午早晨陪侍吾父吃了粽子，便入書院住下，擔任守院。破屋門前簷下

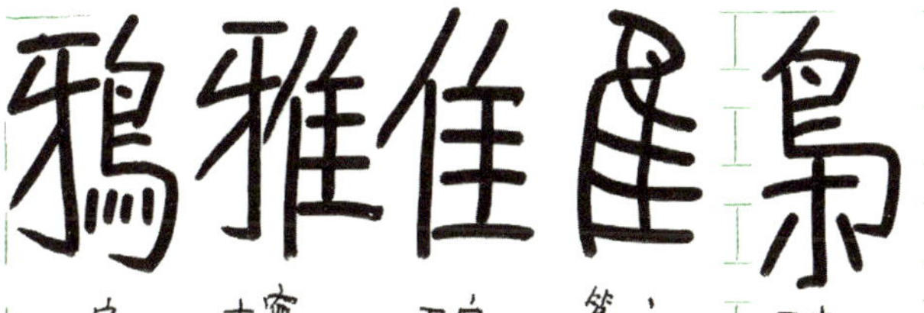

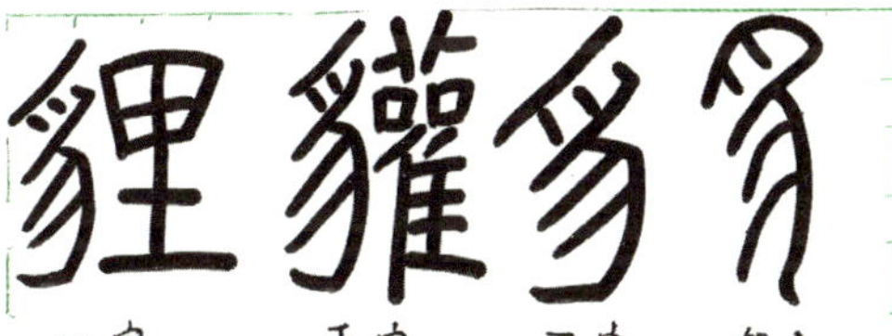

煮飯，聽見一羣子規鳥叫得正歡暢，忽然霹靂啪啦爆竹震耳，鄰家正在驅逐妖鳥，嚇飛了那一羣啼血的子規鳥，不知投奔城外何處山林去了，從此銷聲匿跡。鳥名子規，表

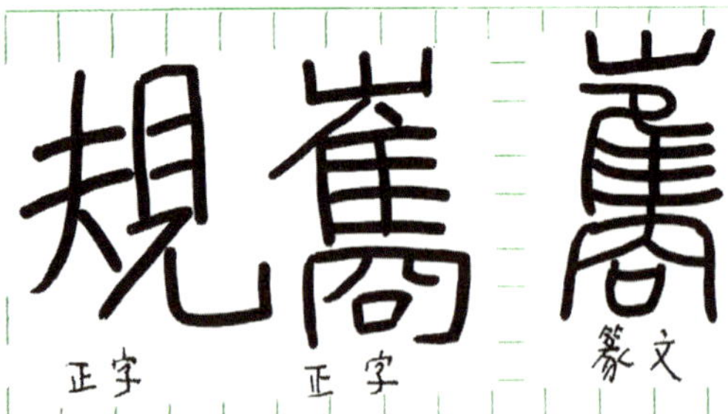

其啼聲如此。子古音lǐ同李，規音guī同嶲，即俗呼李嶲陽或李貴陽的陽雀，蜀人莫不知之。

規字從夫從見（現），義為大丈夫應有的表現，無關鳥類。鳥名應作嶲字。嶲字從隹zhuī等於從鳥。古時黃河流域呼鳥diǎo而長江流域呼隹zhuī，造字為二，不得已也。隹上從山，暮春時節自深山中來到平野。隹下從吶，啼喚吶喊不停也。吶字原義為語

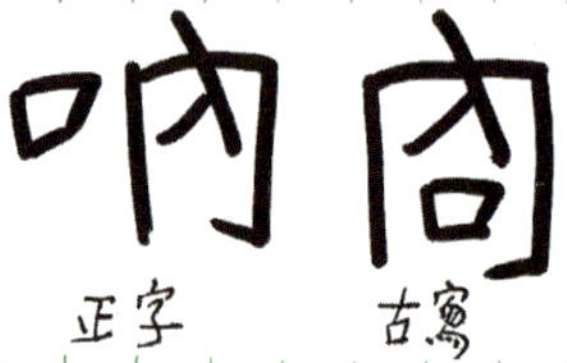

音含混聽不清喊的啥，或李嶲陽或李貴陽或犂溝頭或你歸呀，各說不一。

多年以後，李三三我入蜀，方知《說文解字》許慎所言“蜀王望帝淫其相妻，慚亡去為子嶲鳥，故蜀人聞子嶲鳴，皆起云望帝”，果然情有獨鍾也。子嶲鳥不營巢，產卵於小鳥巢，代孵代育，養大飛走，被先民誤解為通奸小鳥，指為奸夫云云。子規即杜鵑cuckoo，有時指奸夫，知歐陸亦有此誤解也。

零六二：巡查打鬼

書院山長分咐："半夜後必須下牀，前院後院，堂上堂下，走廊廁所，膳廳廚房，大門二門，都要巡邏走遍。"授我洋槍一枝，長三尺，左肩挎，美國造，二十年前華爾洋槍隊用過的，已有破損。洋槍不用填藥，不用火繩引發，扳機一摳，當場斃命。還規定巡邏時雙手端槍，不得肩挎。巡夜發現蹤影，不得妄自放槍，誤殺要抵命的。巡邏第一夜，遙聞異響或東或西，嚇出一身冷汗。結果無事，風也。有時目睹異物，近前查明，影也。巡字篆文從辵chú即躇，義指走走停停，川聲。查字古寫從木且聲，山楂樹也。字本音zhā而後轉chá用於檢查。你們那邊有位詩人穆旦，詩好。後來也到我們這邊來了。我去拜訪，請教筆名來由。答曰："姓查zhā，拆開穆旦。"我默然而退，無話可說。後知你們那邊不學《説文解字》近百年矣，唉。巡夜既久，不復懼怕，端槍閉眼，走着行屍。打個噴嚏，嚇醒自己。回到破屋，上牀便睡。不久驚醒，看見房門口矗立一黑影，正是那找替代的縊死鬼呀，向我牀上撲來。我被壓扁，掙扎不得，叫喊不出，内心憤怒。忽然

正字　篆文

正字　古寫

狂吼出聲，跳下牀去搏鬥，抓啥打啥。天亮看清，被褥枕頭衣褲抛了一地，惡鬼遁矣。抓字古寫作爪，字象右手向下覆攫之形，音zhuā。作名詞則音zhǎo。後嫌不便，添提手寫成抓zhuā，另立門户。打字今已泛用，醬油也説打，

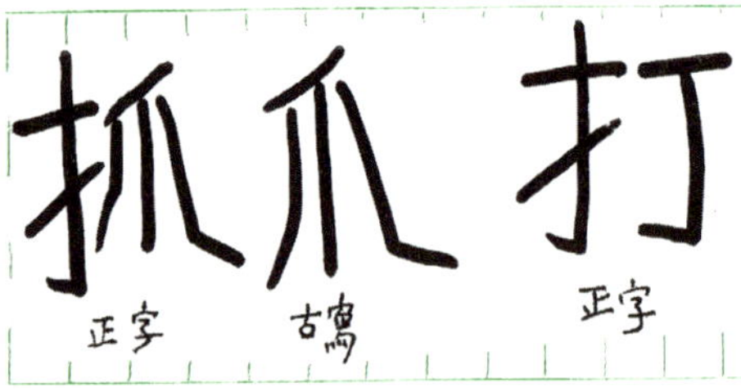

手機也説打。打字古已有之，從手丁聲，音頂。語云"行船又遇打頭風"者即開頂風船也。蜀人謂抛石擊人曰打dìng，古音猶存。惡鬼二字，惡è字從心亞聲。金文亞è，四路堵遏，象意。堵遏當然不好，較差謂之亞軍。粗衣惡食，吃得不好罷了。加心成惡，心性壞了。由是而生善惡對立，道德判斷。

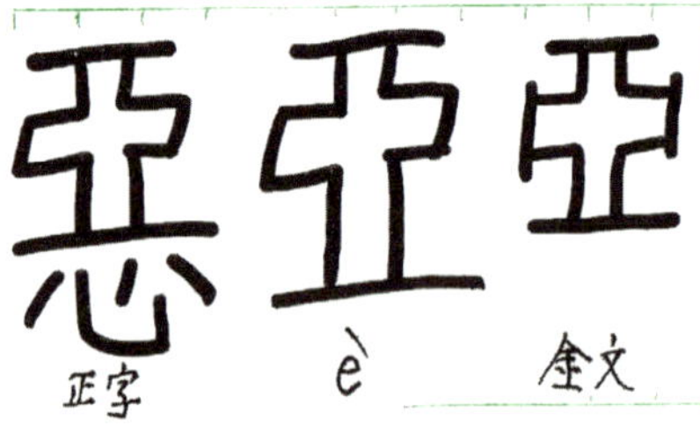

鬼在甲骨文分男鬼和女鬼，面部難看。商王夢鬼，都要卜個吉凶，很迷信的。篆文加厶（私）謂其陰賊害人。天亮後山長擂打大門，我去打開。山長説，牆外鄰居聽見吼叫搏鬥，以為你這邊遇賊了。接着摩我前額，説在發燒，帶我出了書院，鎖定，到西大街藥房看病求醫。

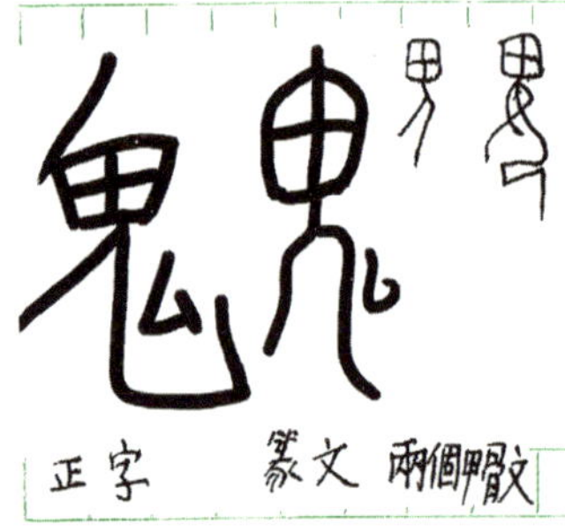

零六三：蟬撣蜓壬

藥房坐堂醫士開退燒的青蒿處方。山長領我去他府上，熬藥服了，又留我午飯晚飯，喝粥吃餅。天黑退燒，提燈送回書院。視我為子侄輩，給舊襖一件，叫巡夜披着。過兩三日，又命他家侄兒四名來學《詩經》，請我講解。此後每日午後，四位少年來聽講課，圍坐檐前榆下一張方桌，任他蟬唱蜓飛，專心聽課。蟬字從蟲省，單聲。單在此音chán。單字前人皆未識破。三三我認為是一繩兩端繫以皮碗，盛以卵石，高舉揮擊敵軍之投石器，象形。繩下從甲骨文干（圓盾），表示屬兵器類。古兵器有投石車即砲車，多人協同方能投射。投石器簡易，一人可投射。單獨一詞由此產生。揮擊曰撣，蜀人音chǎn（撣陀螺），義由投石器來。單又音zhàn，作戰字的聲符。單又音dàn，弓彈也。前面說干是圓形小盾，篆文干絕不像是一具盾牌。幸好金文未滅，果然小盾圓形，象形。剩下直立一Y形叉，我認為象小腿脛骨之形。如果我猜

正字　正字　兩個甲骨文

正字　篆文　金文　甲骨文

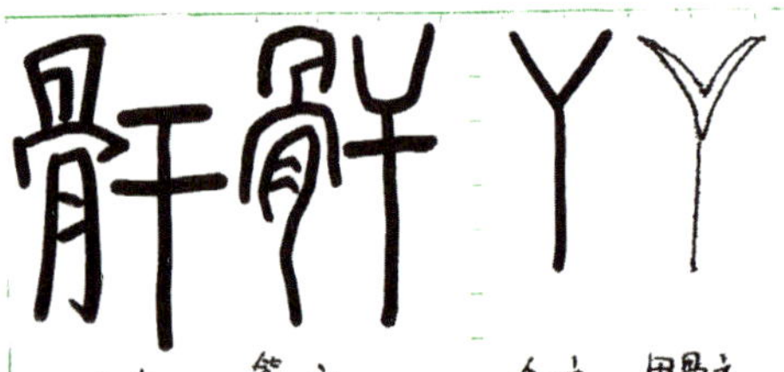

正字　篆文　金文　甲骨文

對了，那麼Y形又應該是金文骭的象形字，在這裏用來做聲符，金文圓形小盾讀音同骭。骭字晚出，春秋時百里奚《飯牛歌》：“短褐布衣纔至骭，長夜漫漫何時旦？”脚骭指膝關節以下，腿骭兼及膝關節以上，蜀語稱呼如此。甲骨文圓形不易刻，乃刻成方形，圓盾遂被誤成方盾。盾有小孔，利窺視也。難得四位少年專心聽課，都不受蟬唱蜓飛之干擾。蜓本六脚四翼飛蟲，黄紅麻三種（古稱麻色為蒼青色）。猶胡蝶誤作蝴蝶，青蜓亦被寫成蜻蜓，無理。蜓字從蟲省，廷聲。

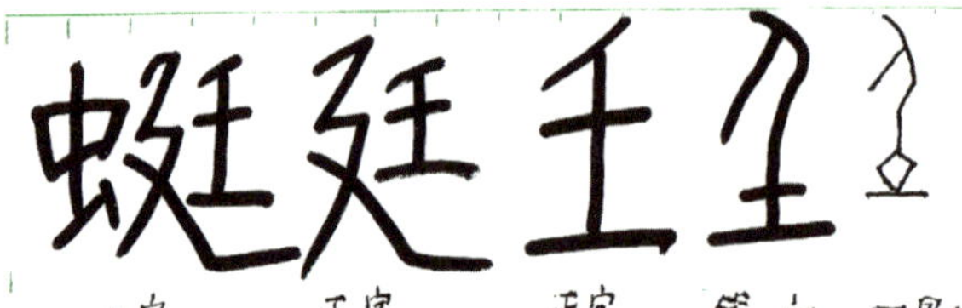

正字　正字　正字　篆文　甲骨文

而廷字的讀音又來自壬ting。壬字篆文人立土上就是晚出的停字，義指走着走着停步不走了，象停留之意。炎夏河畔觀察青蜓，飛着飛着不知何故停歇在草叢上，久久不動。黄昏時羣飛捕蚊蚋，入夜時紛紛停宿在枝梢上，通宵不動。為何名蜓？取壬立也。蟬唱榆陰，蜓飛檐際，我初執教，開啟蒙童，記憶如此美好鮮活，供我泉下珍藏，慰我夜臺寂寞。

零六四：發蒙金碧

山長姓倭，原任德州書院庶務，後因前任宿儒山長去世，無人可以繼任，被推舉作代理。為人熱心，每旬必請三三我到他家去用膳，去則必有肉食。一次用膳畢我告辭，山長說，他家幺女和侄女想讀書識字，請我家教。從此每日早起，南城趕到北城，倭家喝粥吃餅。晨餐後花廳内給兩女發蒙，領誦《三字經》。兩女聰明異常，不滿一旬便能背誦。接着領誦同治年間新刻的《改良女兒經》，兼學習字，外加算數。倭山長有法國傳教士朋友，聽聞此事，便領來洋女童二，金髮碧瞳，每日上午也來倭府花廳受教，先認漢字。上午教畢，留些午膳，返回書院。下午仍在書院榆陰下講《詩經》。倭府家教四位女童皆在發蒙之初，其間二洋女剛剛學認字。

發	𤼵	蒙	冡
正字	篆文	正字	正字

發字左下從弓，義指開弓發射，又轉義為開啟。發蒙亦即啟蒙。蒙本草名，發蒙宜用冡字。冡méng字從豕從冒省，義指豬性冒失，必須耐心呵斥鞭策，使之謹守規定。學前兒童亦然，必須耐心教導，啟發蒙昧，方能育成佳士。蒙字被借來作冡字使用，為時既久，積習成慣，奈何不得。發字從弓癶聲。這個癶字音義同撥，本是稻作專業術語

，今已被人遺忘。原來水稻春末插秧，夏初薅秧雜草，用五齒小耙將稻秧週圍野草抓掉。也有不用耙而用

癹 

正字　篆文

浸在水中的脚，左撥一脚，右撥一脚，撥掉野草，踢入泥濘作肥料的，這就叫癹（撥）。許慎說"以足蹋夷草"而未交代水稻薅秧事，所以後人不懂。注意癹字篆文上部右脚踢左，左脚踢右，正是用脚薅掉野草。

洋女金髮碧瞳，一一說之。篆文金從土，土中兩點表示金

金  髮 犮 

正字　篆文　正字　正字　篆文

屬礦藏土中，象意，今聲。金字泛指所有金屬。銀叫白金，銅叫黃金，鐵叫黑金，鉛叫青金，貴金屬叫赤金。髮字右上三撇象毛髮形，左上長，頭髮長，下部犬字，篆文象狗形，狗尾一撇壓住了走不脫，祇能爬行。犮bá字作髮字的聲符。髮是三合字，彡象形，長象意，犮聲符。碧字

碧　瞳

正字　正字

從玉從石白聲。碧玉碧石，皆可名碧。瞳字從目，睛之孔也。視人睛孔，中有人影，所以古人叫作童孔。後嫌不準確，加目旁成瞳。

零六五：偉哉象形

兩小洋女隨父自法國來天津經商，就讀西洋女校，暑假到德州，央其叔教她倆學華文。而叔忙於傳教不暇，聞俸家花廳内新設好家教，遂引來此。三三我先教她倆認字，想不到一教就熟稔了，竟然如此容易。習字寫蒙格，她倆極專心，覺得太有趣，一旬間寫熟了五百字，能讀音兼講義。

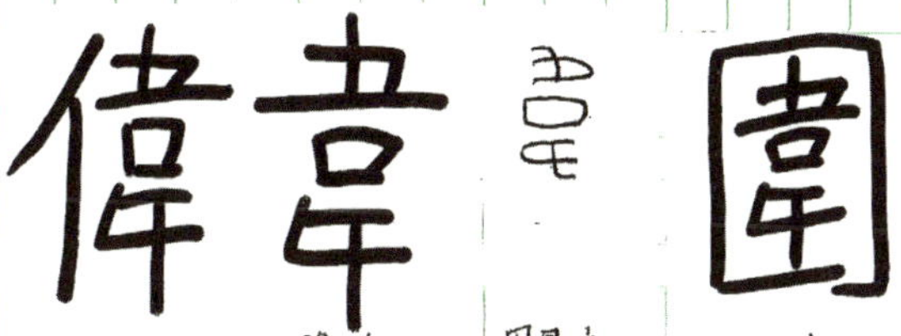

正字　篆文　甲骨文　正字

我忽然憬悟了，歎曰：偉哉！吾華四千年之象形字也！偉字從人，指聖賢，韋聲。甲骨文韋，中間方國為城，北南二止（趾）表示遶城巡邏。皮製成革後，須遶木軸層層裹緊，謂之韋革。後又以韋作姓，乃在韋週包圍一圈另造圍字，承繼遶裹之義。哉字從口，和說話有關係，𢦏聲。有人說話先發zhe聲，寫出來就是“這”。因為放在句首，所以取得初始一義。月魄始生謂之哉生魄，見《尚書·康誥》。𢦏zai字義近於災。

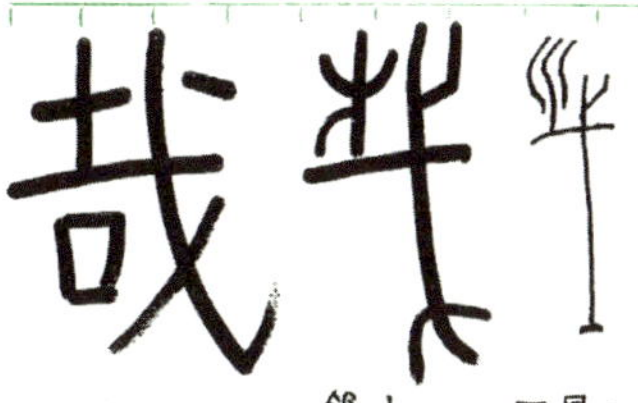

正字　篆文　甲骨文

災字上面是川被堵塞，指水災，下面是火，指火災。而𢦏字從戈才聲，則指兵災矣。哉字後來失去初始一義，被放在句末，遂成語助詞，文言叫虛詞。吾華，吾字從口五聲，

口語應聲詞，表示聽見了。人皆以wú聲應，後來就用吾代指自身了。《孟子》有"我善養吾浩然之氣"，《莊子》有

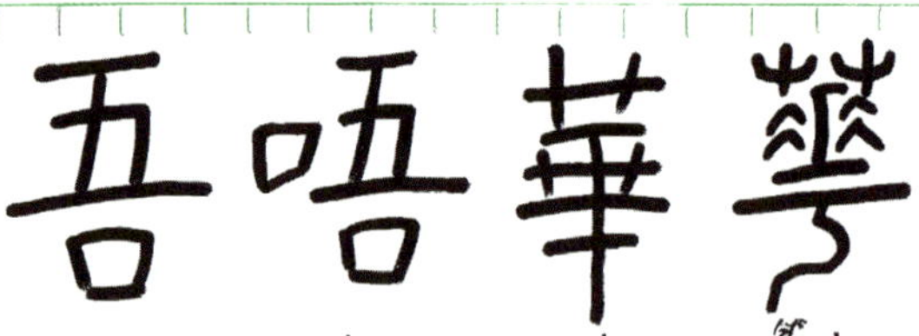

正字　　正字　　正字　　篆文

"吾喪我"，吾遂成為第一人稱代詞，而用唔作應聲詞了。華字音義同於晚出花字，其篆文從草屬植物，從象花枝下垂之形，于聲。于聲而古音huā，三五句講不清，你別問了。花字首見《古詩十九首》之"傷彼蕙蘭花，含英揚光輝"，而東漢《說文解字》不收。象字象象之形，

正字

正字　　篆文　　兩個甲骨文

鼻牙甚長。《說文解字》釋為"南越大獸"。商朝卜辭記載"獲象"，可知三千五百年前黃河流域尚有野象。其後千年，氣候轉冷，叢林消失，川澤涸竭，象羣南移。中原人從此衹能想象之形了，想象一詞生焉。形字從彡，鬚髮代表

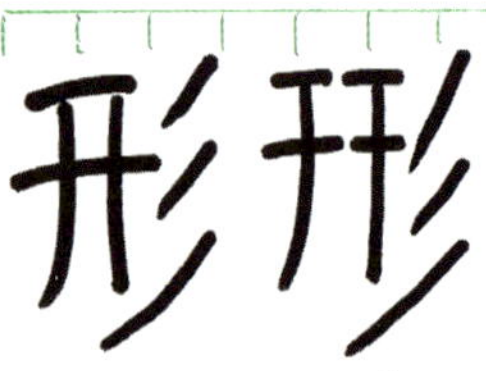

正字　　古寫

面貌，幵聲。吾人腿骭的骭gàn字晚出，初用干字代理。腿分左右，所以二干並立也是骭字。幵聲怎樣轉成xíng聲，做了形字的聲符，三三我講不出。

零六六：聖愛笑歌

三旬之後，兩小洋女毛筆寫字，笑嘻嘻的呈上一文。文曰：“聖母愛吾。吾師非老，知識多多可比海洋。吾師講課花園。吾聽好音，用心華文。課間小休，吾師生火煮水茶，自飲，飲人。花笑矣。鳥歌矣。”時間月餘，竟能作文成段。不過很快我就明白，認華文易，講華語難。聖母者耶穌之母也。天主教徒所祈禱者也。聖字從耳善傾聽，從口善宣講，壬聲。愛字從夊shāi，篆文夊象兩腿之間有羈絆，走不快，㤅ài聲。愛字本義指人步行遲滯有礙。㤅字從心，才指情之所鍾。後來借愛頂㤅，用到今日，沒改。

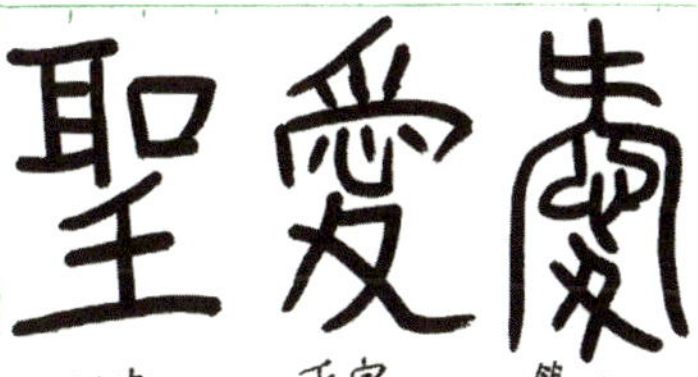

正字　正字　篆文

正字　篆文　古文

篆文㤅字，旡是聲符，正字作旡ài，古文象張口嗌ài氣形，今曰嗝氣。說㤅須說心，情自心生也。心字象形，須看篆文，左房右房，心尖偏左。古人認為智由腦出，情自心生，各具功能。聽課的聽，從耳從心，壬tīng聲。剩餘部份，是個直字。直古音dé，義同得，聽則有所得也。可知直（直）也參與聽字之義。聽字四合而成。

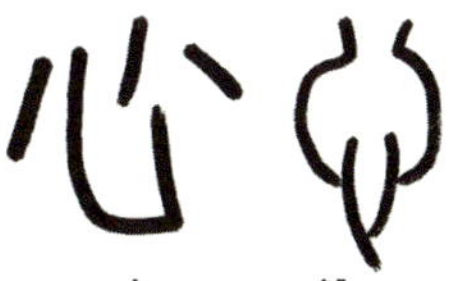

正字　篆文

正字

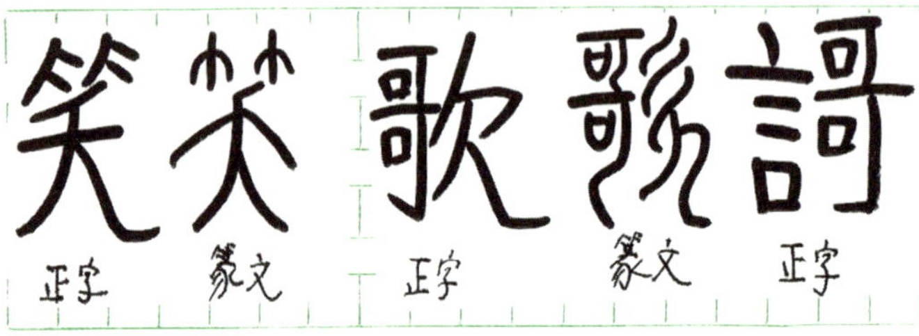

課間小休，間字從門，古寫從月，其字作閒jiān，月光透門縫入，表示縫隙存在。休字人息樹下，不勞解釋。花笑鳥歌，笑字竹彎腰似人笑（篆文夭象人屈項）為一說，人俯面自笑筱xiāo省聲為另一說。歌，唱歌從欠，須大口吸氣呼氣。謌，誦詩從言，不須高唱，徐徐詠之可也。歌謌二字音同，各有用處。三三我教兩小洋女，雖能作文成段，但不能講華語，實無用也。心中焦急，其叔亦似有聞，一日親自送來教會編纂《華語會話入門》一冊，當作課本。試教之，甚有效。暑假結束前，兩女已能簡單會話，旋即返天津西洋女校矣。其父大喜，致書一通鳴謝，遣人贈我法蘭西造時鐘一座。書院開學，山長安排我教低班蒙童，由見習業師做起，月入官庫銀鈔四兩五錢，食宿俱由書院供應。夜間巡邏另有專人，而我可安枕矣。吾父備禮，親登俸府叩謝。夜語感歎曰：“爾母泉下有知，該放心了。”

零六七：曾爺護院

秋初德州書院開學前，新來護院曾大爺（大爺二字讀音tàiyǎ太雅）少時當兵，打過長毛，老來無業，來此擔任護院之職，抱着被褥草席、蚊帳，提着衣箱，背着包袱，進入後院，探首半間破屋。然後入室，替我收拾牀鋪、衣物、書籍、雜物，搬還到前院西廂雅室一間我的新居去住。三三我算是聘用的教席了，該還居雅室了。曾太雅從此住後院破屋，晝司閽，守大門，夜巡邏，察全院。曾字看篆文，方知是甑子，蒸米飯用的。下部沸水鍋，蒸汽一綫上衝入甑內（以甑箅子代表甑子）。上部倒八象冒氣形。可知當初造此曾字，衹指甑子而已，並非姓氏。爺從父，耶聲。首見《木蘭辭》"阿爺yā無大兒ní"，爺即父也。《說文解字》無耶有邪yé，山東琅邪郡，地名。後被借作表音的虛詞用，耶邪白話文的呀。

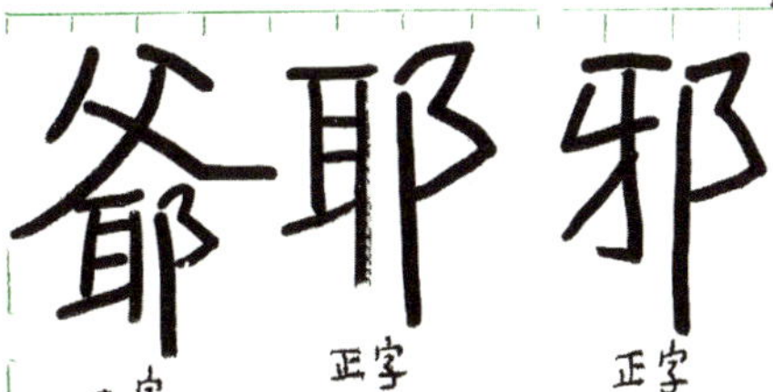

護院，護字比較麻煩。先要提醒，上面原非草頭。此字從言，義為辯護，蒦聲。這個蒦字就是最初的獲字。雈huò指貓頭鷹，短尾有毛角，夜鳴huò聲。其名自呼，民間說是

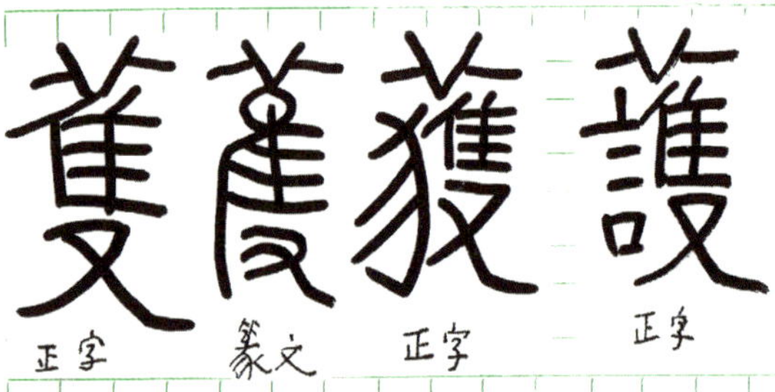

禍，寫出來是雈huò。《周禮》設專官硩蔟氏滅殺雈鳥。雈下一右手提雈鳥，就是捕獲。捕鳥不用獵犬，所以其字作蒦，不用從犬作獲。護院的護，從言蒦聲。今音由huò轉hù。你們嫌筆劃繁，簡寫成护，其文化歷史内涵遂亡。

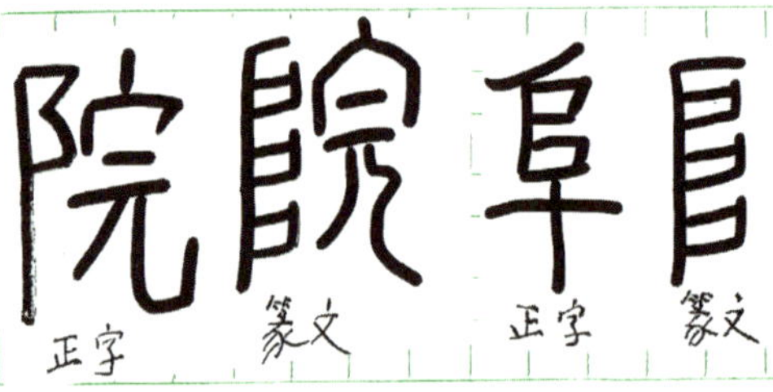

院字從阜從完。阜本是山坡的象形，用階梯表示坡級，借來指院牆圍邊，完整無缺。一夜大熱未眠，到後院去納涼。曾太雅回憶年輕時打長毛，俘忠王李秀成置鐵籠，叫他日夜看守。李秀成七日寫供詞數萬，心不旁騖。刑前一夜問：“人有來生否？”太雅答一定有。李忽悲聲痛哭，呼父喚母，雙手自摑。此人狡滑，原想押解北京，面見咸豐皇帝，立功贖命，將來再反。哪知湘鄉吾族九帥叔爺燭照其奸，殺了再說。是夜天亮前賞酒食，自知計謀不售，乃放悲聲，始萌悔意，終有良心發現。太雅語予曰：“小李老師，勞你動筆寫下，留與後人鑒察。莫教太雅我死了帶到墳山去！”

零六八：旬沐羹男

低班教習一年，我滿十八上十九，算是成年了。這一年間每旬休沐之日，俸山長必邀我去他家午飯，都是家常筍蕨之廚。唯山長夫人每次必饗我一小碗燕窩蜜羹湯，由其幺女托盤呈我。飯後，夫人必請我去花廳用茶一盞，又由幺女續水頻頻，而俸山長往往有事離去。俸家幺女芳名勤男，我誤以為琴蘭。旬沐二字意為十天洗頭一次。洗不洗隨你，反正放假一日，各自休息罷了。商朝以十干紀日，從甲到癸十天算一旬。後世簡化，不必始甲終癸，每月分上中下三個旬，每旬之末放假一日。甲骨文和金文，遶圈為旬。

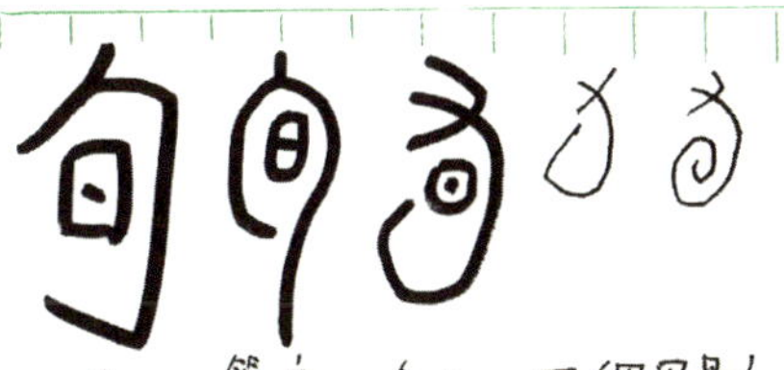

沐字從水木聲。純聲符，不是叫你洗木頭。饗字從食鄉聲，請客吃飯，所謂宴饗。饗鬼神，饗賓客，都用饗。若饗自己，便用享字。餉音同饗，字義亦近。舊時華北村莊聚居，自家田地往往在幾里外，所以午飯須送到田間去，謂之餉田。當兵不種糧食，國家要關糧餉。當官不砍薪柴，國家要發薪餉。燕窩羹，燕字象形。商民族女祖吞燕卵生契，奉燕為神。窩字從穴（金絲燕築巢於巖穴）咼聲。

羹字從美羔聲，當然音gāo。蜀人至今仍說gāo湯，不說gēng湯。今字典盡音gēng，知訛讀已普遍，奈何不得。幺女的幺，

正字　篆文　甲骨文　正字　正字

字義指幼小者，象襁褓中形。姓倖名勤男，女子男名也。男字篆

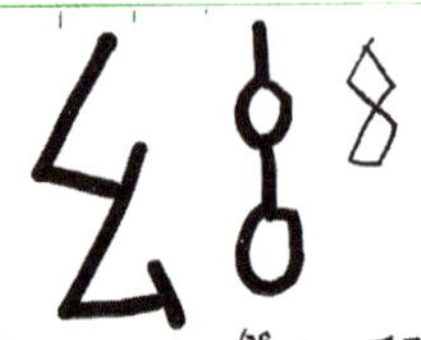

正字　篆文　甲骨文

正字　篆文

文拆成力田二字，意指用力於田疇者。力字象耒形。耒是“手耕曲木”，刺插入土，撬翻土壤，地就耕了。古代爵位五等，公，侯，伯，子，男。公侯伯都是國王封的，世襲的。子是商朝貴族的姓（子字古音同李）。男低一等，農夫家長，為社會基層之骨幹。倖家勤男小姐相貌好看，倖夫人又笑容和善，所以每逢旬沐，早起更衣，沐髮，晨餐，洗濯衣裳之後，我便歡歡喜喜倖家去了。勤男小姐在家自修《幼學瓊林》，由我講解。小姐雙手疊在胸前，專心聽課，不苟言笑。遇有疑難，小心探問。還有她的堂妹以及姪女，有時也來旁聽。倖夫人感歎說：“這才像個書香人家啊。幼年我在娘家，家中就有女塾。小女兒都背得雲對雨、雪對風、晚照對晴空啊。”

零六九：變法鼎裏

中国作家协会四川分会

在俸家午飯畢我便道謝，向俸山長告退，趕回家去。所謂家者，州署後院園角兩間居室而已。吾父道一先生獨坐飲茶，等我旬末回來陪他說話。一日，父說：“俸山長來看我，贊你誠樸盡職。”我問：“山長提起過俸小姐沒有？”吾父看我一眼，顯然不懂。我忽然很失望，便轉移話題了。山長說我誠樸，誠實不假，樸素不華。誠字從言，不說假話。至於成字，

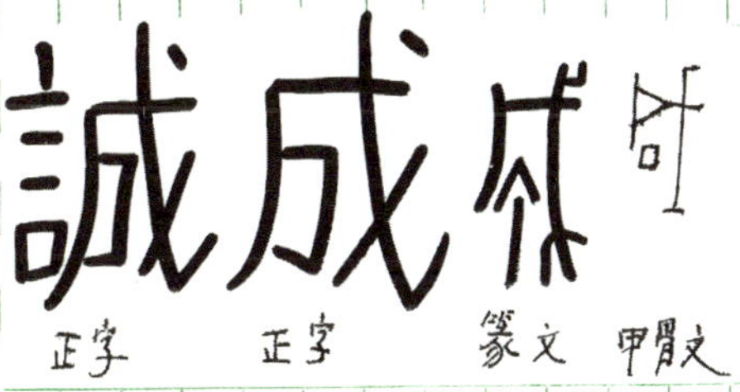

從戊wù可知屬於斧類，丁聲。成字本指戰斧，砍劈厲害，引申義為完成。樸字從木菐聲，義為木質未經彩飾刀彫，猶存素色本態。菐聲即僕聲，純聲符。僕字義指奴僕，篆文從人從菐，其人雙手推

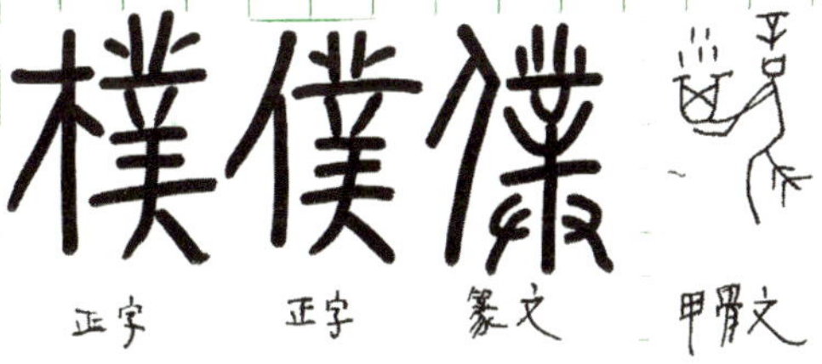

耙除糞。甲骨文僕，其人捧箕倒垃圾（lèsè二音），頭額加辛，辛象彫刀形，表示罪人黥面，臀下有尾，表示繩繫防逃。蒙山長獎掖，我教書三年，由低班而中班，到高班結業時，教習提升業師，人也滿了二十一歲。是年臘月初，書院放寒假，人走一空，我到後院向曾太雅行辭歲禮，然後收拾

書篋衣箱、被褥雜物，回去陪伴吾父過年。一日，倖山長送煙熏臘肉來，竟對我作長揖，口稱小李老師，說："倖某明年決意變法，還望鼎力襄助。"變字從攴（俗呼反文）pū，攴就是撲打的撲，表示若要變革，必須用力。䜌在這裏是聲符，孿省聲。而孿字的真相須看古文，原來是上下兩隻手捻搓三股絲成線。湖湘舊時農婦捻搓三股麻成線，謂之孿麻。除了變，戀巒孿孌欒鑾等都應該是孿省聲。法字須看古寫，方知是在法庭現場，放出一隻名廌jiàn的獸，牠能判定原告被告誰是誰非，用牠的獨角觸戳有罪者，使之出去。看金文灋左上角，大人出地穴口正是一個去字。左下角從水，表示司法公正如水之平。山長變法，要我鼎力襄助。鼎字篆文，鼎鍋下面，一木劈成兩片，燒柴煮肉。襄字古寫作𧝓，從衣𤕦yáng聲，義為夾衣填絮。㠯象衣上絎縫之形。填絮從旁納入夾層，所以引申義為從旁協助。

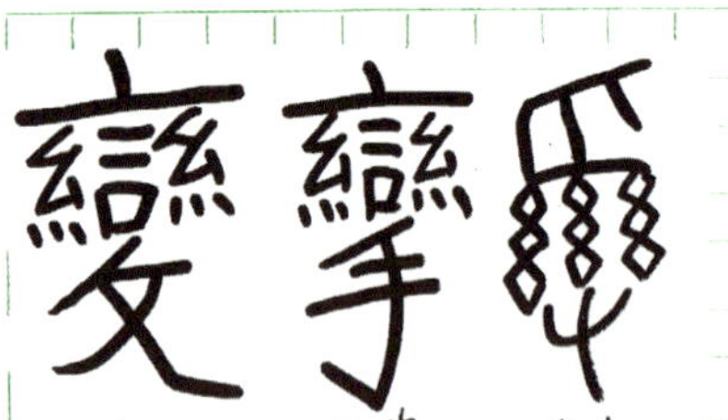

正字　正字　古文

正字　古寫　金文

正字　篆文　正字　古寫

零七零：上海格致

中国作家协会四川分会

原來三三我十五歲那一年，上海已經辦起格致書院，在公共租界内，新築洋樓上下兩層。取名格致，格物致知，傳授自然學科多種知識。天文地理、物理化學、算學幾何，莫不納入。當然，中學為體，西學為用，也有四書五經、八股課藝之類。最新鮮者，倖山長說，還有新知堂廣貯中外圖書，實驗堂特置儀器教具，博覽堂展示動植標本，為我中國所無。

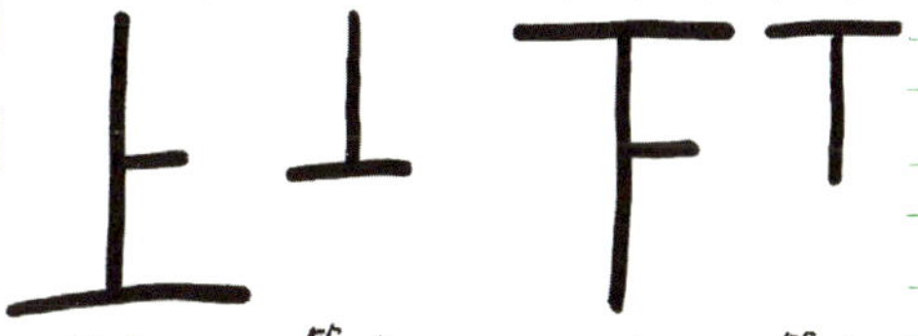

正字　篆文　正字　篆文

上海之名起於南宋原有傍海三個漁村，上海村，中海村，下海村。篆文上下，地平線上，地平線下。

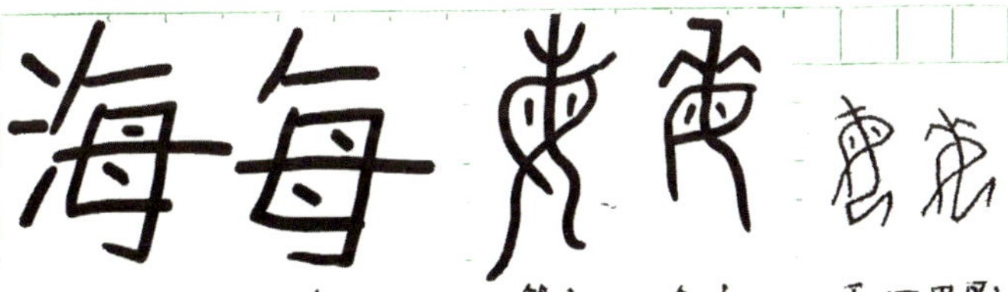

正字　正字　篆文　金文　兩個甲骨文

海字從水每聲。甲骨文有河無海，商朝統治區域尚未擴至海也。每字象婦女頭髮茂密之美。其有橫插者髮簪也，修飾益美也。格字從木，形容樹木之高。

正字　正字　兩個甲骨文

格物之格動詞，應作各物才對。習俗借格作各，奈何不得。各字義為到達，甲骨文一腳到達地穴。

致 知

正字 正字

各物，格物，就是到達（探明）事物深處（原理），這樣方能致知。致知，把知識弄到手，成為通儒。致字從攵(pū)，表示用力，至聲。知字從口，表示口能複述，矢聲。倖山長變法，決意改革德州書院，仿照上海格致書院，增設泰西新科之學。為此，他已去上海親自考察過，回來開院董事會詳細講過了。董事們也支持。他們雖然不稔泰西新學，但是都信任倖山長的為人。倖山長舊學差，泰西新學也不稔熟。難得的是精力旺盛，頭腦清明，操守廉潔，我所崇敬。我已當面承諾從旁襄助，義無反顧。臘月寒假期間，我又溫習算學，每晨背誦英文一段。倏忽臘盡春回，正月十七開學，新聘教席七八位，傳授增設泰西新科之學，大受生員歡迎。歡字從欠，歡聲動，必呼氣，雚聲。雚即鸛鳥，大型涉禽，嘴長翼大，傍水覓食。迎字從辵，俗呼走之，卬聲。其實甲骨文卬（仰），主人跪地，仰面接客，已具迎意。加個走之，上前去迎。也可以不歡而迎，例如迎頭痛擊。

歡 歡 迎 迎

正字 篆文 正字 篆文

卬 卬

正字 甲骨文

零七一：禮殿拆牌

中国作家协会四川分会

德州書院禮殿供奉紅漆金字丈二高的牌位，曰"大成至聖先師孔子之位"十個大字。每月初一燃燭焚香，例由山長率領全體師生，叩首跪拜。丈二牌位高置四圍神龕中間，而神龕竟佔去禮殿地面三分之一。自從變法受到歡迎，生員名額驟增之後，禮殿便嫌太窄，難以跪拜如儀。奉

正字　正字　篆文

山長就拆除牌位和神龕，改為壁懸孔子畫像。禮字從示豊聲。篆文豊乃象禮器盛兩串玉之形。遠古時部落之間互相贈送禮品，表示友好。後來祭祀鬼神，乃加示旁成禮字。

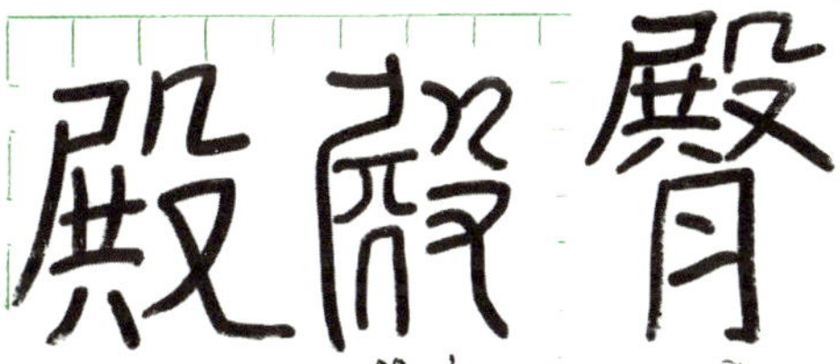

正字　篆文　正字

篆文殿意思是打臀部，字義和殿堂不相干。此字從尸即從人，此人後面一横，腰部也，腰下二弧，臀部也，臀下坐一几，右旁右手揚藤條而鞭之。殿堂之字，殿下加土才是。

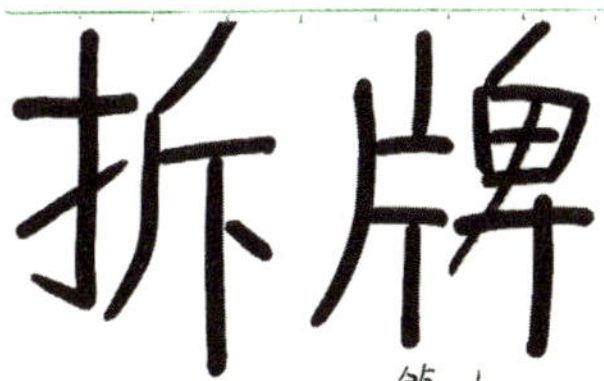

正字　篆文

後人嫌麻煩，將就用着打臀部的殿字，日久也聽不見叫痛了。拆字從手，所謂提手，斥聲。牌字從片，木質片板，卑聲。很一般的形聲字，不必詳說。倒是殿堂為何與臀部扯在一起，必須詳說。古人

中国作家协会四川分会

殿堂，厚築地基，加土墊高，殿者墊也。民居室內砌個土臺子放東西都叫坫diàn。你趴伸，腰以下高聳起，厚墊脂肪，所以名臀。漢字又土又俗，接地氣而生生不息。德州也有三老五賢七聖徒，聞說聖人牌位被拆，聯名告狀。知州顏昭一向他們解釋，書院改懸孔子畫像，也有道理。顏知州又俯從書院之請，將本城屠宰稅撥給書院擴建之用，更惹得那些人不高興，越級上告山東巡撫。巡撫一推，上呈直隸總督李鴻章。李鴻章叫巡撫另撥雜稅給德州孔教會，以安撫聖徒們，其訟遂息。回頭還須再說殿字。篆文殿，左上尸字象人坐姿，其下一橫用腰帶代表腰部。腰字最初就是要yào，篆文女體豐胸，兩手自插細腰，彷彿在說，此處是腰。腰下左右弧線，畫的正是臀部。怕你看不懂，又在其下添一坐凳，讓你確信二弧為臀。造字用心良苦啊。坐凳也算几jī。最早的几指小桌，通稱几案，篆文作丌，正字作丌。几和丌實一字。德州書院拆掉孔子牌位一事，得罪了孔教會，訟雖止息，而釁端自此啟矣。

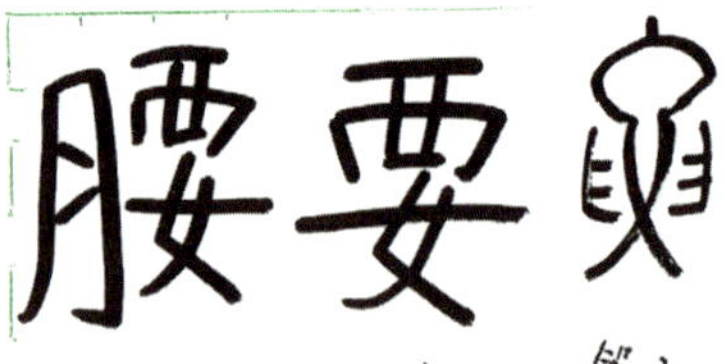
正字　正字　篆文

正字　兩個篆文

零七二：端五訂婚

光緒九年，我二十二歲生日端五節，正逢書院放節假日，俸山長設家宴請我父子二人。上次來此，已是三年前了。當時俸家幺女勤男小姐十三歲，在花廳內每日上午聽我講課。光陰流轉，三年後我重來，俸勤男認生了，頰泛桃紅，眸溜別處。席上俸山長賜酒說："小李老師，家中我就叫你德九好了。"吾父提醒說："俸伯伯長我一歲。"我起身執壺，敬山長一杯。俸夫人笑盈盈給我夾菜，又給

正字　篆文　正字　正字

我剝紅蛋慶生，待我以家人禮。端五，俗作端午，甚無謂。唐代每月初五都叫端五（唐明皇玄宗生日八月端五）。端，初也。此特五月之端五也。午象杵形，扯不攏來。早在甲骨文之前，

正字　篆文　甲骨文

山東城子崖黑陶片上就有這個叉叉五了。這是古文字出現前的巫術符號，表示禁止，音wù即勿。先民迷信數字五不吉利（五隻獵物不好平分），所以借用禁止符號表示二加三。教師至今仍有用此符號批作業的，農家魚塘牌示禁釣也畫魚形打個紅叉。回說端字，從立表示直立，義指立身正直，並無初始之義。更早的耑duān

才是。耑字篆文上非山，下非而，乃是整體象形。細察甲骨文，上象植物萌生嫩芽，芽尖尚沾附着土渣，中象地面，下象根鬚。此以植物初始形態象意也。

正字　篆文　金文　兩個甲骨文

端五節宴，吾父換了新製大綢長袍，叫我換上余嬢嬢從宿縣寄送來的夏裝綢衫綢褲。想必是倖山長已向吾父試探提起過了，而吾父也暗示過嘉納吧，難怪倖勤男表情很詫生，不好意思。看來唯有我還蒙在鼓裏，至此方悟，這不是要給我訂婚了嗎。我心中不願意。五月五日生，一個不祥的逆子啊，克死吾母，跟着吾父流落異鄉，無家可歸之人，可別連累良家閨女！

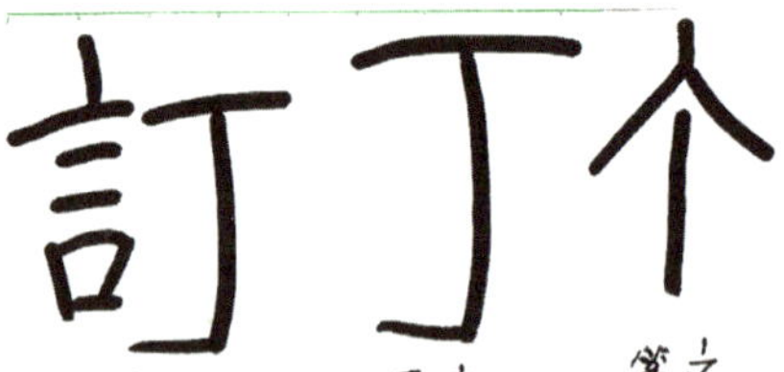

正字　正字　篆文

訂字從言丁聲。篆文丁象蜻蜓晾翅形，乃蜓之象形字。

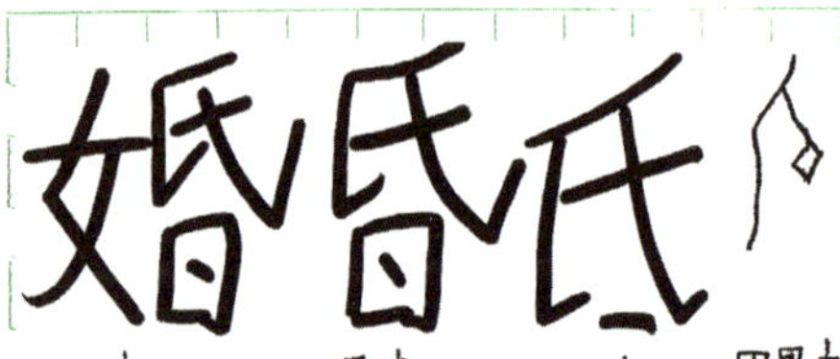

正字　正字　正字　甲骨文

婚字初作昏，昏姻禮儀黃昏時舉行也。昏字從日從氐省。氐即低。日低將落，黃昏到了。氐，甲骨文提字。提重物衹能低提，不能高舉，所以動詞提又生出形容詞低矮義。

零七三：姻壻櫃庋

端五宴畢，吾父返回州署後院居室，醉眼赬顏，狀甚快樂，告知倖家提親，他已允諾一事。我順從了，不敢稍有違拗。所謂婚姻，原屬合好二姓之事。婚指婦家，“禮，娶婦以昏時，故曰婚”。姻指壻家，“女之所因，故曰姻”。以上皆引自《說文解字》。姻字從女因聲。因字象大人躺臥牀席上，所以引申義為依靠，憑藉。加草頭茵，義指草席。草坪好比牀席平整，謂之綠草如茵。我就如此順從做了預備女壻。

正字 正字 正字

壻字從士胥聲。古人嚮往仕途，擇壻須選士類，所以造字如此。

正字 正字 金文 甲骨文

甲骨文時代早期，士象男根，代表成年男子。進入周朝，武士文士取得體面地位之後，乃成嘉壻之選。我既做了預備女壻，每旬之末必去倖家親候。倖山長忙院務，無暇休沐家中。倖夫人總與我話家常，問我宿縣舊事。勤男小姐在我面前低頭不語，祇聽。話及家教，倖夫人說：“你要多給勤男講些算數。”又笑指勤男說：“算不來賬，不敢去買東西。”待到倖夫人下廚房去了，勤男說

：“我帶你去看有一件東西。”引我去到她父親的書房。俸山長管庶務二三十年，舊學非其所長，經籍史書入藏不多，多的倒是雜書閒書。勤南打開花梨木小書櫃，抱出兩疊二十卷手鈔本《石頭記》。書名我有所聞，說是寫閨中兒女情的，我無興趣。勤男說：“我看三遍了。越看越入迷。”我隨口說是閒書，不願深談。勤男被掃興，便收撿回書櫃去。

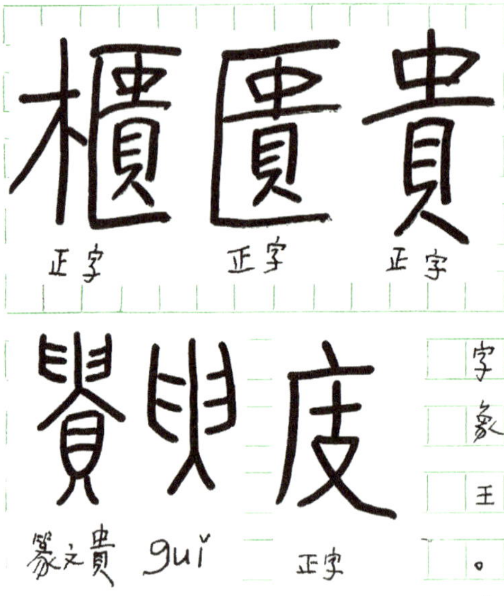

櫃字原無木旁作匱guì，從匚fāng象方形容器形，貴聲。古代帝王有石室金匱，以庋藏重要文件。貴字從貝，以貨貝錢財為貴重，臾聲。臾字音guì，早已廢置不用。臾字從左右二手，從入，意思是捧着某物置入容器內，象庋藏之意。不是象形，這叫象意。臾字音義同庋guǐ，如今僅僅作為貴字的聲符而存在。臾被楷書寫成虫，放在貝上成貴。誰也認不得這個虫，所以後人不得不另造一個庋字，以繼承臾字的音義。《說文解字》無庋字。宋刊本增添了新附字，有庪字。後來庪字簡成庋字。

零七四：幻予櫨柶

俸夫人已再三叮囑教勤男習算數，所以書院放暑假後，每日上午在花廳教，從加減乘除起。俸府上的親戚也有送少年來旁聽的，都很規矩聽話。我講的課程有時候少年郎都懂了，而勤南弄不懂，恐係天性使然。勤男溺於幻想，常說昨夜做夢。十八歲了，未免幼稚。幻字最早見於《尚書·無逸》嚴禁民間"譸張為幻"，就是不許利用幻覺騙人財錢。看篆文知予字倒置便是幻字。予即杼zhù，今曰梭suō，古今音變如此。梭子是織布機牽引緯線的工具，兩端尖，中部粗，棗核狀。篆文予和幻象梭子牽緯線左右來去投奔之意，所以畫成一來一去雙梭。左右穿梭速度快，一梭看作二梭了，正是幻覺。幻者換也，換得太快，便生幻覺。玩魔術靠手快，又稱幻術。勤南幻想多，心不喜算術，令我失望。我知世事艱難，能夠吃苦，很少做夢，恐怕配不上她。夢字篆文目上從

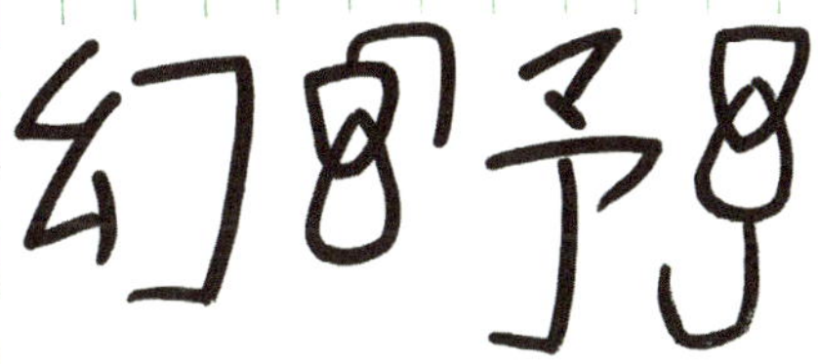

正字　篆文　正字　篆文

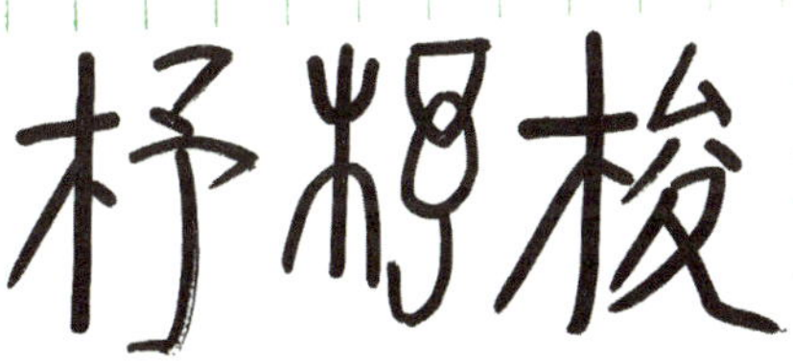

正字　篆文　正字

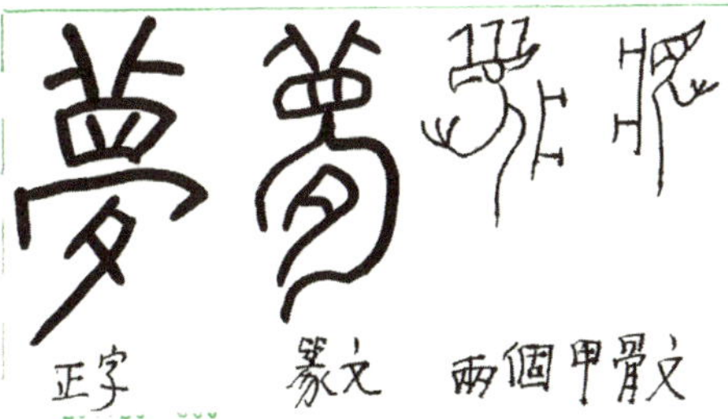

正字　篆文　兩個甲骨文

丫，音同乖，象羊角形，用在目上無理可講。看甲骨文夢字，更不可能是羊角或毛角，亦非眉毛。愚以為可能是一個符號，用來表示眼瞼跳動。古人發現人做夢時眼瞼跳動不已，今之所謂快眼動睡眠/REM是也。兩個甲骨文，人睡在牀上正做夢。聽勤男說夢，我衹陪着笑，不贊一辭。在倖夫人面前，又不好說勤男的不是，怕老人家護短。做女婿已尷尬，還要"預備"，更尷尬了。尷gān尬gà二字《說文解字》作尲尬，連綿詞，不可拆開來講，義為不正。由於

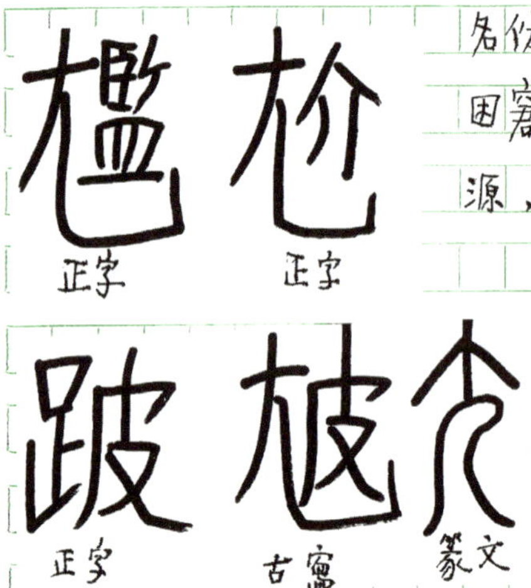

名份不正在先，所以又引申出處境困窘、表情不安等等意思。追溯根源，起於姿勢不正之跛bǒ，古寫作𡯁，更早作尢。看其篆文，象人跛脚走路之形。尢字不好認，所以加聲符成了𡯁，又簡化成今之正字跛。回頭看尷尬二字皆從尢（跛）取義，便醒悟其困窘不安之義了。三三我的尷尬，倖家人都不知，吾父老書生，當然更不知。每天黄昏回到州署後院，但見他同顏知州以及僚員三四位笑談飲酒於紫藤花架之下，時不時還引經據典，如在塾堂授業，我都覺得好笑。

零七五：狴犴義和

三年後，我到二十五歲，俸家託媒登門詢問婚期。吾父先前已同俸山長商量了，擬定八月中秋行禮如儀，媒人前面又演一遍，殊可惱也。我在一旁恭候，陪着假笑，心頭七拱八翹，總覺得不自安，怕將來不和美，哪知一場狴犴之災提前襲來，似救了我。狴bì犴àn是傳說中的一種猛獸，舊時監獄門上畫虎頭獰獰像便是，所以民間呼貓貓監。又有呼班房的，蓋以狴犴bì—àn二音拼成班聲歟？明清兩朝州縣衙門俱有班房設置，乃三班（皁壯快）差役與六房（吏户禮兵刑工）胥吏的辦公處所，非監獄也。班字從刀，剖玉為二。分班一義由剖玉而產生。房字從户方聲。單扇為户，雙扇為門。方字象人舞動臂膀之形，顯示人之左右兩膀。房指宅院中堂兩旁之室，猶人體之左右膀臂。三三我入監獄自此始。這一年“秋爽來學”後，德州書院一批生員上街鬧事，蹋毀了孔教會的匾牌。起因是新上任的州學正官

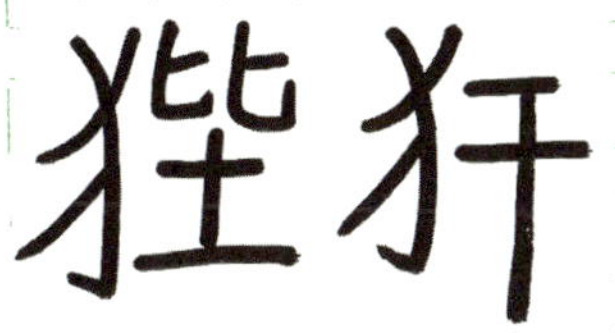

正字　正字

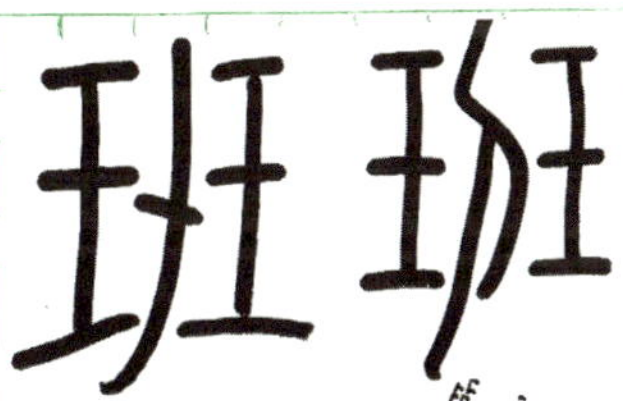

正字　篆文

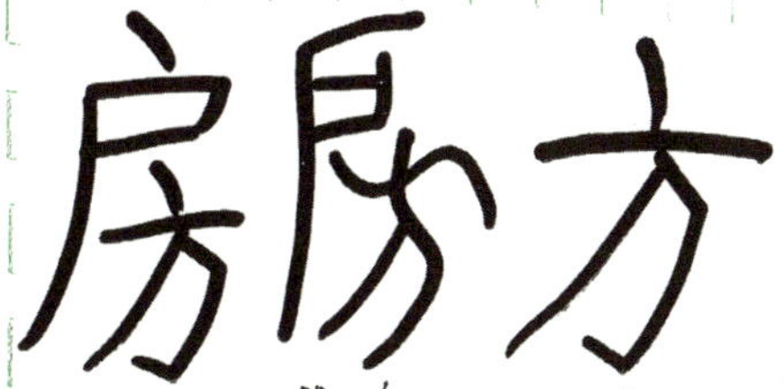

正字　篆文　正字

勒令書院恢復禮殿孔子牌位，俸山長已再三陳情，均被嚴斥。孔教會會長竟率領木匠到禮殿來施工，被生員們操持棍棒驅逐出去。更有強壯生員把那老朽會長塞入轎子，嘻哈笑謔的擡回州文廟左側的孔教會，氣得會長渾身戰抖，說不出話。又有生員取下匾牌，踢成三段。此時文廟右側義和鏢行的人出來制止，不許生員胡鬧。三三我忽然感到自己有責任，怕事態擴大，急忙上前擋住對方。還有七八位新聘來的年輕教師也跟上來，排成人牆，隔斷雙方。此時俸山長喘着氣奔跑追趕上來，抱拳向義和鏢行的人行禮，然後回頭命令立刻返院。義字從羊，借作榜樣的樣，我聲。我字從戈，屬兵器類，五齒鈀也，古名錡yí。義字義指榜樣而言。和字從口，初指味道適口，五味調和，禾聲。

正字　正字

正字　篆文　甲骨文　正字　甲骨文

正字　甲骨文

禾字象禾本科農作物植株形。看甲骨文，下為根部，左上斜垂而下者穗也。禾在北方首指小米。

零七六：臬臺訊惡

孔教會告狀，省上臬臺大人毓賢下令，將六位新聘來的年輕教師，以及"為首滋事"的我，當然還有踢毀孔教會匾牌的那位高班生員，一同押解濟南省上。我等八人，一關就是半月，尿桶殠，蚊蟲叮，跳蚤咬，獄卒詢，先打爾等狂傲之氣。然後換房，另關潔淨之室，又是半月。這樣倒好，八月十五的婚期便躲過了，吾之幸也。臬臺本稱臬司，主管全省司法按察。臬字義指箭靶，木樁上置圓靶。靶或曾有畫人面的，造字時以鼻代表面部，遂成篆文臬字。自字篆文象人鼻形，所以又叫鼻自，寫成鼻子。臭字從犬，狗鼻靈也，義指氣味。加口旁成動詞嗅。殠chòu則專指腐爛氣味。偏旁歹，筆劃誤，應作歺xiè即肙字，指屍骨殘渣也。臺字從高省，之聲。其下從至，與屋室同理。至，居止也。我等

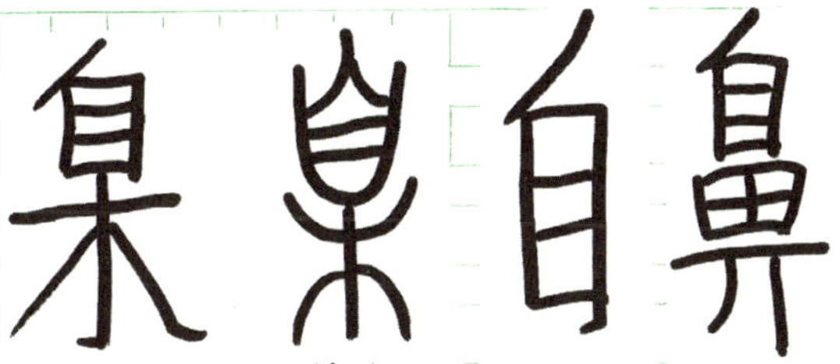

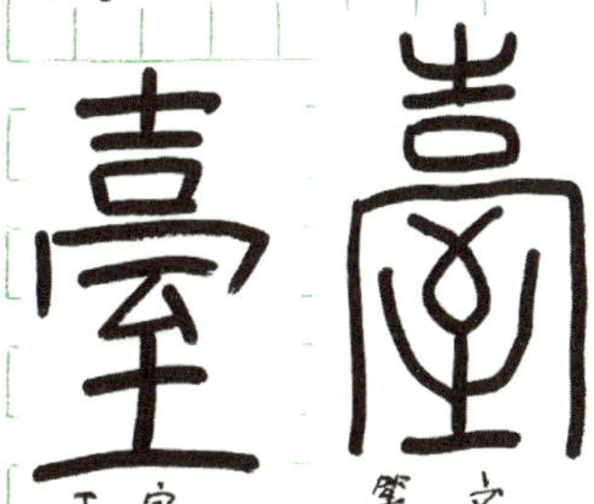

八人關滿一個月後，毓賢大人親臨淨室審訊，看他顏面不惡，就事論事，我輩感化，俱認了錯。毓賢起身說：“知錯便好。各自寫認錯書，明日交我。”唉，毓賢怎知十四年後，會有庚子國變，翌年他將被砍頭於菜市口歟！天命不可測啊！審訊的訊，須看了甲骨文，又知曉《詩經》的“執訊獲醜”，方才明瞭事態嚴重，那是專指審問戰俘。看那可憐人，跪地反剪，繩捆腕部，面對審訊之口，是個象意字。後來口變言旁，右旁改作卂xùn，成了形聲字，真相遂隱。毓賢顏面不惡，但是心頭糊塗，所以十四年後山西巡府任上，他放手義和團屠殺外國傳教士十八人，還以為自己是忠君愛國。說惡字吧，從心亞聲。亞，篆文象形，十字路外邊，東南西北街都被封鎖了，古音è。原來亞就是晚出的遏字，亞象形，遏形聲。遏è字從辵，俗呼走之，曷聲，義為阻止。四條街都封鎖了，意思與阻止相同。後來你們那邊有專家說，亞象雞胸駝背，形象醜惡。不可取，是邪說。

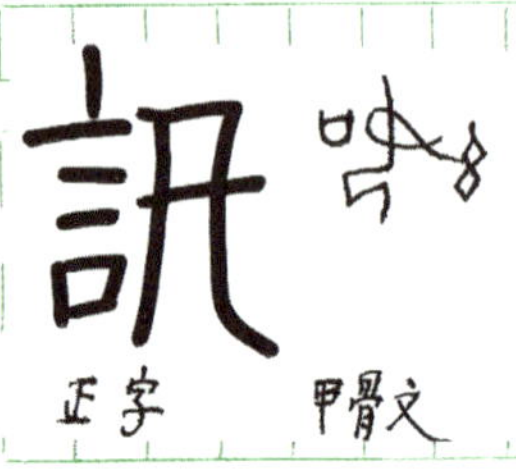

零七七：引咎涿豕

釋放後，我等八人僱大車回德州，方知書院人事劇變。俸山長引咎辭職了，由孔教會老會長來代理。老了不能來院，又由他手下的一位董事前來視事。六位同車回德州的教師，和我，以及蹋匾生員，悉被解聘，開除。回到後院住處，吾父說：“顏知州天津去了。我和你恐怕要擇木而棲了。”幾天以後，顏知州返回，告知吾父說：“到天津去述職，李中堂又是一頓罵。這次調涿州了。道一兄，一起去吧。”原來李鴻章知悉，德州孔教會有皖賢撐腰，世人怨顏昭一縱容書院師生忤損聖教，要逼他走人，所以順水推舟，調他到涿州去。書院俸山長畏懼孔教會，慨然引咎辭職，笑稱“避賢”，避皖賢也。

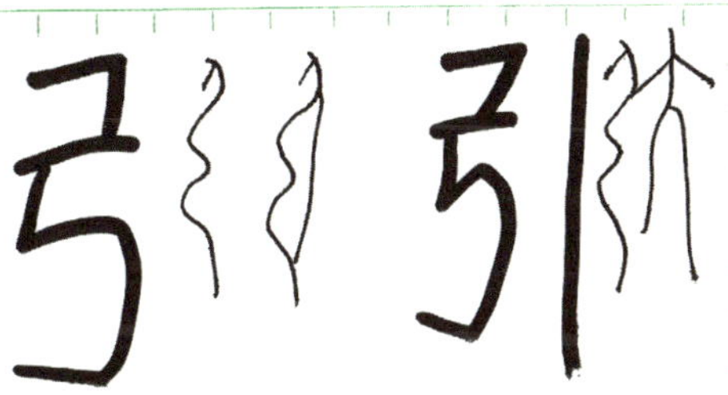

正字　兩個甲骨文　正字　甲骨文

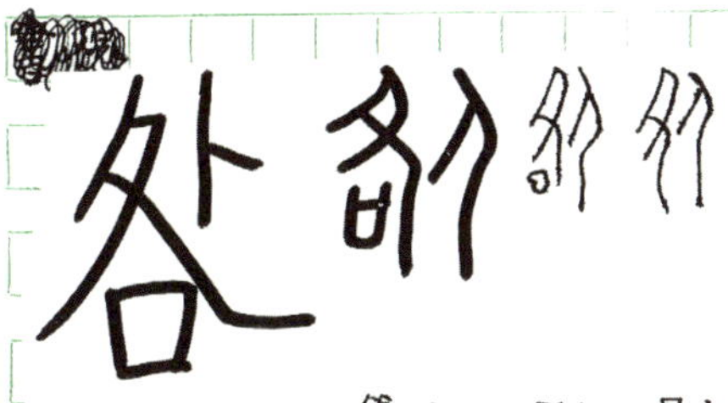

正字　篆文　兩個甲骨文

引字從弓。甲骨文兩個弓，一有弦，一省弦。引，甲骨文象大人開弓，正字大簡成丨而作引。咎字篆文從人從各，各在這裏音luò，就是後出的落，由高處落下來，絕非好事，所以生出過失一義。甲骨文咎也有不從各（落）而衹從夊的。夊zhǐ即止字倒置，表示自上而下，由高而低，讀音同止，字義仍然是落。三三我搬出書院時，低班生員哭泣相送，高班生員注目行禮。跨出大門，回頭鞠躬致謝，不覺淚下。低頭回到州署後院小門，忽見倖勤男小姐上前來說：“小李老師，你受苦了。聽家嚴說，你要去涿州了。”我說：“要侍候我父親。他孤身一人啊。”勤男失望，淒然一笑，回身告辭而去。涿字從水，義指檐滴，豖聲。豖zhuó字用在這裏表聲而已。其義專指給豬去勢，川人叫騸豬，陝人叫劁豬。其法用小彫刀在腹胯處割一小口，擠出睾丸割去。甲骨文豖，腹下一劃，表示此處下刀。篆文被《說文解字》誤釋為繩絆豬蹄，步行艱難。匠人治玉，也用彫刀，類似豖豬，所以琢字從玉豖聲。啄木鳥用尖喙敲擊樹幹，事亦類似，所以啄字從口豖聲。古有給人去勢之刑曰斀zhuó，音與豖同，其事相同。所不同者施之於人而已。故另造一斀字，從攴蜀聲。

正字　正字　篆文　甲骨文

琢　啄

正字　正字

斀

正字

零七八：潤筆存有

想我三三童年少年，光陰何其緩慢，一日長如小歲。到了青年，漸漸加速，春夏秋冬次第循環，如廟會半個月看完四本連臺大戲，忽焉已是成年。此後光陰更快，一晃就到二十五歲。而今隨侍吾父，跟從顏昭一赴任到涿州。顏知州住州署，吾父仍住後院，隔一道牆。德州八年，吾父代顏公擬作了上百件應酬之作，掙了不少潤筆銀兩，都由他鎖入了羊皮箱中，其數不詳。潤字從水閏聲，水浸潤也。閏字王坐門中，是說每逢閏月，周天子在宗廟行禮，座位規定在此。王字象斧頭形，這是用斧頭象徵國王的權威，

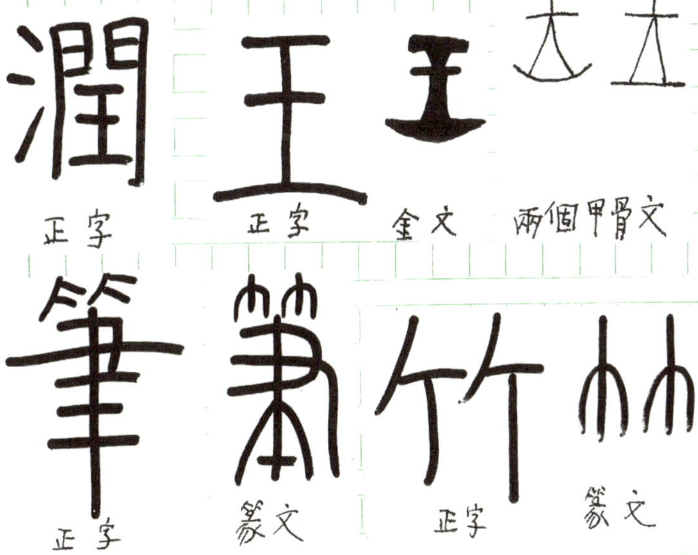

憑此可以宰割天下。筆字從竹，竹管，其下右手握桿，桿之下端外毛內毫。毫上短橫符號強調此剛毫也，非柔毛也。竹竿要象形太難了，所以象竹葉形，不得已也。吾

父拜託知州顏公代我求職。顏公詢問涿州書院山長，回來轉告：“院中教席滿額，祇缺門房，賢侄願俯就嗎？”吾父遲疑。我急上前拜謝，表明樂意。事後吾父說：“德九，不要着急，存得有錢。”存這個字要說清楚，須先說在。存在二字連用，存即在也。甲骨文在沒有右下的土，祇是才字，才就是在。甲骨文才象匕首形，蜀人叫小錐子，防身用。在字從土才聲，意思是在此地。存字從在省，從子，義為小孩在此（沒有丢失）。錢保存着，是為存錢。有錢的有，篆文右手攬肉入懷，義指本人擁有。吾父嫌門房之職太低，勸我勿就。我不嫌低，當天下午就去拜見書院山長。山長姓吳，顧我視我，目光慈愛。翌晨早起，我便遷入涿州書院大門左室。室窄，一桌臨窗，有牀。

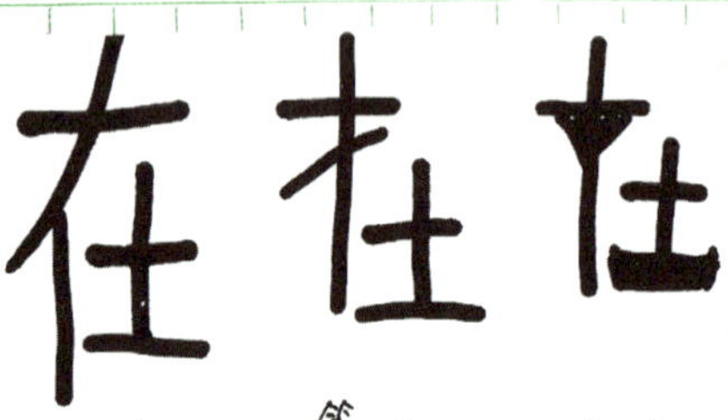

正字　篆文　金文

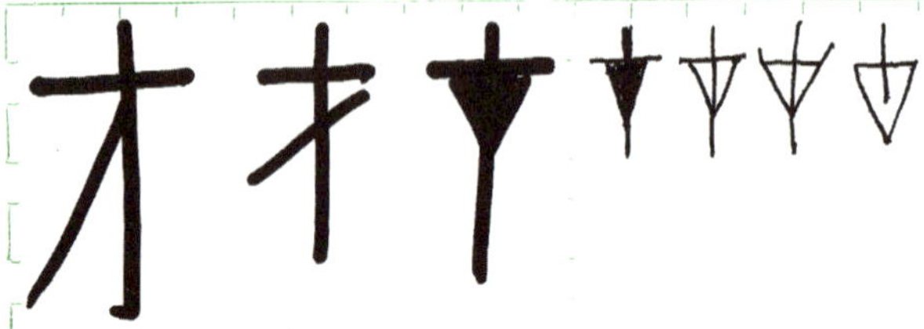

正字　篆文　金文　四個甲骨文

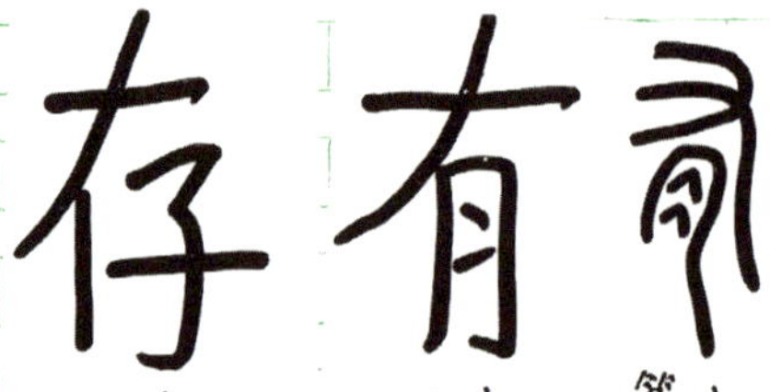

正字　正字　篆文

零七九：吳長雜錄

書院師生百餘，大多數皆食宿院內，有少數家在州城裏的，都是晨入午出夕歸家，步履急促，無視門房。吳山長晨入院往往駐足窗外，向我點頭。我必起立，恭敬答禮，目送他走遠了，方敢坐下。門房守好，外人不得闌入。臨窗端坐，注目觀察，未及一旬，全院師生皆認熟了。吳字不是造來做姓的，其字即晚出的娛字，象人偏頭唱歌之形。杭州西湖東南有孤山名吳山，先民賽歌山也。重慶有歌樂山，日本有和歌山，皆此類也。

正字　篆文　四个金文

正字　正字　甲骨文　正字　甲骨文

古代書院多設山中，所以院長稱為山長。山字甲骨文象形。長cháng看甲骨文指髮長，所以髮字從長。髮長者年紀長zhǎng，官員年紀不高而地位高，也稱官長。三三我任門房，守於斯，眠於斯，餐於斯（三頓飯有廚子送來），攻讀自修於斯。一日有本院李教授駐足窗外，看我伏桌摹寫金文，問道：

"你臨摹的這本書《銅器銘文雜錄》哪來的？"我答："前不久地攤上買來的。"又問："你認識金文嗎？"我答："少時習得《說文解字》上面的篆文，所以認得金文不少。"又盤問學歷。我說德州書院學了四年，教了四年，不提被解聘事。他不再問，匆匆入院内去了。書名雜錄二字，說說。雜字從衣集聲（篆文左下之木移到右下便成集字），指衣裳的多種色彩。衣字篆文象形，兩袖，交領，掛衣架上。

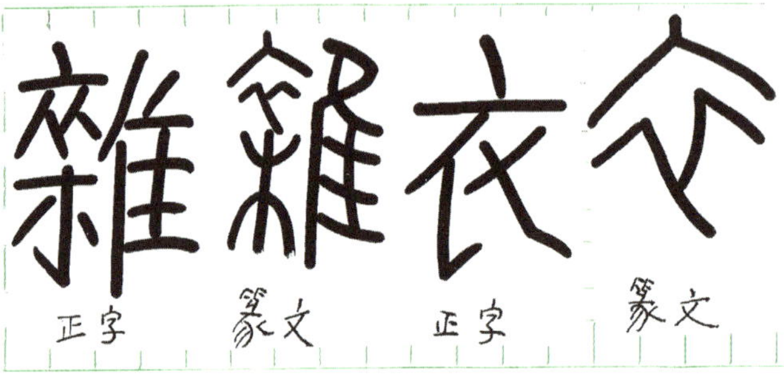

集字篆文隹zhuī聚樹上，種類必多，所以集字也參與字義，非純聲符。錄字從金彔聲，指赤金的成色（純度）須擦劃痕線於考金版上，經比對而後定。

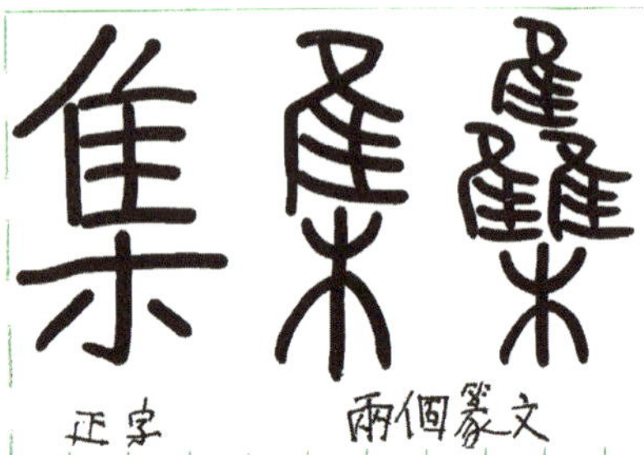

彔字金文知是澱粉過濾、整理記錄成文，亦過濾語言也。

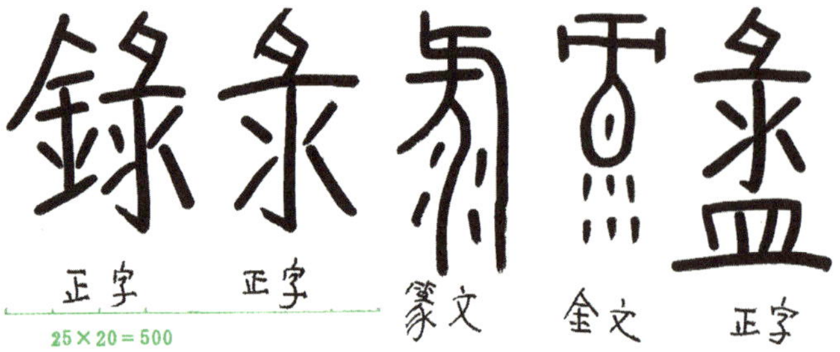

零八零：奮力無家

由秋而冬，見我謹守門房，夙夜不懈，吳山長放心了。又見我奮力自修，莊敬自強，不似惹事生非之徒，某日終於跨進門房，對我說了："德州孔教會那邊傳話給我，你別介意。李教授推薦你，給低班講《說文解字》。你先溫習溫習，有個準備。"我愕目悚聽，深感意外。吳山長笑笑說："聘書過幾日送上。"便退出門房，進院去了。奮字篆文從大，無解。而金文從衣，表示鳥落網被"衣被"了。其下一田，田象四面包圍，縱橫搜捕之意，指獵田，即圍場。後來藝禾之地也稱為田，乃有農田之說。

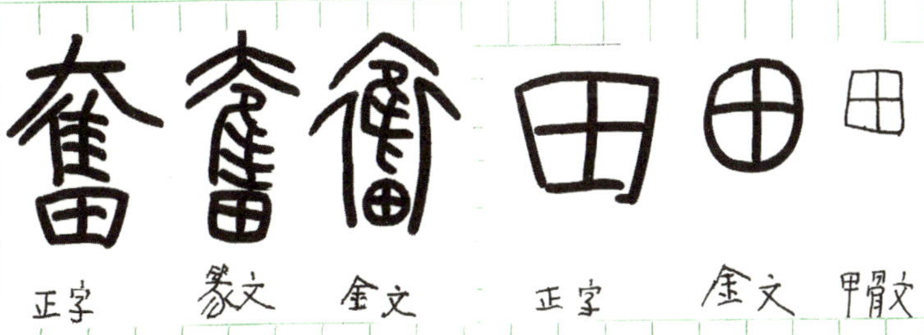

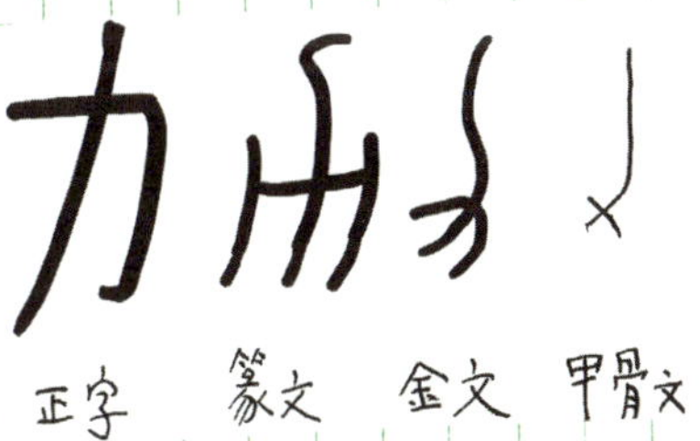

力字象伸臂與他人扳手勁形，篆文則象曲肱亮肌肉形。門房最後一夜極寒，天亮前凍醒來。晨餐畢，吳山長叫搬家，移住後院單間宿舍，那是教師寢室。翌日臘月十五，書院放寒假了。我早早回州署後院去，途經鼓樓南街，鑼鼓喧闐，笙簫沸奏，引領着一群群商賈同業到城隍廟酬神去。又見街道兩旁擺滿了花炮攤、餅餌攤、肉食攤、野味攤、星貨攤，人流湧動，外縣的鄉下的都有，皆是來州城備年貨的，我忽感到無家可歸，淚溼眼睫。回到住處，吾父瑟縮炕牀，披襖蓋被，坐待我歸。唉，無家，僅有住處罷了。無字，看古文字，象執牛尾舞蹈形，本來是舞字

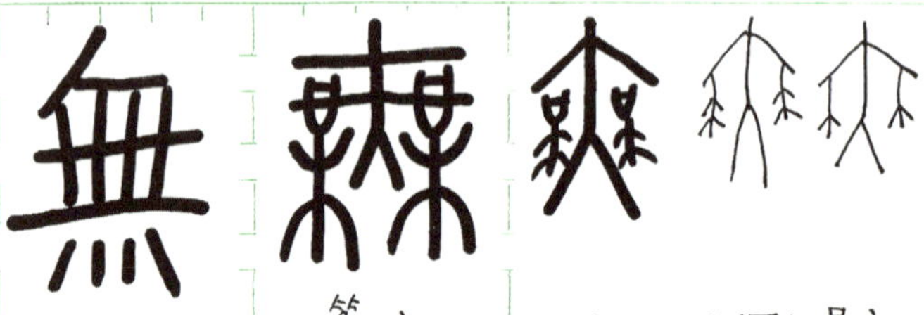

正字　篆文　金文　兩個甲骨文

，借去用作“不存在”，所以不得不另造一個舞字。這另造很容易，祇在篆文無下添兩個變形的止字，表示左腳右腳都在跳而已。添上的字作舛chuǎn。舛跳雙腳而行，絕非正常，所以命蹇之人“命途多舛”。

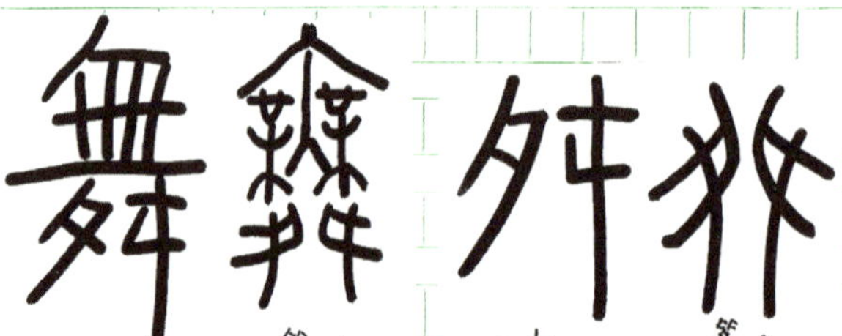

正字　篆文　正字　篆文

家字初指男就女的“走婚”，用公豬被牽入母豬圈作比譬，

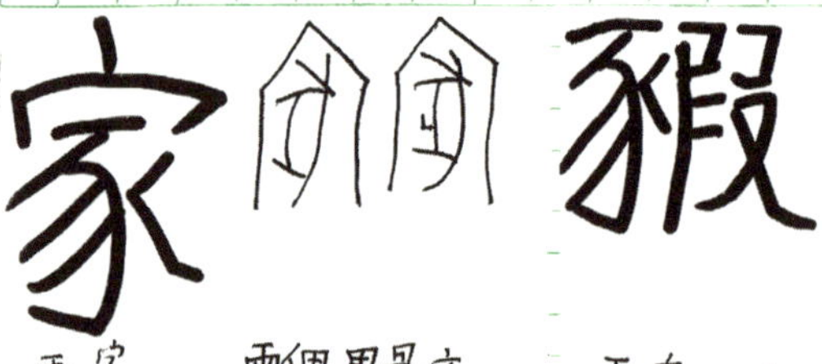

正字　兩個甲骨文　正字

字從宀豭聲。後嫌不雅，乃從豕，腹下隱去雄器。人類男就女曰家，女就男曰嫁。

零八一：拜勞冥壽

臘月十五當天下午，吳山長親自送聘書來。入室先向吾父行禮，稱老老師。然後稱我李老師，雙手恭呈大紅聘書一件，連聲"拜託了""勞你了"。接着告退，還有多家聘書要送。我送吳山長出州署後門上轎。待走遠了，急忙返室。此時吾父方知實情，滿臉喜色，叫我設案室內，焚香燃燭，告知："爾母冥壽，滿五十了。"拜託的拜，篆文從二手從下，雙手作揖向下也。勞字從力榮省聲。

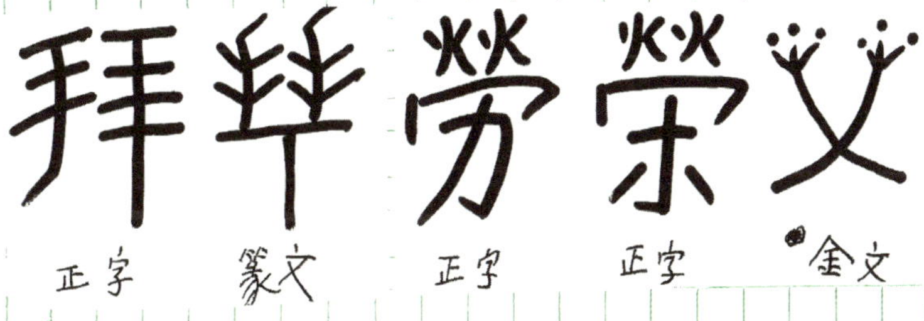

榮字看金文識真相，象花枝交錯形，上非二火下非冖，加木成榮，樹繁花也。

榮róng聲能轉lóng，再轉而成勞láo。兩千年前金文變篆文時，錯得離譜，連累勞字也錯。

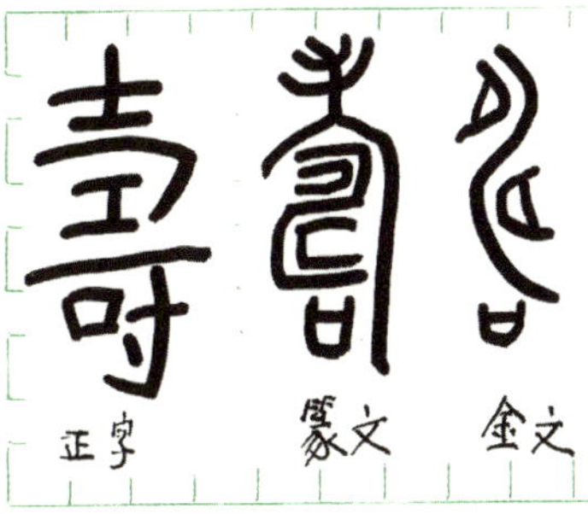

冥字太陽被遮天暗，六象屋形，也就是後造的廬字，屋内更陰暗了。冥，幽暗也。亡魂歸冥界，照樣過生日，謂之冥壽。壽字

篆文從老省從口，老人嘮叨，𠷎聲。𠷎chóu字難認，後來便寫成疇，義為已耕之田。𠷎篆文象耕田來回不絕的犁溝痕跡之形。犁痕來回不絕，很長很長，可比喻人之長壽，所以壽字從𠷎有象徵焉，非純聲符。

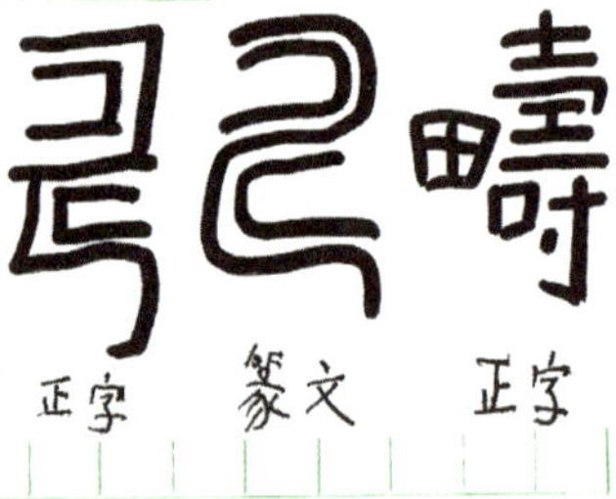

吾父提起亡母陰間冥壽，我方想起正是受聘之日今天臘月十五，我竟忘了。香案我擺在堂中央，南向故鄉安徽宿縣。吾父跪前，三三跪後，叩首長拜。但聞喃喃默禱出聲，父曰"等我"。剛剛拜了，前院牆那邊小門咿呀開了，顏知州差人送年禮來，臘肉兩塊，又肥又大，風乾野雞、野兔各一隻。臘字從肉（月）巤聲。

《說文解字》巤釋"毛巤"，說是象毛髮巤巤形，終嫌勉強。看金文獵，左旁是犬，獵犬，右旁實為甲骨文子之變形，作聲符用。子古音lǐ轉liè。獵獲之肉謂之臘。年終集合眾人圍獵，以獵獲之肉祭神，年終之月就叫臘月。

零八二：允諾中風

光緒十三年春，二十六歲，我任涿州書院教師。正月十八開學典禮，書院山長請衆同仁春酒宴聚於禮殿上。恰好這日中午，州署二堂上顏知州請客，也是春酒宴聚。吾父李道一先已允諾書院酒聚，後以顏知州請酒，分不過身來，囑我向吳山長致謝忱。吳山長禮殿上巡遍每桌同仁，一一敬酒。最後巡走到我面前，向衆同仁朗聲介紹說：“德九李君，去年門房，大材小用。今年高陞，受聘任教。諸位同仁，鳴掌歡迎！”

允諾即允若，見《尚書·大禹謨》，出自甲骨文卜辭：“余奉于成，允若。”允字從古異體字人，苡聲，義為誠信。若字甲骨文象人順從呼諾之形。苡即古之㠯字，象薏苡籽實形。

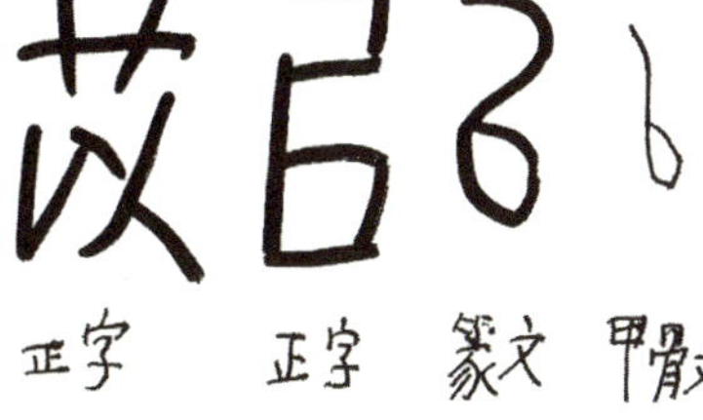

我本應侍陪吾父列席州署二堂酒聚，但是我太想讓書院同仁對我青睞，所以早早赴書院禮殿這邊來。貪圖臉面，害了老父，終身自譴。且說書院酒聚將闌，日已西仄，我持杯離席，巡遍每桌前輩，一一敬酒如儀，以至大醉，被人扶回寢室。睡到酒醒，落日斜照西窗，聽見山長床前呼叫"李君李君"，急忙坐起身來。山長說："令尊大人昏迷不醒，趕快回去！"回到州署後院住處，吾父仰挺在床，任我呼喚，毫無反應。醫師說："中風倒地，最忌移動。"幕友二三亦說當時情形，以為酒醉，不知竟是中風。

正字　篆文　兩個金文　三個甲骨文

正字　篆文　甲骨文

正字　篆文　甲骨文

中字篆文從口，錯。看古文字方知從〇yuán就是兵營的營字。營內軍旗豎立在圓心上，以表正中之意。為了字形上下對稱好看，地平之下也倒豎旗，便不合情理了。作動詞用音zhòng，中獎、中靶、中毒、中槍以及中風。在甲骨文，風就是鳳。不過有時候加兩三滴雨水，暗示正在吹風。鳳字甲骨文常出現，絕無一次指天上神鳥的。後造風字，從蟲省，凡聲。古人鳥類稱羽蟲，獸類稱毛蟲，人類稱裸蟲，魚類稱鱗蟲，所以從蟲省的風字可以包括從鳥的鳳字，一回事。

零八三、辨爾足彀

跪在牀前，耳畔呼喚，終不蘇醒。守着吾父遺體直至天明，肢僵體冷，完全絕望。痛哭一場，先去亡父摹友住處，跪地報喪，泣曰：“家父向你道謝了。”又去院牆那邊向顏知州報喪。最後去書院向山長吳老伯報喪。老伯當即囑我節哀，辦了喪事再來授課。辨字說說。辨字從力，用力去辨，辡聲。辡bian從二辛，義為法庭上原告和被告互相據理爭辯。後人都用辯字，辡遂廢了。辛字甲古文象彫刀形，早已說過，為輕罪刑具，施用於額上刻黥印。古人用刑具辛代表嫌犯，所以二辛并立造出辡字，即庭辯字。作辨字聲符，辡轉音為bàn。辦喪事要用錢，我開了羊皮箱，赫然遺囑在焉。楷書二十四字：“他年願歸宕縣，依傍爾母之丘。爾須謹慎自守，勿貽泉下之憂。”讀罷放聲一哭。

辨 辡

正字　正字

正字　篆文　金文　甲骨文

古稱爾汝都是借字表音而已，爾是裸身見乳（男也有乳），下圍草裙，汝是河南一條水名。惜乎典籍不見爾有裸身草裙之義，三三妄自懸擬罷了。爾字借指第二人稱，古已簡成尔（尒）

字。北宋柳永詞“繫我一生心，負你千行淚”，尔添人旁成你，讀nǐ不讀ěr。一紙遺囑之下，三本詩稿，一疊文稿。銀票多張，計值幾近百兩，辦喪事足彀了。足字金文從止，止象左腳帶趾之形，其上為吾人直立時低頭所見股部圓柱之形。足部總括腳、踝、脛、膝、股而言。足球用腳踢，但也用踝、脛、膝、股，所以不能叫作腳球。彀字從弓，𣪊聲，音gòu。開弓要有足夠的臂力，力足謂之彀，即夠也。射程內瞄準了謂之彀中。夠字不見《說文解字》，晚出。亡父存銀，票號換成現錢，備齊冥界用品，買棺入殮，厝置涿州東嶽廟後殿內。本州官員、吏員、幕僚有亡故者皆可暫厝在此，待他年方便了，再運返家鄉去安葬。東嶽廟後殿內，陰涼通風，棺木成排，棺蓋墨書某省某縣某姓某名某年某月，以利他年來人識認。吾父左鄰右鄰，據云皆幕友也，夜話不致寂寥。喪事辦完，涿州書院開學已近旬日。學員百餘，分成四班。我教一年級班《說文解字》，前在德州書院教過，輕車熟路。州署後院亡父遺物，一一清點，施了送了，留存一箱詩稿文稿，提往涿州書院寢室，如夢初醒。

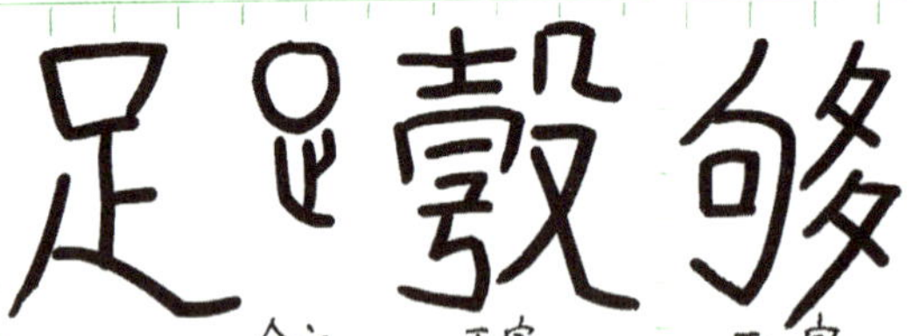

零八四：受薦詠詩

是李教授推薦我，他是我的恩人。後來他到一年級課堂上來聽過三四次。某日下午，約我去他家中，晚飯後指點我怎樣把古文字講解得活潑有趣，給我啟發，如揭頭上覆盆，乍見天日。教授的授，推薦的薦，說說。說授須先說受。

正字　篆文　兩個甲骨文

篆文受，一人拿桌布遞給另一人，此人接受。甲骨文拿的卻是舟，不是桌布。船舟用手拿得起嗎？原來《周禮》早已把宴席上的托盤叫作舟了（蜀人茶碗托盤至今仍叫茶船）。雖曰船舟，實指托盤。篆文求其合理，改成傳遞桌布，免滋誤解。受字後來加提手成授字，乃就傳授一方而言。教授授，學員受，區分成兩個字。至於薦字，事涉神話，姑妄聽之。說是神賜黃帝一獸，名廌zhì，能察人間是非曲直，可引此獸出庭，決訟斷案，觸不直的一方。黃帝問飼何草，答飼薦草。推薦一詞由此產生。然而薦是何草，終未明說。《莊子》說"麋鹿食薦"，泛指優質飼草而已，終未知其何草。薦字從廌從草，義為神獸廌之飼草。荐薦二字音同義異。荐乃草席，非飼草也，不能充當薦之簡化

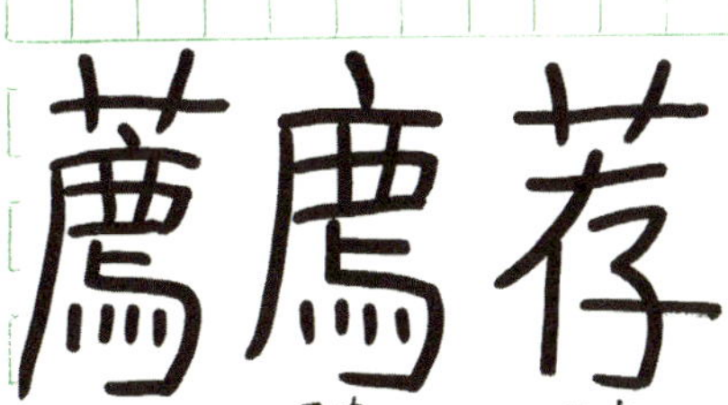

正字　正字　正字

字，休得胡鬧！三三我供職於涿州書院四年多，《說文解字》從一年級到四年級，四年講完。四年教的是同一個班，五十多位學員到結業時剩下三十多位，成績差的都淘汰了，或降班了。本班學員都喜悅我，我年輕，觀念新，又不拿架子，還帶他們去北城外游白溝河，“風乎舞雩詠而歸”。書院後門出去，登上西門城牆。我也曾帶他們上城牆玩，還做詩詠落日。帶字篆文，上象帶繞細腰，有帶鉤，中象腰下圍裙，下從巾，腰帶屬巾飾類。詠字從言永聲，拖長聲調而唱也。

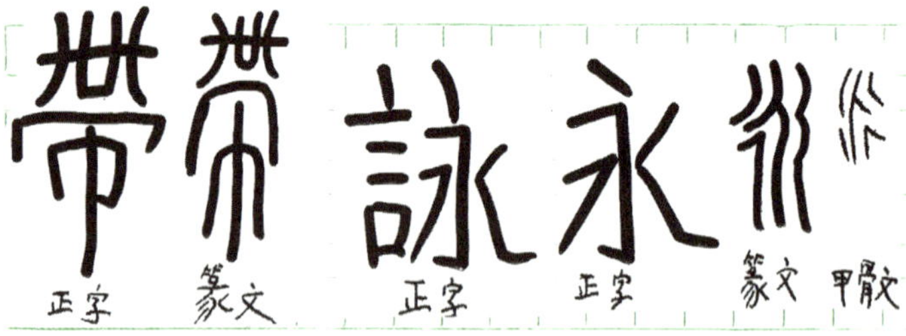

詩字從言寺聲。詩者志之所之也。在心為志，

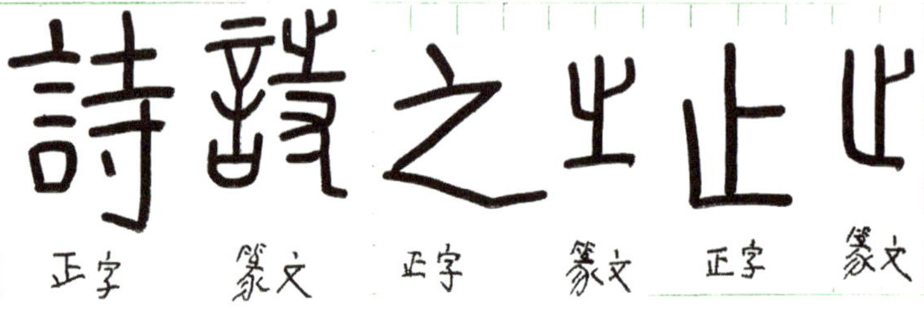

發言為詩。之，動詞往也。心志走向語言，成詩。之看篆文，地平線上左腳跨出，往前走去。止看篆文，一隻左腳停止不前，到此為止。之止二字形義皆異，篆文容易誤認為同一字。

零八五：祕密孤零

前篇説詩字用寺作聲符。寺字又用之作聲符，所以古文詩字寫成正字就成了訖，從言之聲。後人還是選擇寺聲的詩，訖遂廢棄。

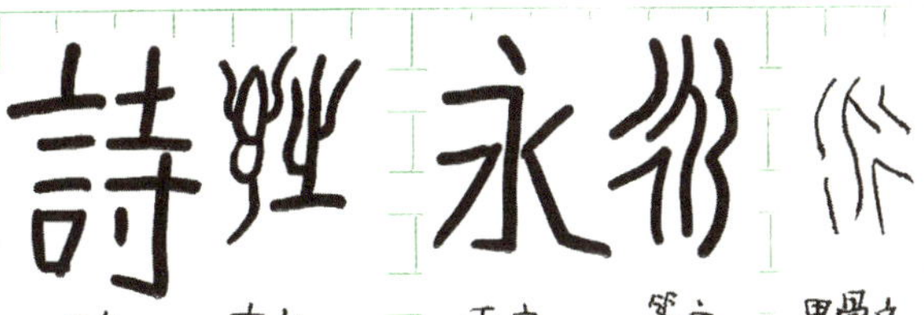

正字　古文　正字　篆文　甲骨文

前篇漏説永字，現在補説。永字篆文和甲骨文皆從行省（省掉𣥂的右旁或左旁），義為向前行進。字從人，臥波上，指仰泳。仰臥波上，順流而下，可長泳好幾里，由此引申出長遠、永遠之義。《説文解字》永字解云“象水巠理之長”，解錯了。我在課堂上講，也跟着錯了。當時甲骨文卜辭尚未被發現，《説文解字》絶對權威，誰敢懷疑。講《説文解字》課使我揚名涵州書院，取得業師資格，衣食不愁。四年後惹大禍，竟為了兩册手抄本。亡父留下的羊皮箱，箱底嵌一木板，從未想過木板下有祕密。某日用刀尖撬開木板看，藏有手抄本，一册是《揚州十日記》，一册是《嘉定屠城記》。看字跡是吾父手抄。祕bì秘bì為古今字。祕字從示必聲，義為神祕。“陰陽不測謂之神”，神祕不可測。

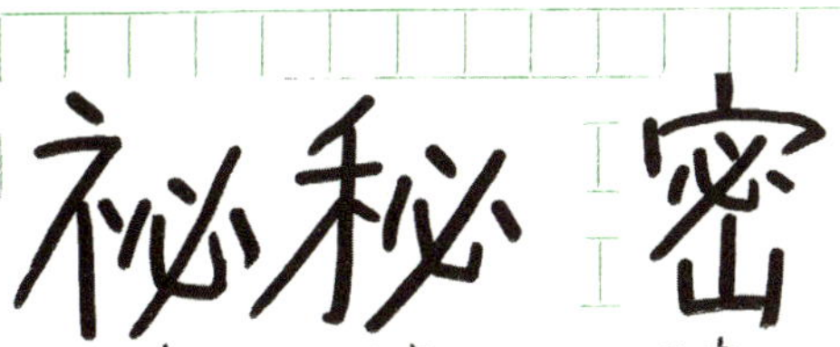

正字　正字　正字

祕bì密mì二字構成疊韻連

綿詞。祕如果按今音讀成mì，與密mì相同，成何疊韻連綿詞耶？秘字晚造，不見《説文解字》。字從禾，蓋指禾稼植株間距太密切了，不通風，不透光。後人借秘代祕，字義雖近，所指不同。密字從山宓聲。“山形如堂者密”釋見《爾雅》，蓋指深山大壑之間有巖壁四圍如堂者。祕藏密匿在箱底板下的兩册抄本，一夜讀完，通宵不寐。事去已兩百年，清軍之大屠殺，血腥透紙，使我寒栗。怪我守口未能如瓶，講給寢室隔壁孫老師聽。他為人豪爽，又轉述給學員聽。有學員去告密，教諭官不敢不上報了。上面嚴責吴山長，逼得吴山長引咎辭職。於是我又解聘。此時我教的那一班面臨結業，學員即將星散，各返原籍求職，令我感傷落淚。李教授請我到他家中暫住，免致孤零。孤字從子瓜聲。瓜古音gū。《詩經》：“中田有廬，疆埸有瓜。”瓜押廬韻。種瓜要大，摘除小瓜，衹養一個，必大。所以獨子呼為瓜子，而瓜又讀gū，寫出來就成了孤子。引申其義為孤獨。再引申乃有“無父曰孤”。零字從雨令聲，零星餘雨也。令字甲骨文，上頭一張大嘴，下面跪着恭聽，服從命令。

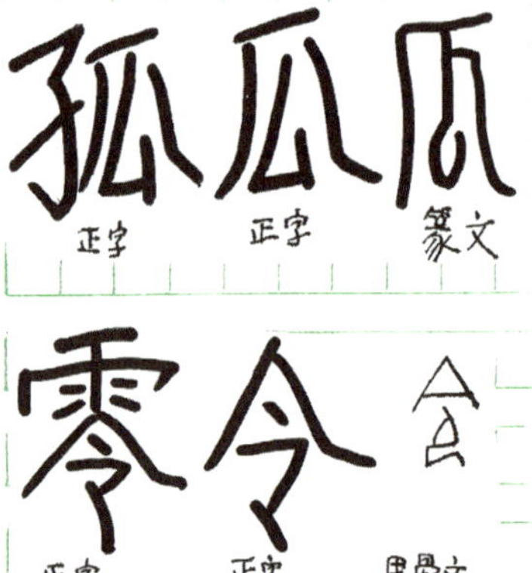

零八六：寬叔守鋪

涿州書院寒假第一天，臘月十六日，李教授接我去外東李家大院。大院南向，共居李氏七房族人。李教授屬幺房，住前院東厢房最南端。南牆外是北去京城大路，車輪馬蹄，隔牆聞聲。他家三子都在外面供職，有空房間留我暫住。李教授名道寬，與吾父李道一看似同一班輩，實則譜系不同。來到他家住下，飯桌上我就叫他寬叔。寬字從宀萈聲，室內寬大。注意萈 kuān 字上非草頭下非見，是整體象形字。有時也音 huán，指羱羊，角細長，俗呼北山羊。寬字借其音做聲符而已。叔字見《詩經》之"九月叔苴"，收拾脂麻。脂麻秸稈風乾後敲擊之，籽粒紛紛落地，掃攏拾取。叔本動詞，拾取，借作叔伯字用。

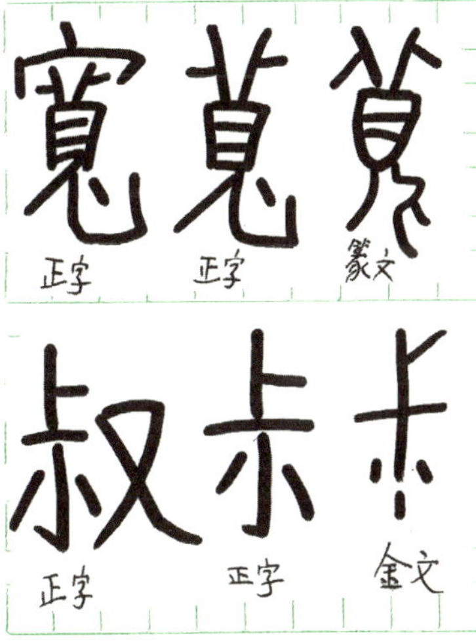

尗 shū 即菽，豆類總稱。金文尗象形，豆類萌生，頂戴兩瓣，中橫地面，根在地下，根有瘤顆。這是真正的豆字。古人用祭杯的豆頂替尗用。我在李家一住十日，恭聆教授漫講《說文解字》之學，進益受用。十日既滿，我說要走，他說團年後再走吧。待到臘月二十八日，一老翁年紀比寬叔大很多，却口稱幺叔公，跪下辭歲。原來是李氏

中國作家協會四川分會

大房的老侄兒李守鏞，在京城開雙間店，一間賣古籍，一間賣古董。昨晚趕回李家大院，今午祭祖辭歲，謂之團年，先來拜望幺叔父李道寬教授。李教授同老侄兒李守鏞寒暄畢了，起身退出，說：“德九賢侄，守鏞有事求你。”說完便走開了。守字先看金文，寶蓋下面一又，室中一隻右手，正在執事工作。篆文加點成寸，指手掌下面的寸口穴位。篆文多有隨意加點的，實與寸口穴位無關係。守字義指官守，職守，守衛，守護。守shǒu 叟sǒu二字對照，便知室中右手所執何事。叟的異體叜字，原來是在室中，在家庭内，執守香火專職。甲骨文室中火下非又亦非寸，是父字，家庭内的長者老叟，專管家中祭祀香火。比較起來，守字所執之事更廣泛些，不過起源於管香火罷了。鏞字從金庸聲，大鐘也。守鏞李老闆求我幫助他照管雙間店。他說：“德九賢弟，守鏞年老衰眊，精力不濟，恭請你幫幫我了。”

正字　篆文　金文

正字　異體　篆文　甲骨文

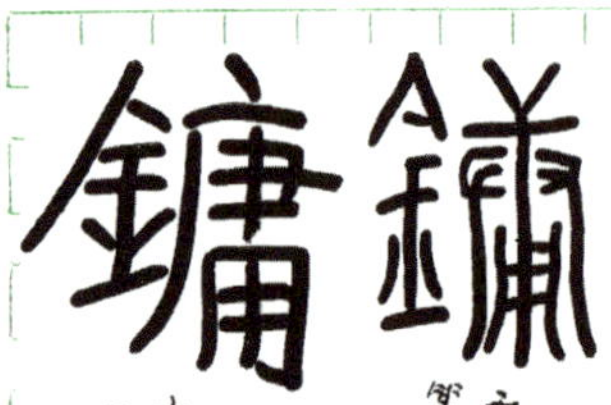
正字　篆文

零八七：上京經商

且隨命運奔浪，在恩師李道寬教授家，辭舊歲，迎新年，那是光緒十八年正月初。是年三三我已三十一歲，無父無母，無妻無子，孤客一身，跟着李老闆上京去經商了。李家雙間店開在宣武門外琉璃廠，左販古書，右販古董，中設紫檀屏風隔開。店名喜相逢，王懿榮題字，刻在貼金大匾，高掛門楣之上。上京經商四字，一一說之。上，地上立杆或劃一橫。同樣，下，地下埋柱或劃一橫。

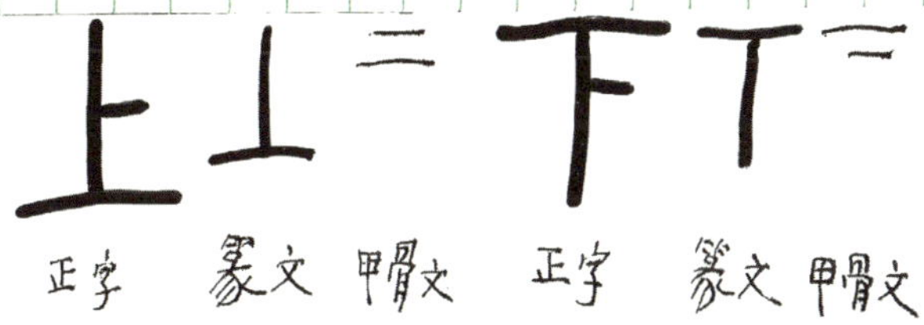

京，金文象形，初指高臺，大廈。

經，從絲省，巠象織機上的經線，巠亦聲。古文巠，壬ting聲，上象經線形。經字義由機上經線轉為經營。

商，篆文下部從吶，指叫賣，上部是聲符，章省聲。自來如此解說，其實大可懷疑。商字甲骨文，應該是整體象形。象啥形暫

不表。回[redacted]說古代氏族，有蕃衍在[redacted]殷水流域者，稱殷人，[redacted]性嗜酒，[redacted]崇拜玄鳥（燕[redacted]），自云姓子，子指[redacted]鳥卵[redacted]。他們[redacted]把祭祀用的青銅酒杯鑄造成鳥形，其杯名商。早期甲骨文商，象鳥張兩翼形，正是殷人所造酒杯。後來商字做了地名，做了族名，做了朝代名，所以另造同音字[redacted]觴shāng[redacted]指那[redacted]鳥杯。觴杯小的叫爵（雀）觴，大的叫角觴。爵觴亦[redacted]單名觴。看[redacted]爵的[redacted]三個甲骨文，其形狀近似前面商字的三個甲骨文，可知商為何物矣。三三我襄助李老闆，代他登記清理本店去

正字　篆文　金文　三個甲骨文

年春荒饑饉時從河南收購的百餘件盜墓青銅器，一一拓印器上銘文，加以識讀，用今字注明於拓片上。到正月十六日，大開門面，店中展出，觀者潮湧。高價售出三十多件，賺了大錢。店夥七八名[redacted]，李老闆和我，分成兩桌用膳，頓頓有肉，衆莫不努力經營。二月份起，我每月率店夥五名，載古籍三車，去趕廟會，擺攤販書。京中廟會不下百處，甲廟擺攤三日，轉去乙廟。乙廟三日，又轉丁廟。車載循環衆廟之間，十分勞累。到五月份，李老闆叫我回店來坐鎮，另派店夥之得力者率車趕會。五月端午節喝了酒，為自己做生。夜宿店樓，暗哭亡母忌日，無人知曉。

零八八：墨囱皇帝

轉眼秋涼，一日坐守門面，接待刑部主事孫仲容大人。上次孫大人來，託李老闆找宋版相臺本《墨子》，這次來問下落。我摸鑰匙開櫃找出，恭呈過目。孫大人隨即付銀，顯得快活。又踱到右間來看展出的青銅器，專注器銘文字拓片。我趕快為孫大人設座沏茶。孫問：“這是李老闆他本人識讀的？”我答：“是我。晚生在學，恭候教導。”他說：“有些識讀錯了。”我跪下道了謝，起身聆教。他在拓片上詳為指點，如課子弟一般。臨離去時，問我姓名、籍貫、履歷。多年以後我方知悉，孫大人名詒讓，著有《墨子閒詁》，名滿天下。墨字從土從黑，原指石墨，後指書寫所用煙墨。墨子姓墨。墨字從土黑聲。黑字上窗下炎，火煙把窗櫺熏黑了。象圖窗形，又是囱chuāng的古文。囱又音cōng，煙囱。根據篆文，囱又寫成匆，取代

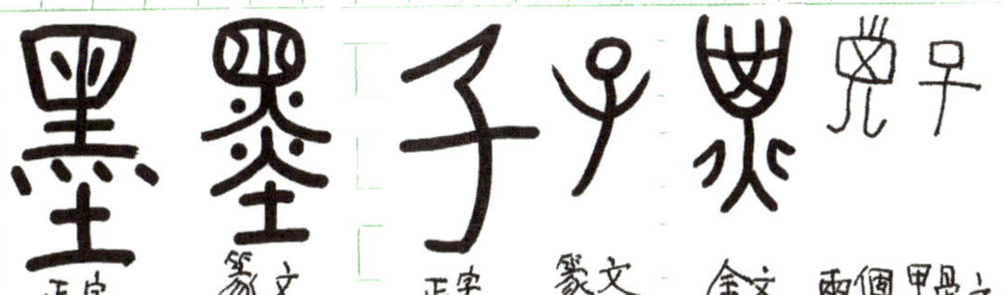

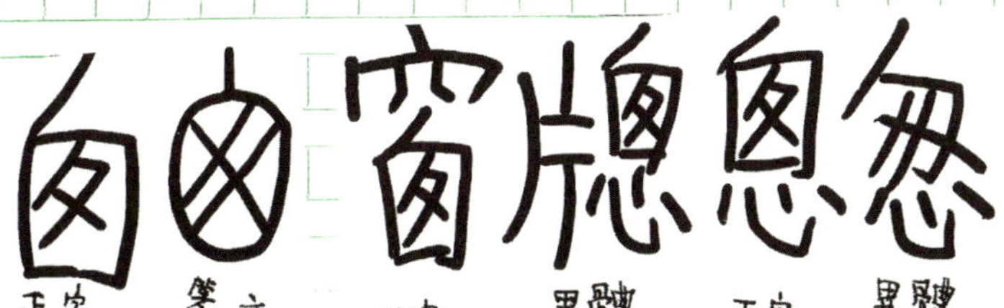

異體悤cōng。囱，匆，通也。窗通氣，煙囱通煙，耳通心通為聰，便瑣屑如葱，亦因其葉內通也。本店接待刑部衙門主事孫大人事，老闆李守鏞知悉後，誇我應對得體。此後他更放心，每日午後，乘轎去前門外廣和樓聽京戲。京城日子最佳莫過此際"已涼天氣未寒時"，街上天棚拆了，眼前亮堂堂的，好爽好快。也是一日坐守門面，接待一位京官，江浙口音，帶隨員七八人，看右間展出的青銅器。設座不坐，沏茶不飲，衹專心看。看完，指購一件有銘文附拓片的漢宮雁燈。隨員問價，付銀即去。綠呢大轎，八人肩擡，我目送遠去，方聞人語喧"當今皇帝師傅，軍機大臣，常熟翁同龢呀！"皇字不見甲骨文。周朝金文始見皇字，象旭日出土時之輝煌。後來土變成王，用王作聲符，仍是形容詞。李斯造小篆，改從自，方專指秦始皇。帝看甲骨文，象祭天用的高樹，自下而上柴草捆紮，包而裹之，纏繞束緊，點燃。此即《爾雅》之"祭天用燎"，亦《說文解字》之禘字，借指無形可睹之天帝，後又移指帝王。到秦始皇，下令皇帝二字連用，稱始皇帝。

正字　篆文　三個金文

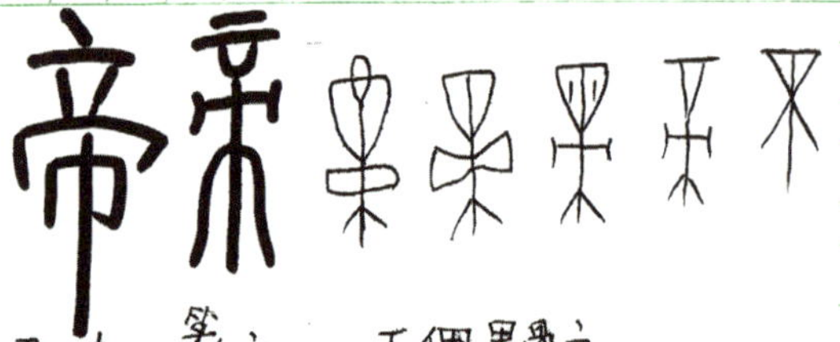

正字　篆文　五個甲骨文

零八九：冬炭拓邊

這年冬至，本店門帘改掛棉簾，店内設炭火盆，猶然冷作寒痙。夜臥炕上，薄席燙背，慢慢熬。守鏞老闆待我如本家小弟，店夥同仁尊我如塾堂老師，我已安心棄教從商。誰知這日午後，李老闆正要走，忽見國子監祭酒王懿榮大人到，問："貴店有位李德九吧？"李老闆答："王大人坐。我去叫來。"我從店内庫房應聲而出，兩手墨污，正在拓印銅器銘文。

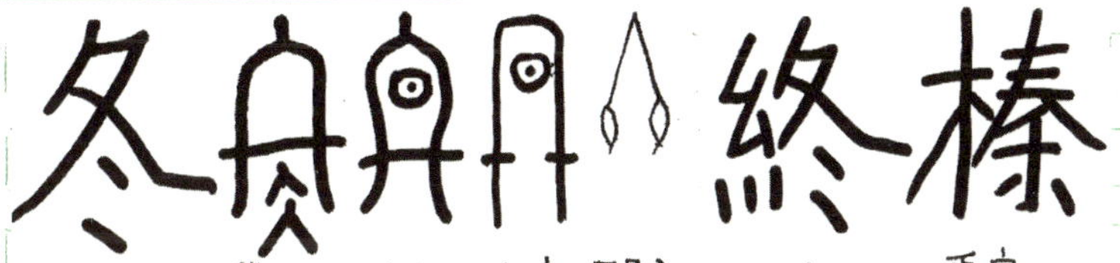

正字　篆文　古文　金文　甲骨文　正字　正字

來客見狀，笑說："就是你！"

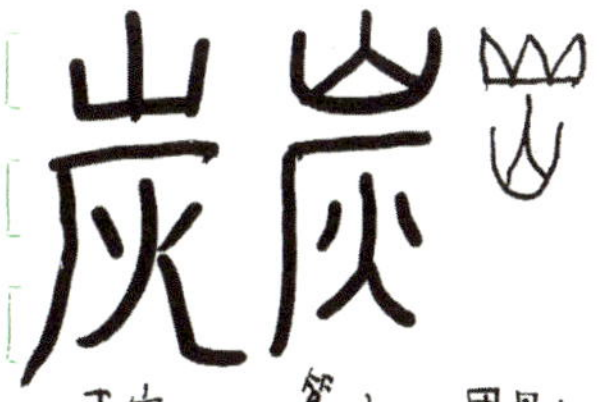

正字　篆文　甲骨文

李老闆介紹說："王懿榮大人召見你。"此時三九嚴冬，烤着銅盆炭火，王大人坐下，叫我也坐。然後對李老闆說明來意，要借我去他家，也是拓印幹活。回頭我說冬字和炭字。商代一年衹有兩季，上半年曰春，下半年曰秋。甲骨文有冬字，但音義與終同，畫榛子兩顆，掛在枯枝頭，象徵一年將終。榛zhēn終zhōng古音同。到了金文冬和古文冬，字已從日，表明周代已經分四季了。再到篆文冬，榛子掛枝頭變形為窖洞門關緊，門外

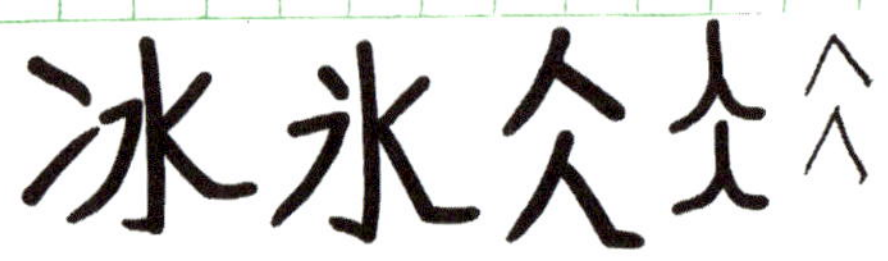

正字　異體　古寫　篆文　甲骨文

已結冰。甲骨文冰象河冰解凍，碎塊堆聚支撐形。其實這冰字古書上音níng同凝。《莊子》說仙人“肌膚若凝雪”其字作“冰雪”。接著說炭字，甲骨文上從山，下從火。山下燃火，指煤層自燃者，石炭也。山西北部河曲有地名火山軍，北宋楊家將之父祖自稱火山王於此地。石炭即煤炭，無形可象，乃以山下煤層自燃表示之。後加厂an作聲符，而成篆文炭字。山中炭窑燒成者，木炭也，非炭字初義也。守鏞老闆感王懿榮題匾之德，祗好順從。王大人說：“是刑部孫主事推薦的。”當時想不到，三三我一微末小人，命運從此改變，竟然有幸參與一樁文字盛事！我稟告王大人：“本店青銅古器有銘文者尚多。晚生清理，拓印，識讀，迻錄完後，方能登門效力。”王說：“臘盡春回，一定要來！”守鏞老闆遵命，送客上轎。拓字從手石聲。拓切通搨，捶打也。

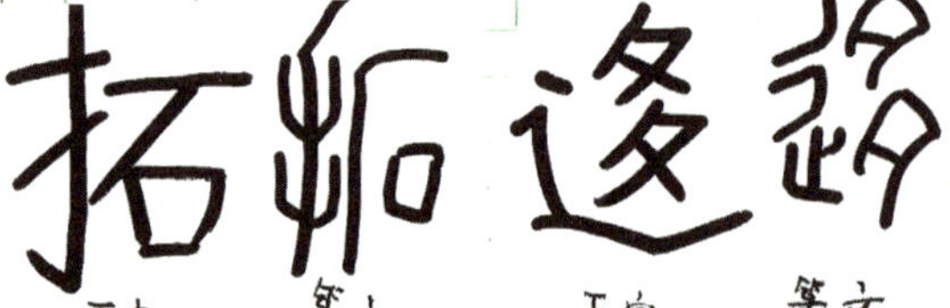

正字　篆文　正字　篆文

迻字從辵，遷移也，多聲。迻yí錄，移寫，謄抄，紙上之遷移文字也。

零九零：監婢非常

我到喜相逢從商，一年剛滿，店藏的青銅器拓錄既畢，便乘王懿榮派來的轎子走了。王家住安定門迎賢街國子監左側的研磨胡同，單家獨户小院落，水井魚缸石榴樹，實不足道。我朝大清唯一中央大學校長（國子監祭酒）居宅儉陋如斯，令我吃驚。監本音jiān，義為監視。國子監則音jiàn，官署也。明朝始設國子監於北京。我朝承續，全國各省生員擇優送國子監就學。舉人來京會試落榜者，亦可入國子監就學。國子監就學之生員謂之監生。監字從皿，皿即碗之象形，放在這裏却指大盆。篆文盆內盛水，左上從臣，臣即瞋字，瞪眼察看，以致睛凸。此人以水為鏡，察看水中面容。可知監乃動詞，義為自照面容。後來以銅為鏡，遂加金旁成鑑或鑒。我到王懿榮家，住前院客房内，日日拓印青銅器銘文和圖案。每日所得拓片，他都來看，往往糾正我的識讀，如同給我講金文課。講得興致高昂，竟至忘食，直到王家婢女來請用膳。那婢女總是悄悄來，側身窗外，待到老先生告一段落了，方才恭敬輕聲淺笑說：“爺爺，用膳了。”有一日他講得正來勁，忽然問我名字，不待我答，又拍額

正字　篆文　金文　甲骨文

一笑說，"老了老了。德九，你就做我家中的監生吧。"我便起身作揖，跪地叩頭，稱呼他懿榮老師了。當時王家婢女在側，顯得快樂非常，拍起手來。婢字從女從卑，所謂賤女。其實卑字無下賤義，看篆文是甲下一小草，表示依附罷了。舊時貧家少女作傭，依附富家，稱婢。甲字初義看甲骨文，乃指植物果實因春雨之浸潤而甲坼，外殼裂開。可知甲為果實外殼，十象殼上裂紋（此十非數字九加一之十）。到篆文一變而抽莖直立，上戴甲殼，又變而橫生兩葉，字義亦演變為萌芽了。此時小草依附而生，構成卑字。再添女旁成婢。王家婢女快樂非常。非字看甲骨文象展雙翅，即飛，同蜚。第三個甲骨文為表示否定的非，其字雙手向前，排除異物，有所拒絕，北聲。常裳一字。製裳裙用窄布一丈六尺，普遍如此，常常如此。

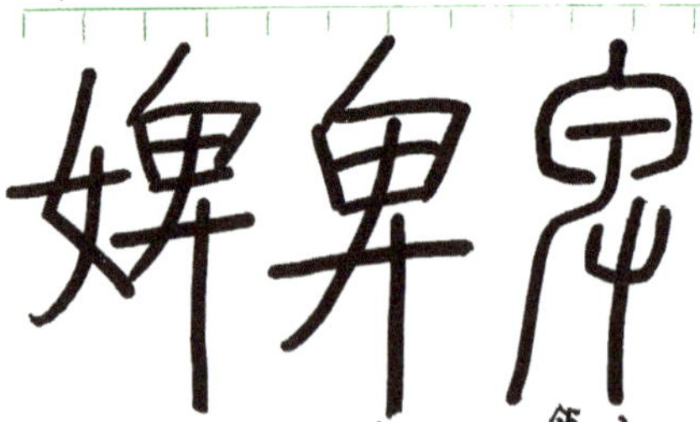

正字　正字　篆文

正字　兩個篆文　金文　甲骨文

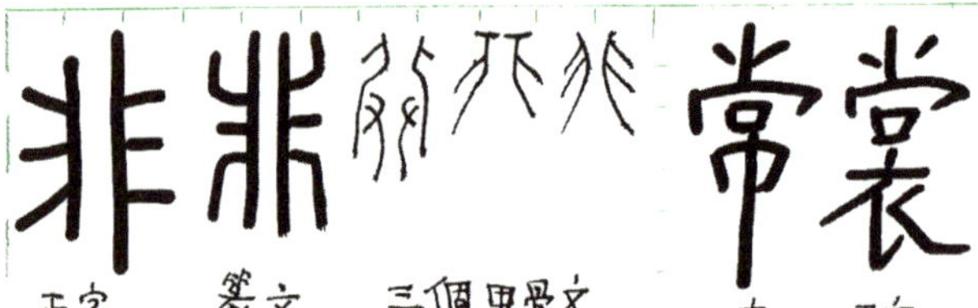

正字　篆文　三個甲骨文　正字　正字

零九一：來客鐵鴞

一日，懿榮吾師叫我到他書房去取孫詒讓著《古籀拾遺》，要給我講金文與籀文之關係。未及去後院取，而大門外有客來訪。開門迎入，來客自稱姓劉，為古董商，呈上一函，又是刑部孫主事介紹他來的。懿榮吾師一笑，與之攀談，方識其人不俗。來客的來字，初義指小麥，字又作秾，名詞。周民族發祥地在甘肅和陝西一帶。四千年前，龍捲風將小麥從中亞吹送而至，經周人培育種植，傳入中原。

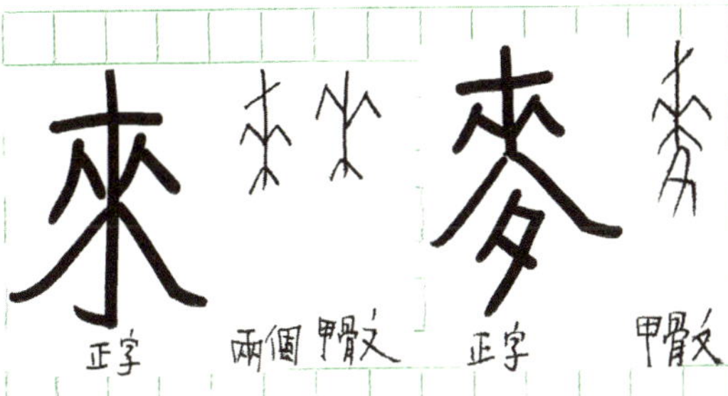

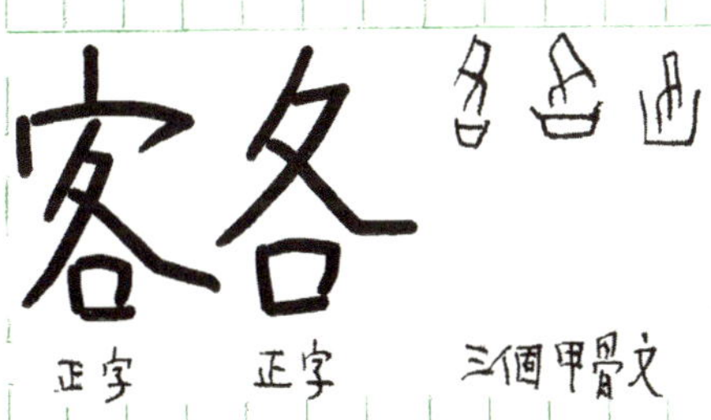

周人故神其事，説是天授瑞麥，在來（小麥）下添一腳（止）表明自天而降，另造麥字。然後把名詞來動詞化，而成來去的來。山東齊人到東漢時還把麥叫作秾lái。古漢語有複輔音，麥mái緩讀成máilái，故可分離出lái而寫成秾。遠古記憶難以磨滅，見着來字，想起小麥，所以特造徠字，表示這才是來去的來。客字到金文才造出，甲骨文祇有各字，義為來到，動詞。甲骨文各，一腳（止）來到地穴居室入口。金文客字，下面兩個。先是客，義同各，來到。後又添一人入某家屋蓋之下，寫出來應該是傛，專指客人。其實多事了，漢語有彈性。唐詩"客次青山下，行舟綠水前"，客次同旅次，動詞，"笑問客從何處來"則是指人了，名詞。吾師懿榮送客時說："德九，待這邊忙完後，借你到劉先生那邊去。"劉先生拱手說："李君，鐵雲有勞你了。"劉鐵雲名鶚，長我三三四歲，當時居家山東濟南，來北京暫住友人家，收購一批古青銅器，極精。後來我去那裏給他拓了錄了，受酬豐厚，返回懿榮恩師研磨胡同居宅。鐵字從金從大，指用處大，戝聲。鶚è字從鳥咢聲，係鵰類之猛禽，飛翔水上抓魚為食。長江中下游名魚鷹，並非川陝一帶馴養以捕魚的魚老鴰。咢è字篆文從吅xuān（喧）從屰nì（逆），應寫成咢。筆劃久錯不改，今成正字。待我返回後，吾師懿榮說："德九，不回琉璃廠喜相逢去了。我給李老闆談妥了。從今以後做我家中弟子，別去經商，回到儒業。"我忙下拜。起身瞥見王家婢女向我點頭。

金文 金文

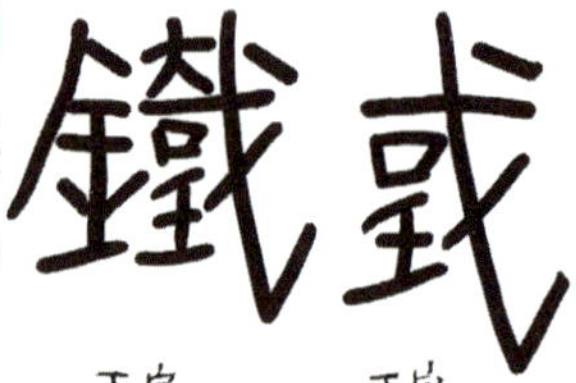

正字 正字

正字 正字 篆文

零九二：作紅我妻

不久端午節至，我滿三十一歲，上三十二歲了。過節那天，吾師懿榮一早去國子監，中午要宴饗眾位老師和職員，未能回家。兩位公子翰章翰甫，江南任職，家都安在兩千里外，祇有過年返京省親，方能回來。端午家中祇有我一人陪師母過節。我問師母為何婢女不來一起用膳。師母說是叫她回娘家去了。見我滿臉失望，師母笑了，說："德九，人一輩子有幾個三十二啊，該安家了。你看得上她，我就做媒吧。"我急忙拜謝後，師母便詳說了婢女的身世。她原本師母娘家的親戚，家住通州，父母雙亡，來投師母。來時才十二歲，現年二十。姓尚，原名作功，改名作紅gōng。作字從人乍聲，做也。古寫不須人旁，乍即作也。乍zuò看甲骨文是榨油，尖楔敲入容器，榨出一線油來。到金文和篆文便看不明白了。功字從力，男勞動力，工聲。紅gōng字從絲省，專指女子紡織縫紉，工聲。紅

正字　正字　篆文　金文　甲骨文

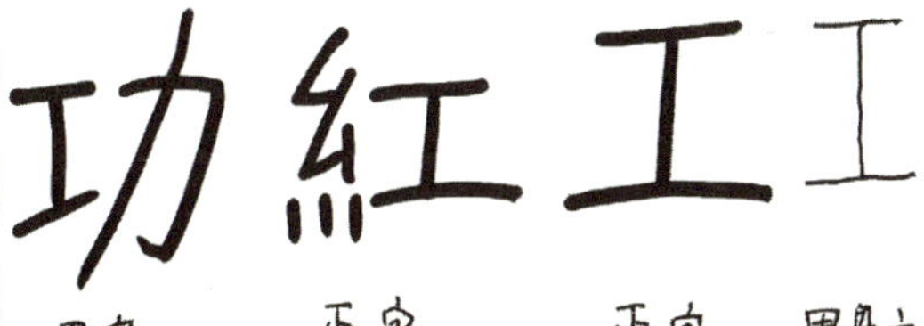

正字　正字　正字　甲骨文

即女功，不讀hōng聲。後借指赤色，頂替絳字（絳古音hōng）。工字初義應該是獨木橋，一木搭兩岸，象形。工即《孟子》所言“十月徒杠成”之杠。徒杠，獨木橋。一木搭在二人肩上，擡槓的槓。橋稱虹橋，虹字川音gòng同杠。尚家孤女芳名作紅gōng，遵師母的分咐，返回通州住姨媽家，準備嫁妝去了。是年中秋節前，我扮新郎，乘騾車去通州迎新婦，娶她回來，做了我妻。第一人稱的wǒ自古有音無字，

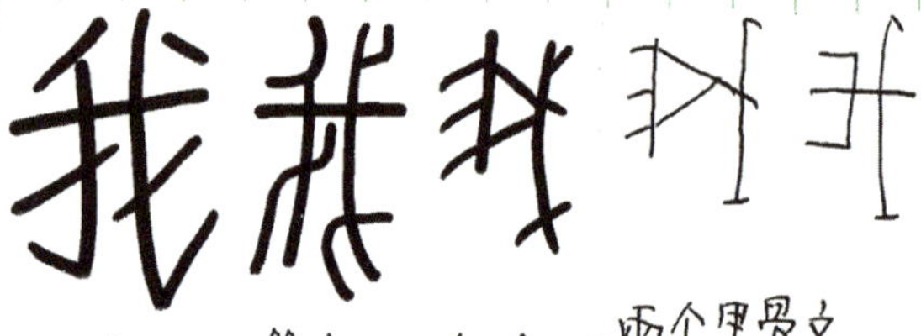

正字　篆文　金文　兩个甲骨文

乃借三齒釘鈀的我字充當之。甲骨文我從戈，表示屬武器類，左旁三齒釘鈀象形，到篆文便看不懂了。

正字　篆文　金文　兩個甲骨文

妻字象女子梳髮形。古禮，女子成年，膚革充盈，不再梳妹妹頭，必須另梳髮式，

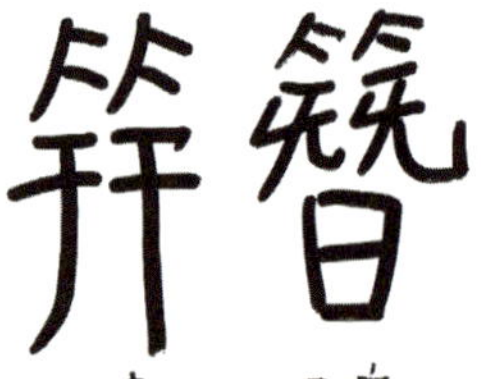

正字　正字

挽髻插笄jī（簪子），表示可以為人妻了。上面看甲骨文，先梳長髮，後插簪子。金文妻字多插簪子，胸乳凸現。舊時多有出嫁前夕才梳頭的。妻者笄也。

零九三：旅途拳社

婚後繼續為懿榮師整理銅器銘文，心得日積月累，愈鑽愈深。多虧吾師耐心點撥，引導我去查書印證，正所謂的授人以漁。銅器銘文整理完後，又侍從懿榮師返回山東福山縣城祭祖。福山王氏宗祠冬至祭祖，今年輪到他去擔任主祭。福山那頭早有騾車來接，一路南去，北風吹背。雞聲茅店，人跡板橋，寒冬旅途，山川寂寥，絕無景物可看。坐車棚內，唯聽吾師講學，自有快樂。旅途二字說說。

正字　篆文　三個甲骨文

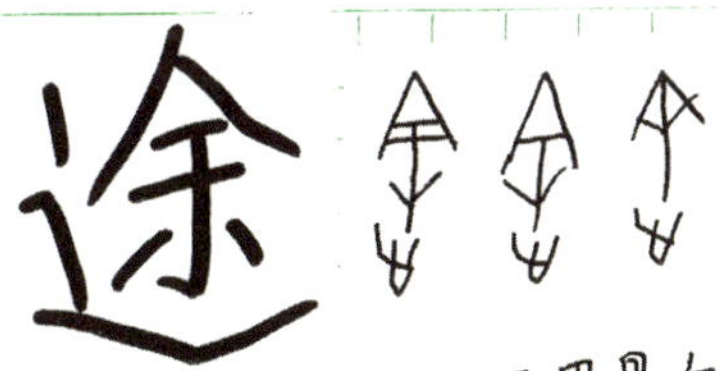

正字　三個甲骨文

旅字原指軍旅，五百人為一旅。看甲骨文，是隊伍在軍旗之下前進。你們組團遊覽，今回旅遊。途字從辵（走之）余聲。途字造得太晚，《說文解字》無途，所以篆文没有途字。這三個甲骨文或許是途字的雛型吧。從止表示走路，余聲。余字古音tú，看荼涂酴𨛬嵞這些字都用余tú做聲符，就明白余字的古音了。騾車一路南去，經滄州沿運河入山東到德州。懿榮師勞乏了，驛館休息一日，接見門生故舊。我請諾後，去拜見昔時的俸山長，已在本州管錢糧了，爽朗快活，不見衰老。恰巧勤男小姐回娘家來，抱着嬰兒前來見面，没有半點不好意思。倴師母正在琴房彈奏西洋的匹亞諾（鋼琴），丁丁冬冬，說是聖母頌曲。勤男說："天主教堂做禮拜，要奏這支曲，媽在趕着練。"待一曲終了，我入內行禮。師母喜極而泣，曾經視我為"半子"啊。拜見既畢，告辭急回驛館，吾師正在送客。翌晨上路，向南改為向東，迎着旭日而去。路上又行八百里，方抵福山縣城。計京城上車起，行程半月告終。冬至祭祖，王氏宗祠擁擠若市。禮畢，忽聞宗祠門外喧嘩，有人大聲呼喊："拳社的人肇事來啦！"族長當即率領王氏族人，持械提刀衝出去了。拳字從手，卷省聲。手，舒張為掌，卷緊為拳。

正字 篆文 正字 篆文

卷字，一人下跪蹉伏，象意，𢍏（关）聲。𢍏（关）字難講，此處不說。社字從示從土，土地神稱社公。村社、結社、社交、社會皆後來

社

正字

的衍義。當時福山四郊，村村都有拳社。原為強身健體民間組織，農閒練拳。後被游民掌控，往往成惡勢力的幫兇。此次肇事源於縣城王氏宗祠田產訴訟糾紛，被被告方支使，前來尋隙騷擾。不料王氏族長早有準備，打退來擾之敵。

零九四：福山夃底

福山祭祖，來回二十餘日，重見我妻作紅，感覺彷彿長達半年之久。夫妻親熱情狀，師母看得發笑，喃喃唸誦阿彌陀佛。枕上察覺作紅奶夃腹高，方知她已月信癸水三月不至，可能"有了"。先說福山。福字從示，示象祭天杆形，代表神，從畐，畐象尖底酒罈形，上有濾糟設施。字義為供酒祭神。敬神獲得賜福，已是引申之義。山字象形，不必講了。奶夃二字分說之。奶字從女從乃，乃亦聲，古文乃象婦女雙乳形。古人避忌，認為不雅，便添一撇以掩真相，當作虛詞使用，有時又當作第二人稱使用。夃字即臌字之古寫，音gǔ。《說文解字》以"秦人市買多得為夃"說之，謂字義為"益至也"。竊以為夃字從又（右手）從乃，義為撫摩乳房，致使臌脹。愚氓以為婦人雙奶因被撫摩臌凸脹滿，由此觀念造成

正字　篆文　金文　三個甲骨文

正字　篆文　甲骨文

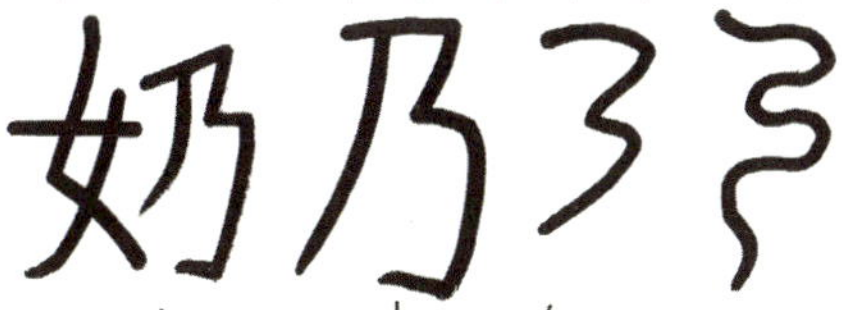

正字　正字　金文　古文

正字　正字

夃字。難怪容器盛滿曰盈，月滿亦曰盈，買賣多賺了也叫盈（另造贏字）。得知我妻懷孕，暗自快樂。竟然福有雙至，懿榮吾師翌日用早膳時，叫我另縫新袍，來春正月好到國子監庶務局去辦事，月薪銀票十兩。後來聽師母說，庶務總理簠簋不治，撤職查辦了，下屬辦事的也開銷了，要重組，正缺人。師母說："別讓你師尊知曉，他要罵我！"臘月寒假短，我趕緊用亡父遺留的銀票縫製裘袍、春衣、夏衫，購緞帽、革靴、毛襪。儀容粲然一新，每日跟在吾師背後去監中辦事了。庶務局人手少，跑街添置器物，靠我一人奔走。內城外城，五海十九門，都跑遍了。忙至甲午年正月十七開學前，終於辦完。庶務二字說說。庶字最初衹是燒石。先民無鍋無竈，石頭燒紅，投入水凼，沸煮食物。後來篆文變成檐下燒鍋。正字又變火成从。你們規範作庶，正確。

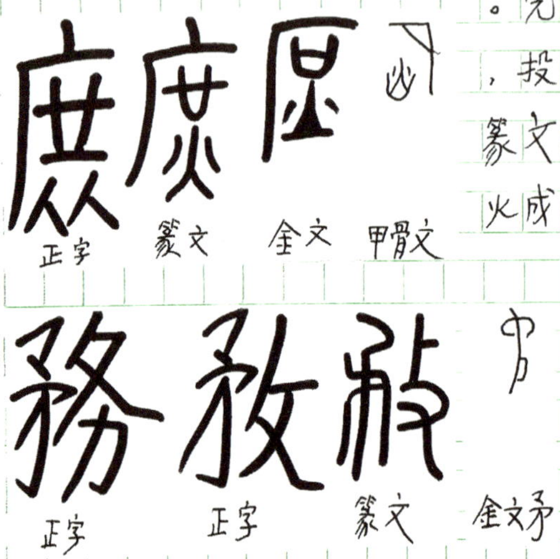

務字從力從敄wù。敄字義為強健，從攴（攵）矛聲。注意甲骨文矛象形，銳器，有纓，握桿搖動具有彈性。舊時所謂庶務，泛指雜務，包括廚務。

零九五：覆沒戰爭

甲午正月開學之前，庶務局新總理來上任，指定我李德九專跑街，遂被同事視為專跑腿的雜役。又見我隨从王祭酒出入，更賤視我兼跟班（僕從）。直到有一次懿榮師生病，叫我去代講商周金文課，一連講三堂，同事諸君始亮青睞，稱我先生。是年炎夏，庶務局章總理吩付我找木匠做看板，懸掛膳堂壁上。翌日看板上便貼滿小字說帖，宣佈日清戰爭爆發。戰爭二字，先說爭字。篆文爭，一人握權杖，一人伸手搶。爭搶而戰，斯為戰爭。戰字從戈，代表刀兵武器，單聲。戰，鬥也。今用複詞戰鬥。

正字　金文　正字　篆文

炎夏戰爭爆發，監生們天天有豪情說帖，膳堂喧囂，全不顧壁上的孔夫子格言"食不語"。轉瞬涼秋，一日章總理大聲喊："德九君，快去買六尺宣。"不知出了何事。待我買回，他拿去後，自有其人楷書大字聲帖，貼上看板："日寇陷我平壤。"膳堂哭聲不絕。又轉瞬入冬了，大字告急："寇深矣，丹東失守，旅順失守。"膳堂拍桌摔凳。此前，十月初一，我妻作紅娩身得兒，取名按班輩叫文宿。李家班輩：道，德，文，章。文宿，不忘故土安徽宿縣，先人丘墓所在，一別二十年矣。宿兒系我心，國事管他娘。好在很快放寒假了，監生們都回家過年去了。懿榮師在家裏專心訂正我為他整理的銅器銘文稿，也無暇去過問國事。未幾又是臘盡春回，正月十七開學。惡耗凶聞，轟動京城：日寇攻陷我威海衛，北洋艦隊覆没。覆字上部象碗翻扣，碗口向下，碗底向上，下部復聲。没字須看異體㲠mò，從水從𠬛（回象漩渦），義為沉没或沉潛。《莊子》提及没人，指潛水員。覆没則指船翻沉没。

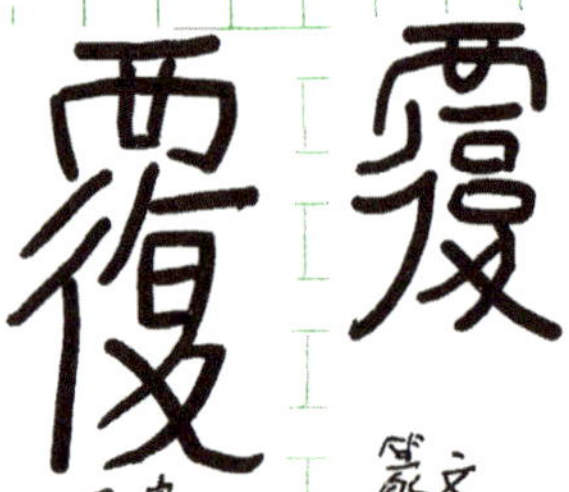

正字　篆文

北洋水師敗績如此，舉國憤恨，京城官僚詈罵，一片惡聲。國子監生員們要上街去遊行，被吾師王祭酒堵在二門之內。領頭人推吾師倒在門外，奪門衝出。

正字　異體　篆文

遊行隊伍沿街呼號："救亡保種，還我河山！""外攘蝦夷！內除國賊！"吾師引咎辭職，上面不允，氣翻胃疾，延醫治療。此時山東曹州又出教案，知府毓賢辣手懲治基督教徒。膳堂貼出"壯哉毓賢"，讚美詩詞如潮，看板貼滿。開學兩個月後，馬關條約簽字，日清戰爭結束，臺灣割讓日寇，看板上便全是傷心淚了。我仍侍候吾師養病，檢藥熬藥，夜夜守病榻旁，進藥湯，扶二便，憂不思食。

零九六：胃瘥貞粉

王懿榮拆藥包，見龍骨粉劑裏尚有未研細的殘片，上有刻劃字跡。拈起審視，筆劃太細，看不清楚。叫李德九快拿西洋凸透鏡來。我當時正在用此鏡放大懿榮師新購的一件銅匜yí，立刻持鏡過來，拈起一看，竟是鼎字。懿榮師也用鏡看了，稱讚道："德九啊，不枉自學金文了。"吾師慈愛一笑，面色轉佳，似乎胃疾有瘥chài可喜了。胃字從肉，表示人體，其上象形，囊內所盛，似米非米。金文胃呈袋形，更像。瘥chài，病好轉。吾師好學而忘憂，而減病，古之君子也。翌日晨餐，吾師說："德九啊，我想了一夜，大悟。那不是鼎字，錯了。昨日殘片所刻字跡，很可能是貞字。貞，卜問也。國君有疑，卜龜以問可否。許慎《說文解字》引京房說，貞字從卜，其下原非從貝，而是從鼎。鼎字省畧筆劃，寫成貝字，仍讀鼎聲。古音貞鼎音近，所以用鼎作貞字的聲符。貞字如果不省畧筆劃，便該寫成鼎。殘片正是這

殘片字跡　金文鼎字

正字　篆文　金文　正字

正字　如果不省

樣寫的，這是貞字。中藥所謂龍骨，其中定有龜甲片塊，恐是古人用來卜問決疑的。商朝用龜，周朝用蓍。那殘片的字跡或許是商朝的卜事記錄。”我一蹦跳起來，說：“我去藥房買。”便跑上街去。先去最熟也最近的泰來藥房。藥師說：“有字的鬼用過，字刮淨才能賣。藥房名聲要緊。”我便順着安定門向南去，跑了五家藥房，都說偶見帶字兔骨，研舂成粉才賣。頹然而返，稟告吾師。吾師失望，回頭找到那塊有貞字的龜甲殘片，藏入印章匣內。龍骨的骨，其字從肉，表示人與其他動物的軀體，象形。甲骨文祇有

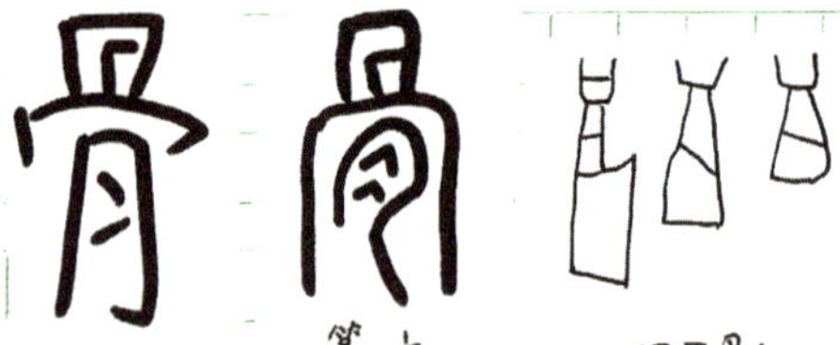

正字　篆文　三個甲骨文

冎gǔ，冎便是骨，象牛肩胛骨形。人與其他動物軀體之骨，各種形狀都有，本無一定之形。牛肩胛骨自古用於貞卜吉凶，所以借來作骨字的象形。骨粉的粉，其字從米，米指小米。小米脫粒，須經杵臼，再經篩孔而下。甲骨文米，竹篩側視，上空殼，下米粒。粉字概念，由米粉而麥粉，而麪粉，而面粉（搽臉用），而一切粉。粉字右旁，聲符。

正字　篆文

正字　甲骨文

零九七：國或步歲

記得馬關條約簽訂之後不久，膳堂看板上傷心淚日日流。又貼出丘逢甲哭臺灣的詩作，寫得甚好。接着又有斗膽文章，罵李鴻章是漢奸。懿榮師家中說：“國步艱難，多虧合肥李老委屈求全。少年不知，祇唱高調。”是年端午節，國子監宴聚，懿榮師舉杯致詞，言及國步二字而泣下。國步一詞見於《詩經》。國字金文，最初沒有表示國界的外圍圈，祇有小圓城邦，小圓點指邦民，小圓外南北有壕溝（可知僅有南北二門），

正字　　兩個金文

壕溝古稱隍池，用來禦敵，戈是聲符。如此說來，或國為古今字，蓋無疑矣。春秋時周天子下面城邦甚多，其數當以百計。你若單稱一個或guó字，他人不知指的是哪一或guó，這樣便產生了或者、或許、或然諸詞，或guó音也就改為huò了。那次宴聚，懿榮師感傷，致辭未終而罷，由我扶歸。上次監生們要上街去遊行，衝二門推倒祭酒懿榮師的沈君，當即離席，跟隨我到研磨胡同王家，向吾師下跪，愧悔自責。吾師扶他起來，說：“老朽泣下，非為沈君。”回頭對我吩咐：“德九，送沈君回國子監去。”待我送客歸家，師母指着寢門，低聲說：“胃疼痛，臥牀了。你快去熬藥。”接着我說國步的步。步字二止，一正一

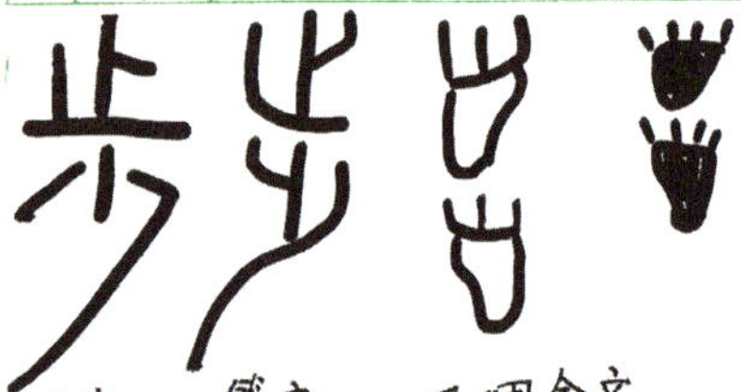

正字　篆文　兩個金文

反。吾人走路，總是先出左脚，所以左脚在前，右脚在後。止即趾，俗呼脚板。人體自上而下，數到脚板為止，所以謂之終止。順便說說，從步之字，祇有一個歲字。

歲

正字

歲字從步戌聲，義指木星。木星名叫歲星。木星在黃道十二宮緩緩移行，如人散步不急，一年才走一宮，十二年走完十二宮一週天，所以叫歲星。回說那次端午節宴聚，吾師胃疼，我去廚下熬藥，心境淒涼，自言自語：“今日三十三歲滿了，父母九泉之下正思念我。”背後有人答語“有我”，原來是作紅吾妻，懷抱宿兒。心中感受安慰。記得這年臘月放寒假前，膳堂看板上又熱鬧起來。說是朝廷有鑒於去歲甲午戰爭之慘敗，決定派袁世凱天津小站練兵，建制新軍。聘請德國教習，仿照德軍操典，分成步、騎、炮、工、輜重五個兵種，加以訓練。一改祖宗舊法，踵武西洋列強，振我中華，禦彼東倭云云。生員興奮固不待言，國子監祭酒吾師懿榮也來膳堂看說帖，看得頻頻點頭，告知陪伴的庶務局章總理：“辦得好。”然後由我扶掖回去，服藥養病。

零九八：戲迷政農

寒假期間，吾師養病，胃疾緩解。開學行禮，致詞如儀之後，他把監務交給章總理代管，便回家中讀書，整理金文舊稿，專注學問。每日晚飯後，乘轎去外城，到大柵欄廣和樓聽京戲。從此迷上了演老生的小叫天譚鑫培。譚氏唱腔宛轉悠揚，哀颯感傷，契合吾師情懷。聽賞閉目，叩指按拍，忘乎其境。譚氏曾來研磨胡同王宅拜謁知音，聆聞指教。戲字從戈，屬武器類，壹聲。壹hū字從豆，屬容器類，虎省聲。戲字既然壹聲，古音必定讀hū，所以文言文的嗚呼又作於戲（wūhū二音）。不過戲字古音亦有變化，此處要改讀huī，字義與麾相同。麾即旌麾，主將高舉，指揮作戰用之。麾若作動詞用，便是指揮的揮。旌麾變形為短棍繫綢條，導演高舉，指揮排演用之。演劇又叫演戲，進而戲劇混成複詞，戲字初義遂隱沒不彰了。戲xì今音大異於古音wū和huī，音韻學能解釋。戲迷的迷，既從走之，初義必指迷路。迷字的米，小米。小米粒粒相似，使人無法分辨，感到迷惑。可知米雖聲符，亦兼具義。吾師一生勞累，唯此一年，稍稍小康。第二年朝廷有旨，國子監要

戲

正字

篆文

迷

正字

與時並進，準備增設泰西之政、農、工、商四科課程。吾師祇好回去重理監務，勉為其難。我也跟着回去授課，正式聘請講商周金文課，月薪銀票由十兩增添至十六兩。政字從攴（攵），表示用力，正聲。子曰："政者正也。"用力糾正之也。正字從止從一，步行到某地去就叫正。

正即征也。甲骨文是到某邑去。方形象聚居之邑。農字古寫莀辳俱不可取。正字農好，上曲下辰。曲字象蠶薄形。蠶薄又叫蠶簾，可捲起來，為養蠶工具，代表農婦。辰字象海蜃形，海中大蛤。其殼呈三角形，正甲骨文辰，且有觸腳伸出殼外移行。殼體質堅，先民用以製作鐮刀，代表農夫。多完美的一個農字，你們簡化成农，晃眼誤認作衣。政、農、工、商四科，在國子監說說而已，未能增設。會開過了，終以"師資匱缺"為由，由王懿榮祭酒上報禮部衙門，一推了事。光緒二十三年就如此混完了。

零九九：洹水殷虛

王宅門環叩響，我去應對。來客姓陳，肘挽竹籃，由我引到後院，階下跪拜請安。懿榮師抱拳還禮，請他上階來坐。他從籃內捧出青絨包袱，揭開放置桌上，乃是一件鴟鴞形銅酒尊，河南安陽西北郊外武官村新出土的葬品。器型精緻而且神祕，前所未見。陳估說：“去遲了。一大批古銅器，天津估商席捲一空。這件銅酒尊底部有破損，轉手給我了。”據陳估所講述，武官村南，隔河有小屯村，挖出一坑骨片來，沒有古銅器，白忙了。懿榮師追問：“骨片帶字嗎？”陳估說：“未留意。推在那裏沒人問。”師又追問：“那條河叫什麼名字？”答道：“環河。”又追問：“哪个huán？”答道：“小河從西村流來，先轉北，後轉東，再轉南，又轉東，向東村流去，圍繞小屯村大半圈。圈圈環，應該是。”懿榮師留下鴟鴞銅酒尊，說定下月初一付款，便送陳估走了。然後急步返回，叫我快去拿《史記·項羽本紀》來。書房取來，懿榮師翻到項羽和秦將章邯約會在“洹水南殷虛上”，拍額大叫一聲：“天耶，那裏正是殷墟！什麼環河，是洹水呀！”洹字從水從亘huán亘亦聲。殷墟出土商朝的甲骨文卜辭就提到這條不起眼的小河。辭條內

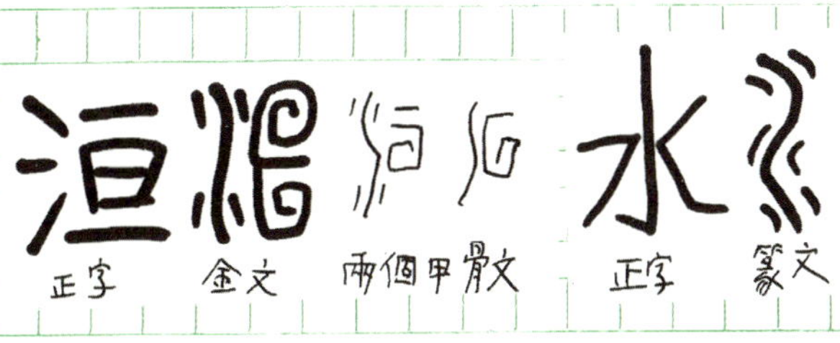

貞問道："洹水會不會災禍本邑？"本邑乃指當時的殷都朝歌城。《史記》所說殷虛，則指之今小屯。水字篆文象河流形。主流快速，拉通，旁流緩慢，斷續。金文殷字，鏈錘打胸。字義應是痛得大叫，與殹字同義且同音。虛字下面本是丘字，上面虎省聲。

周代制度，一百四十四家人的聚居點，又有定期集市的場鎮，謂之虛（今作墟）。莫小看這小屯，三千五百年前就存在了。殷作地名，古名殷土，所指甚廣，見於《詩經·商頌·玄鳥》。懿榮師說："殷虛小屯，老了老了，不能去了。"拍案歎息。到了月底，吾師籌足款銀，交我去付。翌晨早起出門，大街攤上燒餅豆汁填腹，急往東直門外鴻發客棧會晤陳估，當面付清貨款。陳估告知，明日還要去安陽縣小屯村，那裏正在挖一座墓。我請同去看看，不買。他很樂意，因為安陽郊外常有劫匪，多個伴，好壯膽。返回王家，急稟告懿榮師。師大喜，當即又去籌款。是日午膳後，告別吾妻作紅，便去鴻發客棧，找到陳估，寫號投宿。夜宿廉價通鋪炕牀，與騾馬鄰。聽牠們嚼夜草，噴響鼻，搧尾巴，通宵不能熟眠。天亮前睡沉了，夢見幼年在余宅後園內尋覓寶貝，翻起地磚，找到一串鑰匙。醒來見陳估正穿鞋，趕快起身。

一零零：丙辰其雨

騾車繞了東又繞南離開京城，一路向西南去。官道大路，迢遞千里，走了半月[illegible]。投宿安陽縣北門外騾馬客棧，已入夜了。翌晨隨同陳佑，各攜客棧租賃來的刀械，經小路去小屯。入村先去拜望土豪鮑爺，奉上禮品。由鮑爺領路去挖墓現場。我則獨自南去，渡過洹水（當地叫安陽河）到殷虛小屯村，終於找到陳佑說的那坑骨片。坐地[illegible]半日，翻檢三分之一，全是碎片[illegible]。其中一些帶字，雖殘缺不可讀，我都一一拾起，裝入紙袋，藏入內衣。帶字碎片計數近百，其中

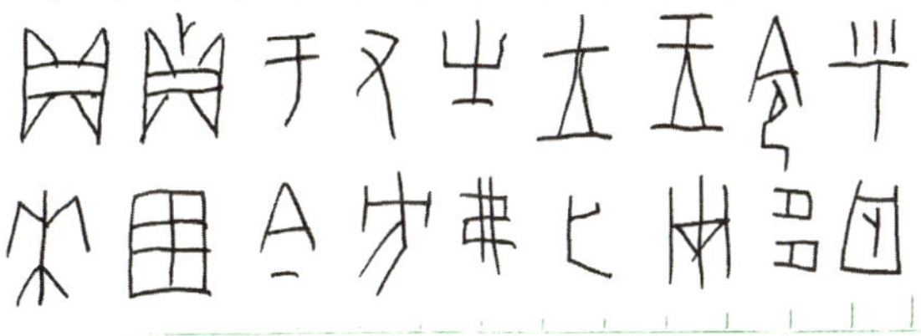

最頻頻出現者，有以上十八字。當時不認識，回去交吾師。中午返回挖墓現場，見陳佑有喜色[illegible]，因為已出土銅器十餘件[illegible]。農家我去買窩窩頭十個，褡褳袋子納入，急回骨片坑去。下午繼續翻檢，蒼天佑我，找到一塊栗子大的碎片。

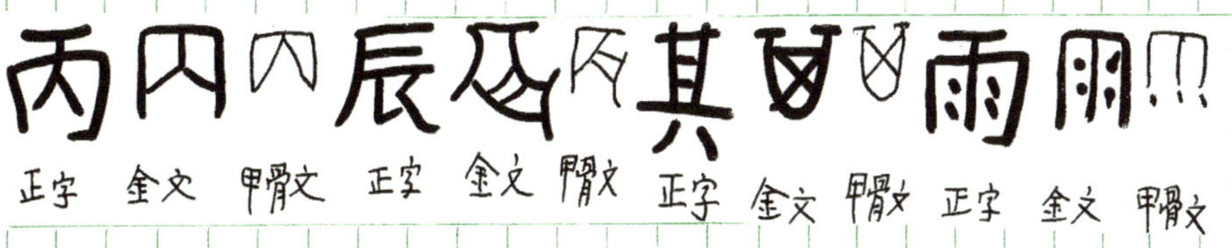

仔細一看，憑我金文功底，立刻認出"丙辰其雨"四字。

片時震懾，彷彿見鬼。忽聞背後人聲：“找字骨嗎？”回頭見一老翁，叫我到他家去。原來他家就在前面不遠，樹蔭下窑洞裏。他說：“俺見你坑下蹲大半日了。”進洞掩門，他拿出整版大龜甲，上面刻滿文字。也是憑着金文功底，其中能認出十叁字，奇哉，俱屬天干地支。老翁問：“認得嗎？”我搖頭。然後回到坑下，繼續翻檢。天將入夜，終於翻完。又獲一些帶字骨片，藏入內衣。

坑上老翁邀我再去他家，點燈喝粥。我從褡褳內摸出窩窩頭，同他分享。飯後，老翁用布包了那大龜版，遞給我。我問價。答二兩。當即付清，我便告辭。此時天已黑暗，我請老翁帶引，回到挖墓現場。現場一片瓦礫，盡是殘磚破陶，銅器都運走了。此次陳估獨獲，喜不自勝。我二人持刀械告別鮑爺。鮑爺派人持鳥槍護送到安陽縣北門外騾馬客棧。燈下細讀龜版，忽悟此版所刻文字很可能是干支紀日的曆書，心中狂喜。翌晨告別陳估，騾車買座回京去也。

一零一：龜卜決疑

回到研磨胡同王宅，吾妻作紅說我瘦了，便抹眼淚。三三不及撫慰，急入內院跪拜吾師，恭呈帶字碎片。吾師驚歎：“猜中了。果然有比周金更古老的文字。”及至看了殘片“丙辰其雨”，喜說：“貞問丙辰那天會下雨嗎。哦，龜卜文辭，卜以決疑。”甲骨文龜一看便懂。卜字為龜腹甲側視形。腹甲背面鑿小凹窩，銅鑽尖端燒紅，插入灸之。可聞爆裂卜的一聲，腹甲正面顯現兆紋。卜師據兆文以斷決吉凶，禀告來貞問者商朝國王。決字從水夬聲，義為決堤

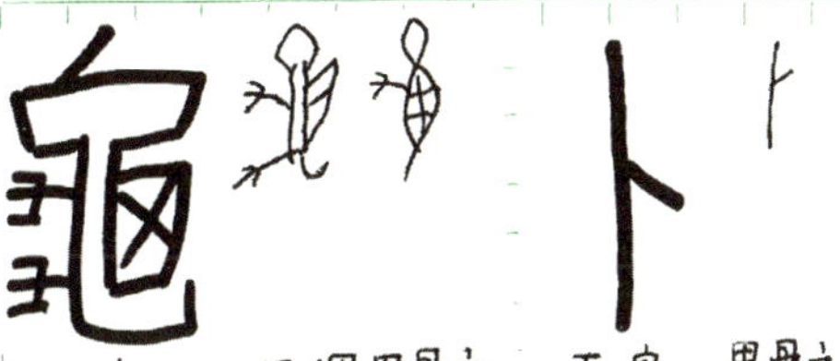

正字　兩個甲骨文　正字　甲骨文

正字　俗字　篆文　正字　甲骨文

放水，引申義為斷決。甲骨文疑，老人出行（字從行省），迷路惶惑。最後，我捧布包放置桌上，層層揭開，刻滿文字的大龜版赫然怵目。吾師雙手捂胃，彷彿病疼，滿臉緊張，看了幾遍，忽然叫道：“六甲日曆！商朝干支紀日。順序排列兩月，六甲。”然後笑了，指着我說：“德九，倉頡夫子會保佑你。”這天是光緒二十四年戊戌六月二十六日，我三十七歲。接着說：“回去吧，作紅在等你。”

25×20＝500　　Ch001.60.93.9　　第201页

是夜夫妻二人甚是親熱。"寧斷嬌兒乳，不斷郎殷勤。"樂府詩所描寫竟然真有，思之一笑。早晨膳後，跟隨懿榮師去國子監授課，方知"公車上書""康梁變法"之事。漠然聽之，不想多問。心繫殷墟貞卜文字，餘皆不足道也。忽又想起前門外有藥材堆棧，該去碰碰運氣。當天下午無課，快步去了。連問三家藥材堆棧，都說帶字龍骨唯河南彰德府進貨有之，可去右安門外慈濟藥材堆棧問問。慈濟老闆姓袁，彰德府安陽人，專進家鄉龍骨。我當即趕去了。袁老闆說："你去堆棧後門看看。"我去一看，石臼鐵杵，工匠正在舂粉，全是帶字骨片。我請工匠歇歇，說我全買。他說："鬼用過的，舂成粉才敢賣。去找袁老闆說。"我趕回前店去。袁老闆盤問買去作啥用。我說家慈多病，拜菩薩消災用。袁老闆說："叫工匠過秤吧。"我將不帶字的骨片剔開不要，總計稱了八斤半的帶字骨片，討個舊竹籃裝了，僱轎子回去。作紅站在胡同入口，正在等我。接過竹籃，也不問問買了何物，衹說吾師有事等我回去。我便直入後院，到書房內詳為稟告。吾師懵了，閉合眼睛，問我什麼八斤半。我說："骨片呀，帶字的。"竹籃內捧出來，放在桌上。懿榮師問："買來的嗎？"我答："右安門外藥材堆棧論斤兩買來的。"吾師說："我不信。"

一零二：戊戌買片

戊戌秋涼，慈禧太后自頤和園急回宮中，廢除新政，捕殺康梁黨人，京城震動。吾師聽稟告後，說道：“要做文字偉業，昭示百代。政事別管，記住。”隨即繼續伏案，用西洋蘸水筆摹寫骨片上的文字。已經摹寫厚三寸的一疊稿紙，交我謄抄。那年冬季，吾師醉心研治這些殷虛文字，斷定為比周金更古老的貞卜文字。我謄抄完畢後，吾師審閱，改正筆劃，裝訂成冊。戊戌臘月十七，國子監放寒假。回到王宅，懿榮師飯桌上賜我一碗黃酒，動情說：“倉頡眷顧，讓你第一個認出了貞卜文字，從今以後，你要自重。”戊戌二字說說。十干（甲乙丙丁戊己庚辛壬癸）配十二支（子丑寅卯辰巳午未申酉戌亥）。用干支來紀年，始於殷商，迄今三千八百年矣。

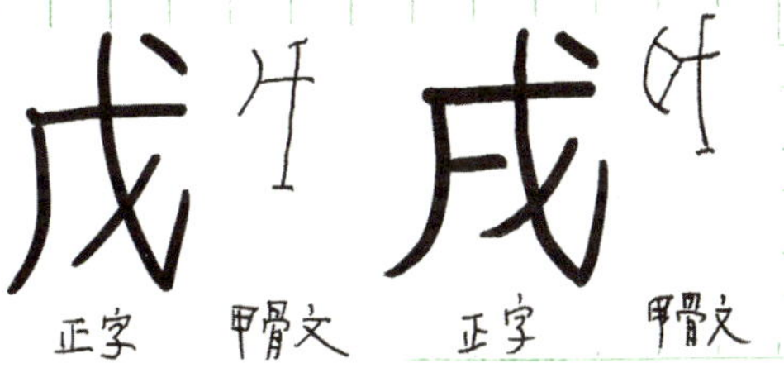

干支用字，似無深義，作為符號視之可也。戊wù字從戈，類屬兵器，象月形刀。戌xū字從戈，亦屬兵器，象斧鉞形。戊戌這一年，政局演變慘烈。此時懿榮師醉心於殷商貞卜文字研究，不暇關注政局。國子監膳堂內看板上說帖不絕，已有譏刺太后之作。章總理多次來王宅請示，焦頭爛額。吾師伏案聽了，總說：“貼半日取下來便是。”殷虛文字真的有鬼作祟，吾師治完了八斤半我買回的骨片，猶嫌材料不足，託人催山東濰縣范估去安陽搜求。第二年己亥夏，范估遲遲送來。僅十二片帶字甲骨，索價奇昂，每片銀票二兩。吾師當即十二片全買了。買字看篆文，攜帶網籃，支付貝幣。骨片的片看篆文，木字自上而下剖開，中分之而成左右兩個片。

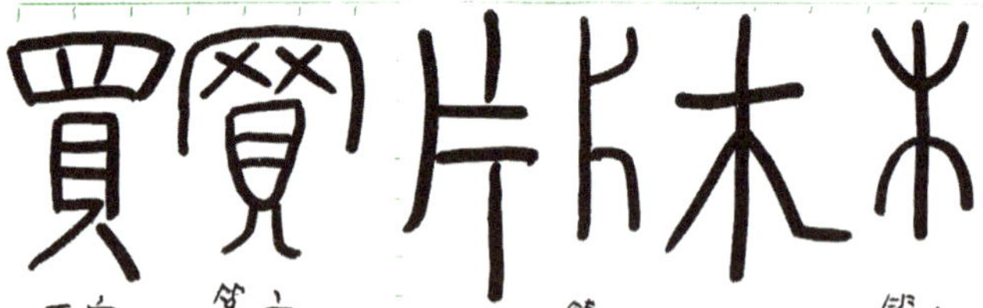

正字　篆文　正字　篆文　正字　篆文

《說文解字》：“判，分也。從刀半聲。”半這個字從八從牛，八，扒也，由中間扒開成兩片也。豬牛殺了，都要沿着背脊剖成兩片，謂之開片（音biān）。吾師買的這十二片，兩日通釋完畢。師母說笑話：“十四兩銀子祗夠吃兩天，什麼山珍海味。”

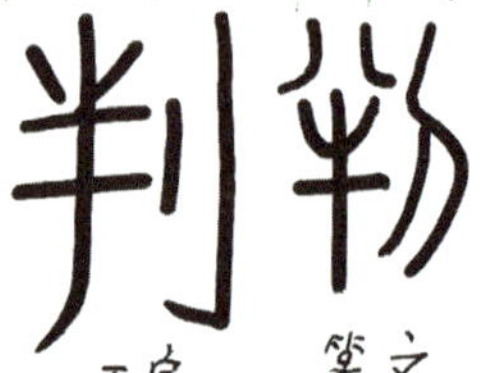

正字　篆文

懿榮師分咐我把家中收藏的兩周青銅器都賣了。他要籌款，備購字骨。我翌晨便去宣武門外琉璃廠喜相逢古董店，託李守鏞老闆寄賣王家的大批青銅器。此店一別七年，人世光陰迅速，令我感傷。看那守鏞老闆也衰老不堪了。坐在店堂，聽他訴說週身病痛，悟得塵海虛幻。這滿街行人哪，車哪轎哪，終將過去，被後人遺忘。能被百年後國人提起的，一定有懿榮師。我向守鏞老叔跪拜行禮，含淚告別。

一零三：范估袁公

己亥年臘底，范估送來甲骨八百六十四片。其中全甲一片，上有卜辭共五十二字。入庚子年正月，又有趙估（亦山東濰縣人）送來好幾百片。懿榮師以帶銘文的全部銅器售值償之。兩筆付款合計銀票四百餘兩。范字從草氾聲，草名。氾字和犯字以及軛字皆㔾聲，而字義各不同。氾是江河氾濫。犯是犬侵襲人。軛是車廂圍板。範字從竹軛聲，指竹編圍籬也。㔾 fàn 必須看篆文，象銅器鑄造時範型包裹銅器之形。鑄造要用內模外範，遂有模範一詞。估字從人古聲，指商估。原用賈 gǔ 字，因作姓用讀 jiǎ，所以另造估字以代之。《說文解字》尚無估字。

范　　氾　　犯

正字　　正字　　正字

軛　　範　　㔾

正字　　正字　　正字

篆文

估　　古

正字　　正字

古這個字順便說了。從十從口，意思是十代人口口相傳。范估告知，山東省內，東自福山，西至濰縣，拳民蜂起，官府縮手不敢制止，因有王大臣多人說是"義民"云云。燒教堂，砍電線，逐洋鬼，日日有之。懿榮師聽了祇搖頭，不答話。不久，國子監膳堂壁有新帖"袁世凱到山東任巡撫驅逐拳民"大字書寫。接着有袁世凱被罵帖，又引出"袁公拯救山東"帖。章總理又來請示。懿榮師說："無論哪派，均莫支持。總以不上街不演說為旨歸。"袁字看篆文從衣。○即圓，聲符。上面小草不是衣領長草，而是表示衣有緣飾。舊時外衣多有緣飾。袁字本義為邊緣有裝飾之衣。飾品多係錦條緞片之類。邊緣距離中心最遠，所以造字如此。甲骨文公象甕缸形。俯聽甕中嗡嗡有聲。左右兩劃非八，僅表示嗡聲外播罷了，不必甚解。

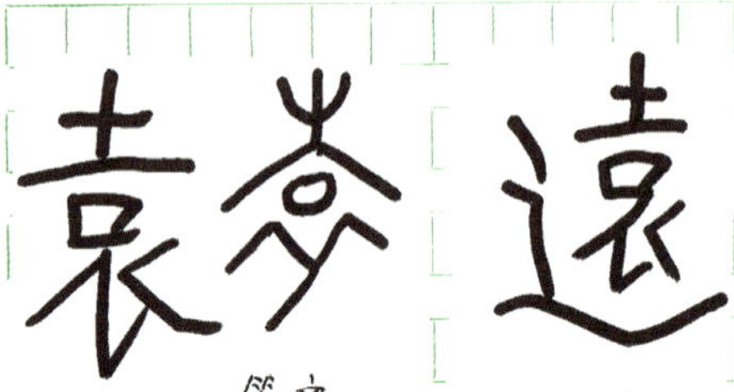

正字　篆文　正字

正字　甲骨文　正字

這位袁公明知義和拳在山東已成勢，朝中又有奧援，他不敢剿，但是也不敢撫，害怕養癰遺患。於是東部福山到濰縣，南部臨沂到滕縣，西南部菏澤到鄆城，通通向北驅逐，直到德州為止。拳民領頭大師兄二師兄甚有計謀，及時打出"扶清滅洋"旗號，遂得由此北竄入京。京中大亂，聽任拳民大街設壇打醮，焚毀洋貨，攻打東交米巷使館區，燒教堂。

一零四：街壇二毛

街街設壇，處處抄家。禍之來也甚速，不及預防。那天早晨聽見砰砰捶響，披衣前去開雙扇門，方知研磨胡同抄家自王宅始。拳民擁入七八，紅綢纏頭，大刀在手，前院兩廂一瞥，家具儉陋，便叫我帶路去後院。後院正房，懿榮師尚在睡，作紅和師母正在備晨炊。彼輩又到書房，一看，全是古籍，沒有一本洋書，不免失望。領隊的見桌上置一柄西洋透鏡，哈哈，正是洋貨。叫手下人當階砸碎。我說："這是我的。"於是長繩捆了，牽我到安定門大街南口拳民神壇香跪。後轉押隆福寺拘押待審。街字從行，行金文象十字交道，圭聲。街指人行通道，街道。壇字從土亶聲，義為祭祀場地。拳民所設神壇供奉太上老君和張天師。跪字從足危聲。危篆文上部象人在岸邊高處向下看，以會危險之義。其下部㔾guì與卩jié混同，致難以解釋。篆文危下之㔾應是象形字跪。古人尻落踵上謂之坐，尻離踵上謂之跪。香字原指禾本科種植物籽粒飯食之芳氣。其下部本從甘，隸變楷書錯成日字。後世用香料製作敬

街 正字　壇 正字

金文行

跪 正字　危 正字

篆文

香 正字

神之炷香也單名香。街旁跪香，彼輩以此羞辱家有洋貨之主。一炷香燃盡，押往隆福寺待審。審法甚奇，由本壇的巫師焚黃表紙，紙灰揚起的放走，紙灰不起的處死。多虧那巫師竟然認出我。他是我在家鄉十歲時老同學魏啟豪，那年他用弓彈打死一隻白頸慈烏，受到吾父教誨。他拿黃表紙時，挑選一張薄的，點燃，口中喃喃唸咒，移目別處，似乎怕看我汪汪的淚眼。但見紙灰迴旋而上，輕輕揚起。他唱誦曰："聽天認命，其往生哉。"我便拜謝而去。回到王宅，作紅驚喜而泣，師母下淚。寺內拘押七日，憂不能食，餓瘦損了。師母問明拘押情形，低頭唸佛，擡頭分咐我去監中接懿榮師回家。我立刻去，一看就知道出事了。一夥拳民正在國子監大門口吵鬧，要進去捉二毛子。彼輩辱稱洋人為毛子（綿羊），凡追隨洋人的便辱呼為二毛子，殺無赦。毛篆文象鳥羽片形，後擴義至獸毛和人體毛髮須眉都包括在內。二字橫伸兩指，古音同麗。麗字從鹿，其上象雙鹿一前一後行走。古文麗僅畫遠方雙鹿。其實麗也是表示一加一，音同二也。章總理和懿榮師守住大門口，耐性解釋，打拱作揖，將彼輩逼退了。

正字　篆文

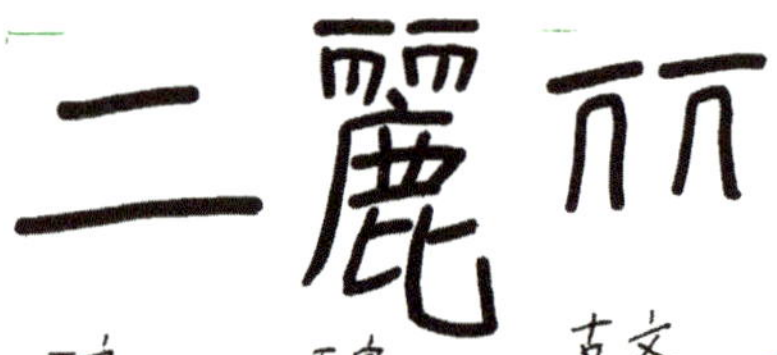

正字　正字　古文

一零五：攻打使館

義和拳以"扶清滅洋"為口號得太后嘉獎後，更加勇敢。攻打西什庫大教堂，未下，又去攻打東濼米巷（東交民巷）。巷長，東到哈德門（崇文門），西到正陽門，多國使館在焉。使館區內巷口牆頭築有堡壘可資守禦，能槍戰者不過百人，餘皆婦孺。拳民攻打多日，不下。每到中午，停火一小時，由官府派車送糧食菜蔬及肉類來。時值炎暑，還送西瓜。攻字從攴（攵）工聲。

正字　正字　篆文

攴pū即撲之象形字，從又(右手)卜聲，義為手擊。打字從手(左手)丁聲。字讀dīng。蜀人拋擲瓦石擊人，至今仍讀此音。唐詩"打起黃鶯兒"亦應讀dīng。"打頭風"即頂頭風。今音dǎ，無人讀dīng矣。

正字　篆文

使字從人吏聲。吏篆文象搖鈴。吏員向民眾宣講政事，須先搖鈴召集。吏、史、事三字皆象搖鈴，古音相同。

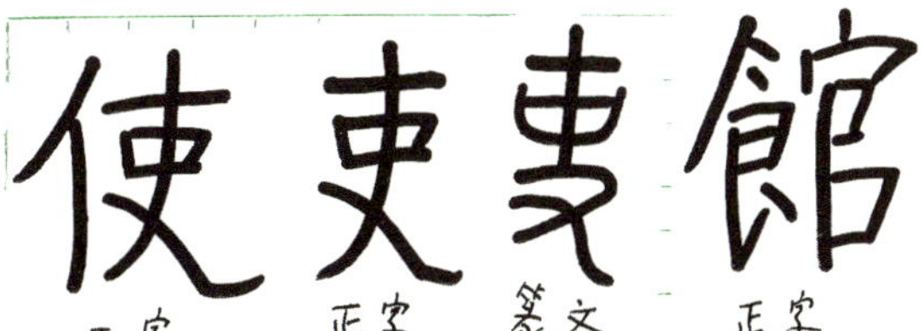

正字　正字　篆文　正字

館字從官從食，義指官辦食堂。後來字義擴大，不限於供食所。攻使館之拳民就在那年送瓜以後不久，忽然畫撤，被叫去京津綫紫林竹到廊房一帶，協助官軍抵抗八國聯軍去了。幾天後懿榮師被叫到午門內軍機處，軍機大臣榮祿要他兼任團練大臣。口氣硬，推不脫。從此每日必到正陽門外團練總局視事。我當長隨，給他提公文袋，侍候在側。吾師認真，每日率我登上城牆巡視守備情形，汗流氣喘，喝涼水，啃自帶的冷饃。此時庚子年已入伏，一日吾師中暑倒地，由我僱轎擡回團練總局。病休未及三日，又率我去登城視察。記得那天上午登左安門。午抵廣渠門城樓上，同團丁喝菜粥，嚼肉饃。忽見城外官軍潰散，紛紛逃入城來，方知前線正在敗退。吾師急催快步去東便門，將到，遙見城牆上團丁們正在逃跑，止喝不住。及至走到東便門城樓上，方見東洋日軍隊伍已抵城外濠溝。更可驚者，城內濠溝已有東洋日兵穿水洞而鑽入。濠溝上有民眾正在安置木梯，協助日兵爬上溝岸。吾師捶胸自責：“來遲了！來遲了！”吾師不知，此時永定門外，官軍之虎神營（虎吃羊而神管鬼）已被洋鬼打敗，同樣紛紛逃入城來，而正在追殲虎神營潰兵的並非洋鬼，竟然是英軍旗下之華勇營。更不知翌日英軍攻入城，領頭衝鋒的也是華勇營。等不到翌日了，吾師當夜回到王宅，即閉室自縊殉難了。遺囑：“喪事從簡，速葬西山。”我在一天之內，遵囑辦完。入夜回來，跪向師母痛哭。

一零六：燒大柵欄

中国作家协会四川分会

日軍入東便門，急赴崇文門的東江米巷使館區守護。萬餘華人教徒藏匿在此區內，躲過拳民殺掠，出來歡迎日軍。是夜，拳民首領早已聞風逃出京城。拳眾無食，聚赴商業區前門外大柵欄，劫財掠糧，放火焚燒，大火三夜，燒夷繁華以盡。大燒餅，京中呼“大火燒”，今成讖矣。拳民放火之夜，慈禧太后挾光緒帝正在逃出京城，往西安避難去。燒字從火堯聲。大字人展雙臂，似乎說“這麼大”。柵字看甲骨文，一排木樁，橫編繫緊，不讓人畜闖入。柵zhà非冊聲，《說文解字》錯了。柵從冊者，取柵欄象簡冊之橫編而已。實則簡冊橫編，一長一短，柵欄橫編，木樁等長，此有異也。欄字從木闌聲。欄杆舊作闌干。橫木縱木構成闌干。闌字從門柬聲。柬字今音jiǎn而古音lán或liàn（煉練楝鰊）。柬從束從八，是象意字。八即扒，中分為二也。束象條形布袋，

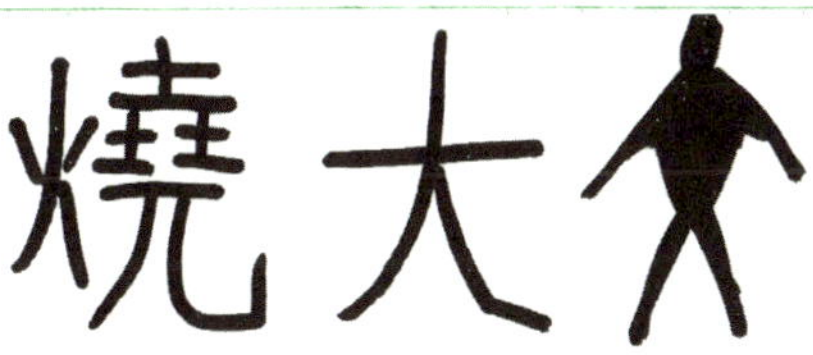

正字　正字　金文

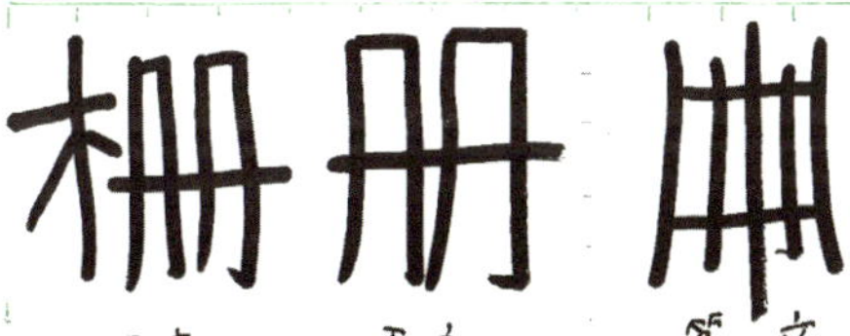

正字　正字　篆文

甲骨文柵

正字　正字　篆文

兩端開口，裝滿糧食，用繩紮口，橫搭牲口背上或人肩上。看甲骨文東字，口袋脹鼓鼓，繩紮兩端口，象形。東字既然

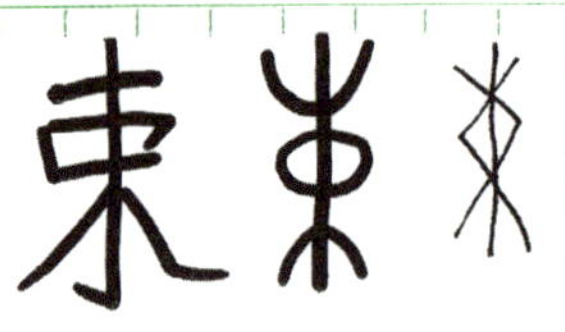

正字　篆文　甲骨文

從束，必是一種口袋，從八，中分為二，推想起來，應是一種名叫褡褳的條形布袋。與東不同，褡褳中間開口，兩頭盛物，同樣橫搭牲口背上或人肩上。忽悟東lián即褳也。庚子年出伏後，王家翰甫翰章遠自江南任所趕回王宅，西山新墳拜了，便要返回任所視事，不敢延誤。臨行之日，兩位兄長給我作了長揖，求我允諾留在王宅，照看師母，替他倆盡孝道。這年入冬，劉鶚託人帶口信來王宅，要我急去大甜水井救濟會，有事求我。我向師母稟告，當即去了。原來他剛剛辦起救濟會（萬國紅十字會

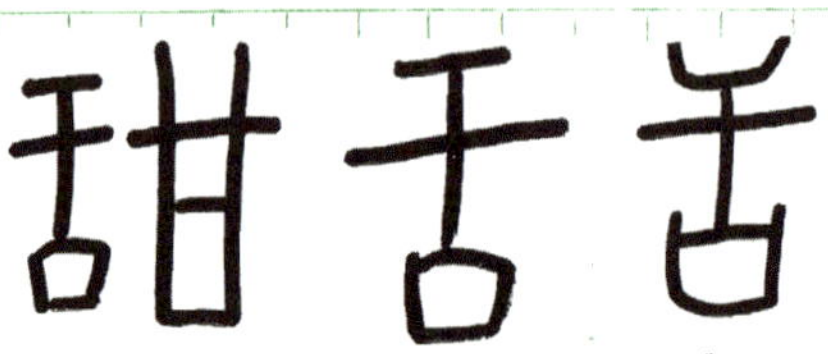

正字　正字　篆文

中國救濟善會），人手孔亟，要我幫忙。我知此君以"養天下人"為夙願，今付諸實踐了。甜字從舌從甘。舌字

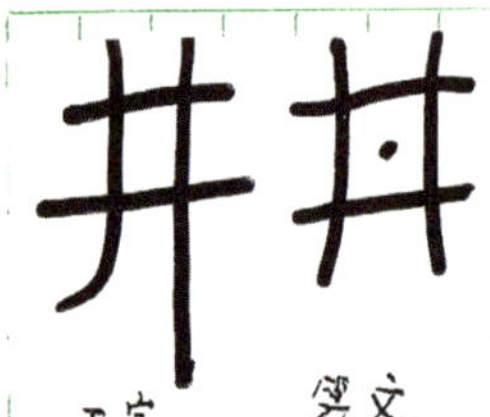

正字　篆文

從干，口中伸出，有所干犯也。你們錯作千口，不通。甘字直是口內含物，味美不忍遽吞。井象井韓（俗呼井筒子）之層木疊橫形。篆文多一點，水映天光也。

一零七：埋屍糶糧

劉鶚辦救濟會，下面分三個局，皆志願義工也，唯供三餐而已。掩埋局最苦勞，他要我去領頭。此次京城浩劫，積屍上萬。先收街巷橫屍，後收宅屋停屍，以及火場焦屍，还有水井填屍，一一入棺。無棺者，施薄柩。然後大車載去西直門外掩埋。此時剛剛入冬，必須春暖雪消之前掩埋完畢，不然朽殍致疫，擔當不起。埋字從土貍省聲。貍mai音同霾。宋詩清明上墳名句“日落狐狸眠冢上，夜歸兒女笑燈前”狸字錯了，必定是貍，方合平仄。屍字從死，非活尸也。尸，古代家祭小輩活人扮演某位先祖，受子孫拜。可知“尸位素餐”不能寫成屍也。

埋屍

正字 正字

這年庚子除夜，我仍留在掩埋局內值班，無暇回王宅去。倒是師母和吾妻作紅，以及六齡小兒李文宿，攜酒肴來暖我。殘燈之下，二家三姓四人，一老一幼，圍爐守歲，長炕短眠，不知東方發白。今我變鬼百年，夜臺回想生前，仍不能忘庚子除夜情景。京城埋屍總算趕在辛丑仲春雪消之前完畢。劉鶚置酒十桌，酬勞掩埋局近百義工，一一杯敬，熱淚湧出。事畢，我不忍心離去劉君，所以留在甜水井，協助賑恤局和平糶局的事務。平糶者，開官倉以平價供應京城飢民口糧也。糶tiào字從出，糧出倉也，從米，米以概括各種糧也，翟聲。翟dí指雉類野雞之羽色炫燦者。翟又音tiào，做糶字的聲符，也做糴字的聲符。糧出倉賣了，換回銀錢來。蜀人至今猶說糶換。順便說糴dí，從入從米，糧入倉也，翟dí聲。糶糴二字結伴，而字義正相反。出字動詞，象意，表示人自地穴向上走出。糧字從米量聲。而量字亦動詞，象意。看金文上面是桶形量器，內盛米，下面是兩端開口的條形布袋名橐tuó。米量了，注入橐，橫搭牲口背上。米量過了，方稱為糧。字或作粮。良的象意字也是米從量器倒出來。入字以鋒象意。劉鶚購官倉糧，平價售出，抒百姓困。多有貧無錢者，由賑恤局施放。

辛丑盛夏，王家翰甫兄長囑我將其亡父所藏甲骨轉售劉鶚。劉君好義，借錢購入。翌年壬寅，劉君乃有《鐵雲藏龜》出版。此書應是研究甲骨文的開山之作。數年後我翻閱此書時，忽睹"丙辰其雨"一片赫然在焉，歡喜淚溼。

一零八：遷蜀改姓

辛丑深秋，兩宮自西安返京城。官場僉壬嫉賢，誣告劉鶚“私盜倉粟”。劉君急來王宅，告知其事，囑我離京避禍。恰好此前，有四川成都府孔姓商家邀我同往，聘作他家西席，課其三子窗讀，正好遠走避禍。三日之後，偕妻作紅，率子文宿，隨孔老闆離京。經涿州停三日，將東嶽廟暫厝的亡父道一公就地安葬了。哀我孤孽不肖，無能歸葬亡父於故鄉之族塋，終身抱恨。避禍舉家遷蜀，一路腹悲眉鎖。說遷須先

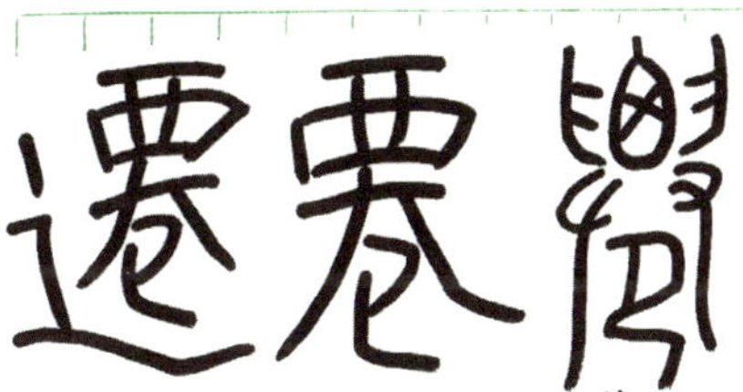
正字　正字　篆文

說䙴xiān，篆文是兩人擡舉一人昇高，囟聲。加人旁成僊(仙)人，能飛昇。遷加走之，則指移居。鳥遷喬木，固然昇到高樹去了，但原因在樹高，遷祇指移居到別處去罷了。

正字　篆文　金文　三個甲骨文

蜀字指古蜀國。不過商周時的山東、江蘇、河南、陝西皆有地名曰蜀者。甲骨文蜀多見，無一例指古蜀國者。蜀字象形，即《詩經》之“蜎蜎者蠋”，野蠶是也。其上確係人眼，謂此蟲有人照看也。

正字　甲骨文

野蠶結繭不能紡織，但亦有主，因其可

作冬衣填絮之用。野蠶尚獨，不肯合羣，所以無法集中飼養。岷山先民有蠶叢氏馴化之成家蠶。甲骨文以二蟲表示合羣了，已改尚獨習性，此即家蠶之蠶字矣。可知古時多有地名蜀者，謂其地產野蠶而已，故不止一地名蜀也。我家三口到成都後，寄居在鼓樓洞梵音寺街孔老闆宅。翌年壬寅仲春，西郊外青羊宮辦花會，傾城仕女出遊。茶棚偶遇一人貌似安徽宿縣的余傳璉，不能確認。若不是他先叫一聲"傳瑚哥哥"，我真不敢相信，正是三十年前的他。看他那一桌，坐上首的老太太，該是余媽媽。我忙跪地，呼叫"媽媽"，恍忽回到童年，喜悅淚出。余媽媽黑髮已現花白了，拉我起身坐下，撫拍我說："我兒呀，你這些年在外頭受苦了。"我叫背後七歲的李之宿快拜奶奶。余媽媽說："孫兒改姓，叫余家宿。"隨即指着傳璉之子，八歲的余家淮，說："家宿孫兒，你要叫他哥哥。"吾兒當即叫了哥哥。改字從攴，

改

正字

篆文

姓

正字

表示用力，己聲。篆文己象跪形。己 ji 即跽，挺身跪，古稱長跪，又叫危坐。姓字，女生為姓。遠古之人知有母而不知有父，所以跟着媽姓。茶棚喧譁擁擠，各樂其樂，無人注意我們哭了我們笑了。問起余爸爸，哀哉，已亡故於前年庚子國難，京城大柵欄烈焰之中矣。他那時正在大柵欄瑞蚨祥開股東會，未能及時逃出。

一零九：快樂平庸

中国作家协会四川分会

余媽問明我的寄居所在，她才發現相距[redacted]很近。蓋初余家遷離宿縣，入京[redacted]已經[redacted]多年。此次遭逢庚子之[redacted]亂，乃遠移至成都。余傳璉[redacted]辭去京官不做了，應聘來成都錦江書院，任教[redacted]講五經。住家[redacted]玉帶橋西，街東口倒南拐便是梵音寺街，的確[redacted]很近。余媽囑我家快快搬[redacted]去同住新居。獨院清靜。我家三口，後院兩室居之。匽廁廚房，並列對面。中有藤蔭隔斷，旁有大樹高聳。壬寅五月端[redacted]五日，我滿四十一歲，璉弟為我謀得同院教席之任，講兩周銅器文字及《說文解字》。三口之家，豐贍有餘。璉弟一家四口[redacted]，畜僱轎夫出入。我亦畜僱[redacted]轎夫，以便晨昏與弟同往同返。余媽傍晚，門口等[redacted]我兄弟聯袂歸來，不禁快樂[redacted]上眉。快字從心夬聲，心喜也。夬jué看篆文，那是揮刀斷人。我認為夬就是“斬立決”之象形。決本指河決堤，借用為夬。罪人伏木礅上，大斧一劈兩段，腰斬。夬音轉kuài作快字的聲符。樂，音樂yuè，無形可象，乃用木上張絃之琴以象其意。聽音樂而心喜，則樂lè。篆文添一白作聲符。白bái古音同伯bó。伯有複輔音bólò，故可轉音為[redacted]lò，再轉今音lè也。余傳瑚我今居後院大樹之下，晨[redacted]鴉午炮，暮鼓夜鐘，常[redacted]常

正字　篆文　正字

正字　篆文　兩個甲骨文

想起那李德九三三的動蕩歲月，今竟然回甜了。我還能在陽世再活十三年整，將終老於此院。此生最輝煌的事業是在殷虛刨甲骨，最得意的成績是認得"丙辰其雨"，餘皆不足道也。最後這十三年教書匠的春秋，將過得極平庸，不好意思說給你們聽了。平字古文與釆Pān字金文相比對，便

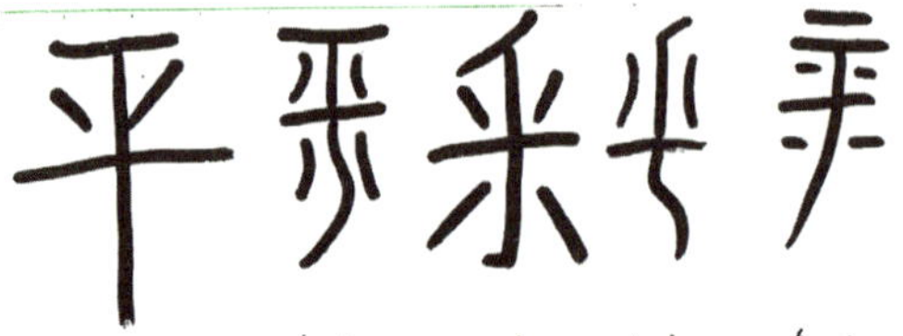
正字　古文　正字　古文　金文

知原本一字，分化為兩個字，讀音稍異而已。釆（注意非采）即番Pān，獵田上的獸跡，象形，須獵人來辨別。平字義亦辨別，正同釆字。《堯典》之"平章百姓"即辨別氏族譜系而彰明之。辨別就要評判，然後彰明於眾。由此引申出公平義，再引則平常無奇。庸字從庚用

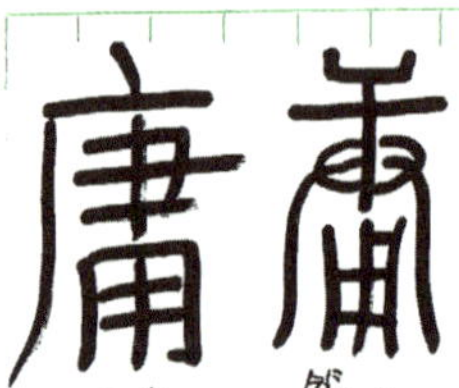
正字　篆文

聲。庚象雙手舉杵以舂穀物，為人力作。庸即傭工，到處都有，構成平庸一詞。我此生極平庸。你們那邊有人"陽通陰國"來採訪我。一不小心，我就閉不上嘴，講完我這一生。他要拿去出書，給陽世作消遣讀物。我今在夜臺做鬼滿百年，難耐寂寞，擬申請再投胎，二次做人。若能批准，還會有機會看到這本書。祇是投胎時喝了迷魂湯，不知曉寫的就是我罷了。

二零一六年十月十九日脫稿於成都南城